les fondements philosophiques de la mécanique quantique

DANS LA MÊME COLLECTION

BAILHACHE (P.) : *Essai de logique déontique*, 224 p.

BARTHÉLEMY (G.) : *Newton mécanicien du cosmos*, 216 p.

BOOLE (G.) : *Les Lois de la pensée*. Traduction et introduction de S. B. Diagne, 416 p.

BRENNER (A.) : *Duhem, science, réalité et apparence*, 254 p.

DUCHESNEAU (F.) : *La dynamique de Leibniz*, 368 p.

DUHEM (P.) : *Sozein ta phainomena. Essai sur la notion de théorie physique de Platon à Galilée*, 144 p.

DUHEM (P.) : *L'Evolution de la mécanique* suivi de « Les théories de la chaleur », « Analyse de l'ouvrage de Ernst Mach : *La Mécanique* ». Introduction et établissement du texte par A. Brenner, Avant-propos de P. Germain, 474 p.

ELIE (M.) : *Lumière, couleurs et nature. L'Optique et la physique de Gœthe et de la Naturphilosophie*, 208 p.

GAUTHIER (Y.) : *La Logique interne*, 144 p.

GRANGER (G. G.) : *Formes, opérations, objets*, 400 p.

JOLY (B.) : *La Rationalité de l'alchimie au XVIIe siècle*, avec le texte latin, la traduction et le commentaire du *Manuscriptum ad Fridericum* de P.-J. Fabre. Préface de J.-P. Dumont, 408 p.

JULLIEN (V.) : *Éléments de géométrie de Gilles P. de Roberval..*

HORIUCHI (A) : *Les mathématiques japonaises à l'époque d'Edo (1600-1868). Une étude des travaux de Seki Takakazu (?-1708) et de Takebe Katahiro (1664-1739)*, 400 p.

KOBAYASHI (M.) : *La Philosophie naturelle de Descartes*. Préface de J. Vuillemin, 144 p.

LARGEAULT (J.) : *Intuitionisme et théorie de la démonstration*, 568 p.

LARGEAULT (J.) : *Intuition et intuitionisme*, 240 p.

LEIBNIZ (G. W.) : La naissance du calcul différentiel : *26 articles des Acta Eruditorum*. Traduction, introduction et commentaire de M. Parmentier, 504 p.

LEIBNIZ (G. W.) : *La Réforme de la dynamique*. Texte latin établi, introduit et commenté par M. Fichant, 452 p.

LEIBNIZ (G. W.) : *L'estime des apparences. 21 manuscrits de Leibniz sur les probabilités, la théorie des jeux, l'espérance de vie*. Texte établi, introduit, traduit (latin en vis-à-vis) et annoté par M. Parmentier, 472 p.

LE RU (V.) : *D'Alembert philosophe*. Préface de Maurice Clavelin, 312 p.

MICHEL (A.) : *Constitution de la théorie moderne de l'intégration*, 338 p.

PARROCHIA (D.) : *La raison systématique. Essai d'une morphologie des systèmes philosophiques*, 320 p.

SINACEUR (H.) : *Corps et modèles. Essai sur l'histoire de l'algèbre réelle*, 496 p.

VAN FRAASSEN (B.) : *Lois et symétrie*. Introduction et traduction par C. Chevalley, 520 p.

VERNANT (D.) : *La Philosophie mathématique de B. Russell*, 512 p.

WEYL (H) : *Le continu et autres écrits*. Traduction, introduction et notes par J. Largeault, 320 p.

MATHESIS
Directeurs : Michel BLAY — Hourya SINACEUR

Grete HERMANN

les fondements philosophiques de la mécanique quantique

Introduction, présentation, postface critique
par
Lena SOLER

Traduit
par
Alexandre SCHNELL
en collaboration avec Lena SOLER

Préface de
Bernard d'ESPAGNAT

PARIS
LIBRAIRIE PHILOSOPHIQUE J. VRIN
6, Place de la Sorbonne, V^e

—

1996

Printed in France
ISSN 1147-4920
ISBN 2-7116-1258-9

COMPOSITION DE L'OUVRAGE

La traduction du texte de Grete Hermann est encadrée par une présentation et une postface. La présentation introductive vise à situer historiquement les idées de Grete Hermann, à restituer le plus fidèlement et le plus nettement possible la logique de son argumentation, et à fournir quelques éclaircissements destinés à faciliter la lecture du texte original. Ce n'est que dans la postface que les thèses exposées seront soumises à la critique, et qu'un point de vue plus personnel sera proposé concernant le sens et la portée d'une confrontation entre philosophie critique et physique quantique.

Le lecteur trouvera en fin d'ouvrage les références complètes des citations qui figurent plus sommairement dans les notes de bas de page, ainsi qu'une bibliographie des écrits de Grete Hermann.

REMERCIEMENTS

Au terme de ce travail, je tiens à remercier :

Michel Bitbol, sans qui la présente publication n'aurait jamais vu le jour : alors qu'il dirigeait mon travail de DEA – lequel se proposait de confronter philosophie kantienne et physique quantique – il a attiré mon attention sur le texte de Grete Hermann, m'incitant à le faire connaître au public français. D'une manière générale, ses conseils avisés, la pertinence de ses indications bibliographiques, sa disponibilité et son enthousiasme de tous les instants ont été pour moi un soutien des plus précieux.

Alexandre Schnell, qui s'est dès le début associé à ce projet et lui a permis d'aboutir : avec une grande générosité, il a consacré sans compter beaucoup de temps et de soin à son travail de traduction. Qu'il soit assuré de mon amitié.

Sandra Laugier, pour son amicale attention et la spontanéité avec laquelle elle a accepté de relire la version finale de la traduction.

Catherine Chevalley, dont les remarques m'ont été tout à fait profitables. Elle a su attirer mon attention sur certains textes particulièrement éclairants des fondateurs de la mécanique quantique. Ses encouragements, le temps qu'elle a bien voulu réserver à nos discussions, ont été pour moi extrêmement stimulants.

Bernard d'Espagnat, qui m'a fait l'honneur d'assister à la présentation orale de cette étude dans le cadre de l'Institut d'Histoire et de Philosophie des Sciences et des Techniques, et qui a pris la peine de commenter certains développements du manuscrit de manière approfondie.

Jean Mouchard, qui, avec sa gentillesse toute personnelle, m'a aidée à saisir les finesses d'un certain nombre de textes disponibles uniquement en allemand.

Hourya Sinaceur, qui a accepté de publier cette traduction et son commentaire dans la collection *Mathesis* qu'elle dirige avec Michel Blay, et dont les conseils m'ont été fort utiles.

Par ailleurs, je redis ma reconnaissance à Jacques-Alain Miller qui, tout au long de mon cursus philosophique, n'a cessé de m'orienter et de me soutenir.

PRÉFACE

Tout comme l'histoire des sciences, celle de la philosophie des sciences comporte un dilemme : celui qui s'y adonne doit-il se conformer de façon stricte à la grande règle normative de la recherche historique, celle qui requiert de l'historien qu'il se place par la pensée dans l'ambiance intellectuelle de l'époque qu'il étudie et évite tout anachronisme, ou doit-il au contraire tenir compte du fait que depuis l'époque en question le savoir s'est accru et que certaines des idées qui pouvaient alors être défendues ne peuvent plus l'être aujourd'hui ? S'il adopte le premier de ces comportements il risque de propager le relativisme, en des matières et des proportions où ce relativisme n'est aucunement justifié. De fait, l'une des causes de l'incompréhension chronique que l'on s'afflige de voir régner entre les scientifiques et certains historiens des sciences réside dans le fait que le relativisme exacerbé ('tout va') des plus écoutés des seconds semble aux premiers, pour une part, illégitime ; et cela pour de bonnes raisons, qu'ils connaissent, eux, en détail et que la 'partie adverse' perçoit moins. Mais en revanche, si le chercheur émet, à la lumière des connaissances d'aujourd'hui, des appréciations concernant les valeurs relatives de thèses soutenues autrefois, il pourra se faire accuser de sortir par là du cadre d'une stricte impartialité et de déformer, de ce fait, l'histoire. Dans le domaine de l'histoire de la philosophie – fût-elle 'des sciences' – cette critique-là prend peut-être plus de poids qu'ailleurs, puisqu'il est souvent soutenu que tous les grands systèmes philosophiques restent sources valables d'inspiration.

Les développements historiques concernant l'idée de causalité sont à l'évidence parmi ceux dans l'étude desquels ce type de dilemme ne peut pas ne pas apparaître. Le thème est avant tout philosophique, mais c'est en même temps l'un de ceux que l'intervention de la science a le plus bouleversés en profondeur. Pour s'en rendre compte, il suffit de se rappeler qu'aussi bien les penseurs qui plaçaient la causalité au sein des choses que ceux qui la mettaient avant tout dans l'esprit humain l'identifiaient au déterminisme et voyaient dans ce dernier une condition *sine qua non* de la possibilité de la science. Or voici que subitement, au cours du premier quart du XXème siècle, une théorie physique surgit qui conserve la notion de causalité (songeons à la causalité einsteinienne) mais qui rompt son lien avec celle de déterminisme. Et – assez scandaleusement ! – voici que cette théorie (la mécanique quantique bien sûr) explique mille et mille choses que l'ancienne n'expliquait pas. Révélation pour les uns, monstruosité pour les autres, de toute manière le choc fut rude. Il pouvait et devait susciter toutes sortes de réactions. Celle de Grete Hermann est une des plus intéressantes car c'est celle d'un esprit neuf, non-conformiste, et placé par les circonstances aux 'premières loges' du théâtre de cet événement.

Mais, d'un autre côté, Grete Hermann n'avait pas accès à toutes les données dont nous disposons aujourd'hui. En particulier, elle n'eut à l'évidence, pas connaissance de la *théorie de l'onde pilote* de Louis de Broglie, datant de 1927 mais qui ne fut prise en considération qu'après sa redécouverte et sa généralisation par David Bohm en 1952. Pas davantage ne disposait-elle, bien entendu – pas plus que Heisenberg ni Einstein ! – d'un certain *théorème de Bell* découvert seulement dans les années soixante et qui modifie appréciablement notre vue de toutes ces questions. Ne serait-ce que pour ces raisons, il y aurait naïveté de notre part à vouloir nous former une vue équilibrée de la problématique philosophique relative à la mécanique quantique en ne nous appuyant que sur le texte de Grete Hermann. C'est ce qu'a parfaitement compris Léna Soler. Aussi a-t-elle muni le texte de Grete Hermann d'une introduction et d'une postface dans lesquelles, tout en tenant compte de l'ambiance philosophique et scientifique dans laquelle ce texte a été écrit, elle en re-situe et en critique le contenu, à la lumière, en particulier, de données plus récentes et qu'on ne saurait ignorer. C'est sa manière à elle, et elle est bonne, d'échapper au dilemme dont il s'agit.

Au reste, pour qui s'intéresse à l'histoire de la philosophie des sciences le texte de Grete Hermann est riche en contenu, même purement informatif. Quant à moi, par exemple, j'ai été extrêmement surpris d'y découvrir que, trente ans avant Bell, la jeune philosophe allemande avait déjà tout à fait clairement 'débusqué', comme Bell devait, indépendamment, le faire plus tard, le postulat implicite et injustifié sur lequel repose le pseudo-théorème de von Neumann, visant à démontrer la non-existence des variables cachées. Il n'en est pas moins vrai que l'intérêt du texte en question est loin d'être exclusivement historique. Dans l'exégèse qu'en donne Léna Soler j'ai retrouvé, exprimée de façon nette, une idée qui m'a toujours paru être un élément fondamental de la pensée de Bohr, mais un élément imparfaitement explicité par Bohr lui-même. A savoir l'idée que le résultat d'une mesure (précisons : d'une mesure d'un ensemble complet d'observables compatibles) est *relatif* à la situation expérimentale considérée (cette mesure, précisément) et fournit cependant une connaissance *complète* de l'état du système juste avant la mesure. Prise au pied de la lettre une telle conception implique, comme Grete Hermann le note elle-même, que « sous l'angle de cette situation d'observation, relativement à elle, le système n'a pas de valeurs précises quant à certaines grandeurs physiques ». Et comme cette 'situation d'observation' dépend de nous, il s'ensuit, de façon évidente me semble-t-il, que l'état du système juste avant la mesure (en particulier : la liste des grandeurs qui ont sur lui une valeur précise et la liste de celles qui n'en ont pas) dépend de notre choix de la mesure en question. Pour éviter cette déroutante introduction d'une espèce d'influence que nous exercerions ainsi sur un élément du passé, quand je tente de comprendre Bohr sur ce point, plutôt que de parler de *connaissance* de l'état précédant la mesure, je parle, quant à moi, de *convention* de langage (je dis que nous pouvons sans inconvénient faire la *convention* consistant à attribuer, antérieurement à la mesure, à la grandeur mesurée la valeur fournie par cette mesure). Ce n'est toutefois pas là le langage de Grete Hermann qui, elle, préfère parler de dévoilement *a posteriori* de la cause du résultat obtenu, et qui ne paraît pas troublée par la difficulté que je viens de signaler.

Fort compétente en philosophie néo-kantienne et ayant elle-même réfléchi d'une manière tout à fait personnelle et intéressante sur certains aspects importants de la philosophie de la physique contemporaine, Léna Soler était bien placée pour faire l'analyse critique détaillée de l'essai de Grete Hermann. Dans celle-ci, les difficultés que ce texte soulève (et dont je viens de noter, très schématiquement, un exemple, ne sont pas éludées, bien au contraire. Mais elles sont remises dans la perspective de la grande ambition de leur auteur, celle consistant à vouloir préserver quasiment intégralement, au sein de la nouvelle physique, le contenu de la théorie kantienne de la connaissance, jusque et y compris la notion d'une causalité identifiée au déterminisme. Dans la postface, Léna Soler discute cette ambition en profondeur et en détail.

Quelque complexe que puisse être un sujet, il existe toujours une manière de le présenter plus simple, plus lisible, moins chargée d'ambiguïtés et de fioritures pseudo-littéraires que toutes les autres ; et c'est elle qu'un auteur doit, à mon sens, viser, surtout quand le sujet est, de lui-même, un peu subtil. A cet égard, l'ouvrage de Léna Soler est exemplaire. Les points délicats ni sont ni oubliés, ni esquivés. Et malgré cela l'enchaînement des idées y est, pour ainsi dire partout, net et limpide. Aussi est-ce un des livres qui, me semble-t-il, peuvent le plus utilement servir aux philosophes à s'initier à certains problèmes conceptuels de la science contemporaine. Accessoirement, il pourra servir aussi aux physiciens soucieux d'entrevoir certaines arcanes d'une philosophie dont la connaissance n'est plus, aujourd'hui, un luxe pour eux.

Bernard d'Espagnat
Automne 1995

PRÉSENTATION

INTRODUCTION

Dans le courant de l'année 1934, une jeune philosophe allemande du nom de Grete Hermann se rend à Leipzig, l'un des centres qui contribuera le plus, avec Göttingen et Copenhague, non seulement au développement de la théorie quantique, mais aussi à l'éclaircissement de ses fondements philosophiques. Werner Heisenberg, célèbre pionnier de cette aventure, y organise un séminaire réunissant un nombre important de scientifiques éminents, comme le Suisse Félix Bloch, le Soviétique Landau, l'Allemand Peierls, ou encore Karl Friedrich Hund, Edward Teller, ainsi que le tout jeune Carl Friedrich von Weizsäcker, alors âgé de 18 ans, et qui, outre sa formation de physicien, se passionne pour les questions philosophiques soulevées par la nouvelle physique. C'est dans un tel cadre que Grete Hermann, fervente adepte de la philosophie critique et convaincue de sa validité définitive, s'emploiera à persuader ses sceptiques interlocuteurs que le caractère statistique des prédictions de la nouvelle théorie de la nature ne contraint nullement à abandonner ou même à modifier la catégorie kantienne de causalité.

L'écrit que Grete Hermann publiera en 1935, fruit de ces débats nombreux et animés, fait l'objet de la présente traduction. Son auteur comme son contenu restent quasiment inconnus en France à l'heure actuelle, en dépit de son incontestable importance historique. Notons simplement, avant de présenter l'essai de Grete Hermann, que si les exposés vulgarisés d'histoire des sciences ne le mentionnent pas du tout, plusieurs grands noms du séminaire de Leipzig, ainsi que des auteurs reconnus d'ouvrages spécialisés d'histoire et de philosophie des sciences, rendent hommage à la nouveauté et à la portée des arguments de cette jeune et pugnace philosophe – arguments qu'ils considèrent, même lorsqu'ils les critiquent, comme de précieuses contributions à l'éclaircissement des rapports entre philosophie et physique quantique.

Ainsi, Heisenberg consacre un chapitre entier aux discussions entre Grete Hermann, von Weizsäcker et lui-même, dans son autobiographie scientifique publiée en 1969, *La partie et le tout*. Ce chapitre, intitulé « Mécanique quantique et philosophie de Kant », présente le contenu des arguments, leur progrès et l'accord de compromis qui en a émergé. Sa tonalité finale est plutôt positive : « (...) nous avions le sentiment d'avoir mieux compris la relation entre la philosophie kantienne et la science moderne »[1], écrit Heisenberg.

Von Weizsäcker, lui, résume l'essai de Grete Hermann et en fait un commentaire tout à fait élogieux, dans un article paru en 1936 : il y présente le travail de Grete Hermann comme la première « contribution positive et incontestable à l'élucidation des conséquences relatives à la théorie de la connaissance de la mécanique quantique », et ajoute qu'« une discussion fructueuse sur ce sujet pouvait difficilement être inaugurée de façon plus claire et plus objective (...) ». Dans son livre *Le monde vu par la physique*[2], von Weizsäcker développe en outre une conception des rapports entre philosophie critique et physique quantique qui rejoint à bien des égards celle de Grete Hermann[3].

Max Jammer, dans son ouvrage de référence *The philosophy of quantum mechanics* (1966), mentionne à plusieurs reprises les contributions de Grete Hermann à l'éclaircissement des fondements philosophiques de la nouvelle physique. Selon lui, l'essai de 1935 « mérite qu'on s'y intéresse encore aujourd'hui »[4]. Grete Hermann y formulerait la première, avant

1. W. Heisenberg, *La partie et le tout*, Flammarion, 1990, p. 173.

2. C. F. von Weizsäcker, *Le Monde vu par la physique*, Flammarion, 1956.

3. Dans une interview inédite de von Weizsäcker réalisée par T. S. Kuhn et datée du 9 juillet 1963, C. F. von Weizsäcker, abordant la question des rapports entre physique et philosophie, signale que le groupe de Leipzig formait vers 1933-34 un bloc unifié lorsqu'il s'agissait de défendre les nouvelles idées associées à la physique contre les attaques des philosophes. Il en vient alors spontanément à parler de Grete Hermann : soulignant avant tout, dans la brève présentation qu'il fait d'elle, sa double formation mathématique et philosophique, C. F. von Weizsäcker la qualifie de personne extrêmement intelligente, et remarque que sa grande clarté d'esprit rendait la discussion facile. Il ajoute que Grete Hermann avait probablement raison de soutenir que la philosophie kantienne correctement interprétée n'était aucunement mise en difficulté par la physique moderne, elle-même correctement interprétée. Il fait également allusion à un manuscrit traitant de la causalité en physique quantique qu'aurait envoyé Grete Hermann à Bohr et à Heisenberg avant de se rendre à Leipzig. Bohr aurait alors demandé à von Weizsäcker de le lire et d'y répondre éventuellement, ce que ce dernier aurait fait, indiquant dans sa lettre en quoi les thèses de l'article lui semblaient erronées. Ayant reçu un courrier de contenu très similaire de la part de Heisenberg, Grete Hermann aurait alors décidé de se rendre sur place à Leipzig afin de discuter la question avec les deux physiciens (Pour les références de cette interview, voir les Archives for History of Quantum Physics : J. L. Heilbron et T. S. Kuhn, *Sources for History of Quantum Physics : an inventory and Report*, The american philosophical society, 1967).

4. M. Jammer, *The philosophy of quantum mechanics*, Wiley-Interscience Publication, 1974, p. 208.

même Bohr, le caractère relatif de la description quantique[1], et y développerait également la première critique de la preuve de von Neumann sur l'impossibilité des variables cachées, isolant trente ans avant Bell la prémisse problématique de l'argument[2].

Enfin Ernst Cassirer, dans un passage de son ouvrage de 1936 consacré au déterminisme où il soutient que la définition classique du principe de causalité conduit en dernière analyse à dissocier loi de causalité et possibilité de prédire, signale que Grete Hermann avait déjà, un an auparavant, mis en évidence la nécessité d'une telle dissociation[3].

Ces quelques exemples montrent que l'essai de Grete Hermann, bien que peu connu, n'est cependant pas passé inaperçu des spécialistes, germanophones tout au moins.

I. GRETE HERMANN[4]

Grete Hermann naît le 2 mars 1901, à Brême, où elle est élevée avec ses deux sœurs et ses quatre frères au sein d'une famille protestante et conservatrice. Ses deux grands-pères sont pasteurs, sa mère est parente avec le célèbre Friedrich Engels. Son père, d'abord marin, devient par la suite commerçant. Grete Hermann restera très attachée à sa famille, mais rompra pourtant rapidement, comme la suite de sa vie en témoigne, avec les traditions politiques et religieuses de celle-ci. Elève à Brême au *Neues Gymnasium*, où les filles n'étaient que très exceptionnellement admises, elle passe son baccalauréat, puis se forme au métier d'institutrice, profession qu'elle n'exercera cependant jamais. Elle entreprend alors des études de mathématiques, de physique et de philosophie aux universités de Fribourg et de Göttingen, et prépare un doctorat de mathématiques sous la direction d'Emmy Noether. De l'avis des spécialistes, ce travail constitue un moment décisif de la future histoire de la géométrie algébrique réelle.

C'est dès avant le doctorat qu'elle fait à Göttingen, au début des années vingt, une rencontre qui s'avérera cruciale pour l'orientation future de son travail : celle du philosophe Léonard Nelson (1882-1927), dont elle suit les cours d'éthique, de philosophie de la religion, et de philosophie de la pédagogie. En 1925, elle devient son assistante privée. Depuis 1903, Nelson résidait à Göttingen, où, après avoir achevé ses études, il « travailla à l'habilitation pour laquelle il eut à vaincre de vives oppositions et qu'il ne réussit à obtenir qu'en 1909 avec l'aide des mathématiciens Félix Klein et

1. M. Jammer, *op. cit.*, p. 207. Cette assertion de Jammer est cependant discutable (voir la section III de la présentation introductive).

2. M. Jammer, *op. cit.*, p. 272.

3. E. Cassirer, *Determinism and indeterminism in modern physics*, Yale University Press, 1956, p. 65.

4. L'exposé s'inspire principalement du chapitre biographique établi par Suzan Miller dans : G. Hermann, *Die Uberwindung des Zufalls*, Felix Meiner, 1985.

David Hilbert »[1]. Il occupa ensuite, de 1919 à sa mort, un poste de professeur extraordinaire dans l'enseignement supérieur au sein de la section scientifique de la Faculté de philosophie[2]. La tâche qu'il s'était fixée fut très vite reprise à son compte par Grete Hermann : réhabiliter et développer la philosophie critique de Jacob Friedrich Fries (1773-1843), alors très peu connue en Allemagne. Nelson s'y était consacré dès le doctorat, créant la *Fries-Gesellschaft*. Voici comment Grete Hermann présente en le citant celui qu'elle admirait tant, une cinquantaine d'années après sa mort : Nelson

> propose à la philosophie une double tâche : « ce qu'elle enseigne doit être vérité et la forme sous laquelle elle l'enseigne doit être science ». Et il lui indique, comme le domaine le plus important de ses tâches, un but pratique : « Les fins suprêmes de la philosophie consistent (...) en ce que la philosophie doit signifier pour la vie, c'est-à-dire dans l'éthique au sens le plus large de ce mot. La philosophie doit nous donner les règles dont nous avons besoin pour pouvoir interpréter et dominer les données de la vie. Nous avons besoin de pareilles règles, pour ne pas être aveugles et impuissants devant les données de la vie ; nous en avons besoin pour pouvoir juger rationnellement de ces données et, plus encore, pour pouvoir agir sur elles et les adapter à des fins raisonnables ». Telles sont les exigences et les tâches vers lesquelles Nelson a orienté son propre travail. Dans cet effort il s'est enrôlé très jeune dans une école philosophique. Il a cherché et il a trouvé dans l'histoire de la philosophie le lieu à partir duquel il s'attendait à pouvoir accéder aux problèmes qui l'occupaient : l'école kantienne de la philosophie critique telle qu'elle avait été constituée et développée par les disciples de Kant, Jacob Friedrich Fries et Ernst Friedrich Apelt[3].

Comment Nelson, et Grete Hermann à sa suite, abordent-ils la philosophie critique ? Fries, et Nelson après lui, retiennent avant tout la *méthode* kantienne de la découverte des catégories, voyant en elle, pour la première fois dans l'histoire de la philosophie, « la percée vers un philosopher scientifiquement contrôlable »[4]. Ils critiquent toutefois le

1. G. Hermann, Avant-propos de l'ouvrage de Léonard Nelson, *Certitudes de la raison*, Beauchesne, 1976, p. 356. Nelson resta très attaché à Hilbert. Dans son principal ouvrage, la *Kritik der pratischen Vernunft*, Nelson dédie au célèbre mathématicien, en signe de reconnaissance et d'admiration, ce qu'il qualifie de tentative pour ajouter une nouvelle province au domaine de la science rigoureuse. Il semble que Nelson ait trouvé dans l'axiomatique de Hilbert le modèle de science rigoureuse auquel il aspirait pour fonder son éthique scientifique. Cette éthique repose en effet sur un nombre restreint d'axiomes (par exemple, le premier : chacun de nous a un devoir, indépendamment du contenu particulier d'un tel devoir) dont découlent un certain nombre de conséquences (voir G. Hermann, *Die Uberwindung des Zufall*, Felix Meiner, 1985, p. XII à XV). Nous n'avons par contre pas eu connaissance de liens directs entre Hilbert et Grete Hermann.

2. G. Hermann note avec amertume qu'aucune université n'a jamais invité Nelson à devenir professeur ordinaire (avant-propos de l'ouvrage de L. Nelson, *Certitudes de la raison*, Beauchesne, 1976, p. 356).

3. G. Hermann, 'Léonard Nelson', *Archives de philosophie*, 1976, p. 353-354.

4. G. Hermann, *op. cit.*, p. 360.

philosophe de Königsberg sur un point précis : en adoptant l'un des présupposés erronés les plus tenaces de la tradition philosophique, selon lequel une théorie de la connaissance peut et doit fonder la validité objective de *toute* connaissance, Kant aurait cru devoir prouver la validité des principes *a priori*, et aurait pensé avoir atteint ce but par une déduction transcendantale destinée à conférer à de tels principes le statut de conditions de possibilité de l'expérience. Or, comme Nelson affirme l'avoir démontré[1], la théorie de la connaissance s'assigne une tâche impossible en voulant garantir la validité objective de *toute* connaissance : elle engage en effet la preuve dans une régression à l'infini, chaque fondement devant toujours à son tour être fondé. Fries et Nelson substituent dès lors, à la question kantienne du fondement de toute connaissance, cette autre : « de quelles connaissances – *a priori* ou *a posteriori* – la raison humaine dispose-t-elle *immédiatement*, indépendamment de toute autre connaissance ? »[2]. Renonçant ainsi à la tâche impossible de démontrer la validité objective des premiers principes, ils se contentent de mettre en évidence l'existence et le contenu de tels principes qui, du fait même de leur immédiateté, ne peuvent être davantage fondés, mais qui n'en fondent pas moins tous les jugements synthétiques par concepts, rôle que l'observation ou la simple logique, considérées avant Fries comme les seules sources de la connaissance humaine, seraient bien incapables d'assumer.

Une réflexion attentive révèle alors que l'homme dispose effectivement de *connaissances* immédiates non intuitives[3].

> Dans la raison humaine, les vérités suprêmes du domaine de la religion, de la morale et de la philosophie naturelle existent en soi et pour soi à l'état obscur, sans que l'individu en ait conscience. (...) En établissant que l'homme est effectivement en possession d'une telle raison, Fries a mis les vérités philosophiques à l'abri de tous les doutes sceptiques[4].

Cette réflexion, qui a pour objet la découverte des connaissances primitives irréductibles, n'est pas une théorie de la connaissance *a priori*, mais une critique empirique et psychologique :

> Nous avons certes besoin d'une science particulière pour fonder les jugements métaphysiques. Mais cette science n'est pas une théorie de la connaissance : elle ne contient pas elle-même le fondement des jugements métaphysiques, elle sert seulement à sa monstration. (...) Ce n'est pas dans les propositions de cette critique psychologique que réside le fondement des propositions métaphysiques, mais bien dans la connaissance métaphysique immédiate »[5].

1. L. Nelson, *Certitudes de la raison*, Beauchesne, 1976, p. 63-64.
2. G. Hermann, 'Léonard Nelson', *Archives de philosophie*, 1976, p. 361.
3. L. Nelson, *op. cit.*, p. 63 à 78.
4. L. Nelson, *op. cit.*, p. 131.
5. L. Nelson, *op. cit.*, p. 81.

Ainsi, la critique de la raison reçoit un nouveau statut : elle se développe non plus en tant que « science philosophique » comme chez Kant, mais en tant que « science empirique des sources du connaître humain »[1], soit comme anthropologie. D'où le titre de l'ouvrage de Fries, *Critique nouvelle ou anthropologie de la raison*[2].

Pour Nelson, l'un des plus hauts mérites de la philosophie kantienne transformée en anthropologie est d'indiquer les principes éthiques de l'action concrète sur laquelle elle doit déboucher. Dès 1910, il consacre toutes ses recherches et son enseignement aux questions éthiques, et s'engage dans une lutte politique active, dans laquelle il entraînera à sa suite un grand nombre de ses élèves, dont Grete Hermann dans une certaine mesure. A ce propos, cette dernière rend hommage à la clairvoyance de son maître :

> Avec quelle clarté et quelle audace il exposait le problème de cette application de l'éthique à la vie publique, il le montra le 31 juillet 1914, à la veille de la première guerre mondiale, en terminant son cours sur la philosophie politique avec le thème 'de la ligue des Etats' ; dans cette leçon [qu'il n'a pu publier qu'après la guerre], il réclamait un rapport juridique politiquement protégé entre les Etats[3].

Après la première guerre mondiale, Nelson fonde, avec des amis et des élèves, l'*Internationalen Jugend Bund* (IJB – *Ligue Internationale de la Jeunesse),* dont le but n'est autre que « *l*e vieil idéal platonicien de la domination des sages »[4], et dont la plupart des membres exercent une activité politique au sein du Parti Social Démocrate allemand (SPD). En 1924, il crée un foyer éducatif, le *Landerziehungsheim Walkemühle*, école internationale au sein de laquelle les enfants ne sont soumis à aucune contrainte autoritaire ; devenus de jeunes adultes, ils y suivent durant trois ans une formation les préparant aux tâches proposées à l'IJB. En 1925, après un conflit entre l'IJB et la Direction du SPD, est fondée une organisation politique propre à l'IJB, l'*Internationale Sozialistische Kampf-Bund* (ISK – *Ligue pour la Lutte Socialiste Internationale*), destinée à représenter dans la vie publique les exigences politiques de la philosophie du droit et de la philosophie politique développées par Nelson, et dont Willi Eichler deviendra directeur après la mort de Nelson, jusqu'à ce qu'elle soit interdite par le régime hitlérien en 1933. C'est en cette même année 1925 que Grete Hermann devient l'assistante de Nelson. Son rôle consiste à établir le texte d'un ouvrage de Nelson intitulé *Système de l'éthique philosophique et pédagogique*. Elle poursuivra ce travail d'édition après la mort de Nelson en octobre 1927, avec l'aide de Minna Specht, la directrice du foyer éducatif.

Si Grete Hermann, au contact de Nelson, ne se transforma certes pas en militante politique au sens propre du terme, ses liens multiples avec les

1. G. Hermann, 'Léonard Nelson', *Archives de philosophie*, 1976, p. 361.
2. J. F. Fries, *Neue oder anthropologische Kritik der Vernunft*, 1828.
3. G. Hermann, 'Léonard Nelson', *Archives de philosophie*, 1976, p. 356.
4. L. Nelson cité par G. Hermann, dans : 'Léonard Nelson', *Archives de philosophie*, 1976, p. 356.

membres du cercle de Nelson la mirent néanmoins très vite en relation avec les organisations politiques afférentes. Dès 1929, elle écrivit pour le mensuel de l'ISK un certain nombre de rapports, puis, à partir de janvier 1932, lorsque l'ISK, tentant de s'opposer à la montée du national-socialisme, publia à Berlin le quotidien *Der Funke*, elle fit partie de sa Rédaction.

La grande majorité des publications de Grete Hermann concernent l'éthique et la philosophie politique envisagées dans une perspective néo-kantienne[1]. Les travaux de philosophie des sciences occupent comparativement une place marginale dans l'œuvre de Grete Hermann : ils se réduisent en effet à trois essais relativement courts dont la production est circonscrite aux années 1934-1937, ainsi qu'à quelques brefs articles. C'est en 1935 que Grete Hermann publie le texte qui nous intéresse ici, sous le titre allemand *Die naturphilosophischen Grundlagen der Quantenmechanik*, dans lequel elle défend la philosophie critique contre les attaques dont certains adeptes de la nouvelle physique probabiliste se font les apôtres au nom de l'expérience[2]. Son travail paraît dans les *Abhandlungen der Fries'schen Schule, Neue Folge*[3] (Traité de l'Ecole de Fries, nouveaux fascicules). Grete Hermann publiera en 1937 deux autres textes de philosophie de la physique : *Die Bedeutung der modernen Physik für die Theorie der Erkenntnis* (*La signification de la physique moderne pour la théorie de la connaissance*)[4], et *Über die Grundlagen physikalischer Aussagen in den älteren und der modernen Theorien* (*Sur les fondements des énoncés physiques dans les théories anciennes et modernes*)[5], qui reconduisent la plupart des analyses de 1935 et se penchent de surcroît sur la théorie de la relativité. Les contributions de Grete Hermann à la philosophie des sciences comprennent en outre quatre articles. Le premier, qui date de 1935, est un compte rendu de l'ouvrage plus tard célèbre écrit par Karl Popper en 1934, et traduit en français sous le titre *La logique de la découverte scientifique*[6]. Le second correspond à une brève intervention faite à Copenhague en juin 1936, au Deuxième Congrès International pour l'unité de la science[7] : il s'agit d'une réponse à un exposé de Moritz Schlick

1. Voir la bibliographie des publications de Grete Hermann qui figure à la fin de la présente édition.

2. Un résumé de ce travail, réalisé par G. Hermann, a été publié dans : *Die Naturwissenschaften*, 23, cahier 42, 1935, p. 718-721.

3. Nelson éditera ces cahiers à partir de 1904, redonnant ainsi vie à l'entreprise inaugurée par deux disciples de Fries, Apelt et Schleiden, et poursuivie de 1847 à 1849, puis interrompue pendant la révolution pour cause de divisions politiques entre les éditeurs.

4. G. Hermann, *Die Bedeutung der modernen Physik für die Theorie der Erkenntnis*, S. Hirzel, 1937.

5. G. Hermann, *Über die Grundlagen physikalischer Aussagen in den älteren und der modernen Theorien*, Öffentliches Leben, 1937 ; également dans : *Abhandlungen der Fries'schen Schule, Neue Folge*, 6, cahier 3/4, p. 309-398.

6. Concernant le contenu de cet article, voir la section I-1 de la postface, note 1 p. 131.

7. *Erkenntnis*, Tome 6, fascicule 5/6, p. 342.

sur la causalité, dans laquelle Grete Hermann mobilise les thèses de 1935. Le troisième, *La signification philosophique du passage de la physique classique à la physique moderne*, constitue la participation de Grete Hermann aux travaux du IXème Congrès International de Philosophie ('Congrès Descartes') qui s'est tenu à Paris en 1937 : les conclusions de l'essai de 1935 y sont une nouvelle fois résumées[1]. Enfin, un article de 1948 d'une dizaine de pages, intitulé *La causalité en physique*, fournit une synthèse extrêmement claire des précédents travaux de Grete Hermann[2].

Dès 1935, Grete Hermann participe sous diverses formes à la lutte contre le fascisme. Elle écrit sous différents pseudonymes des articles pour le journal *Sozialistische Warte* publié à Paris, et se déplace dans diverses villes où se sont développés des foyers de résistance au nazisme pour y animer des débats entre opposants, persuadée que « le courage et la disposition à la résistance peuvent être renforcés par une élucidation conceptuelle des valeurs mises en jeu »[3]. Entretenant des contacts avec de nombreux amis allemands réfugiés à l'étranger, elle séjourne un moment au Danemark, dans un foyer destiné aux enfants d'antifascistes et créé par Minna Specht, où elle participe aux réunions pédagogiques ainsi qu'au service des cuisines.

Après 1937, la Gestapo rendant de plus en plus difficile ses activités de clarification des valeurs, et nombre de ses amis ayant été arrêtés, Grete Hermann, après un bref séjour à Paris, se réfugie à Londres dont elle apprécie les traditions démocratiques. Afin de pouvoir se déplacer et continuer à agir, elle y contracte un mariage blanc avec un certain Sir Henry, dont elle divorcera après la guerre. Elle retourne à Brême en 1946, où elle accepte de devenir directrice de l'Ecole Supérieure de Pédagogie (alors en reconstruction), et où elle enseigne en outre la philosophie et la physique. Elle y aurait exercé une profonde influence sur une génération de jeunes gens déstabilisés par le nazisme et la guerre. Alors plus que jamais, Grete Hermann s'intéresse à la politique et intervient dans la vie publique. Elle dirige la section pédagogique du syndicat 'Education et Sciences', et participe, en tant que membre du SPD, à certains conseils, dirigés par Willi Eichler, qui ont eu une certaine influence sur le programme de Godesberg[4]. Elle appréciera tout particulièrement cette dernière expérience qui sera pour elle l'occasion d'échanges constructifs et pacifiques avec des personnes de convictions politiques et confessionnelles différentes. Enfin, à la

1. *Die Naturphilosophische Bedeutung des Übergangs von der klassischen zur modernen Physik*, Travaux du IXème Congrès International de Philosophie 'Congrès Descartes', publié par Raymond Bayer, VII, p. 99-101.

2. 'Die Kausalität in der Physik', *Studium Generale*, 1, fascicule 6, 1948, p. 375-383.

3. G. Hermann, *Die Uberwindung des Zufalls*, Felix Meiner, 1985, p. 221.

4. Programme adopté par le Parti Social-Démocrate ouest-allemand à son Congrès de Bad Godesberg en novembre 1959, qui, tout en répudiant globalement le marxisme et en préconisant la liberté de concurrence et la liberté d'entreprise, admettait une plannification circonstantielle destinée à compléter et à corriger cette concurrence.

demande de ses amis, elle accepte la présidence de l'Académie Philosophico-Politique garante de l'héritage spirituel de Nelson, et poursuit ainsi l'édition des neuf tomes des œuvres complètes de Nelson, travail auquel elle avait déjà apporté la majeure contribution avant la guerre.

La philosophie critique, dans la forme que lui avait donnée Nelson, resta au centre des préoccupations de Grete Hermann jusqu'à sa mort, le 15 février 1984. Elle se retira sensiblement de la vie publique durant ses dix dernières années, passées à Brême, continuant néanmoins à suivre avec intérêt les événements politiques, et participant de manière plus officieuse à la clarification de débats divers. Ceux qui l'ont connue la décrivent comme une personne extrêmement généreuse et chaleureuse, traitant l'interlocuteur sur un pied d'égalité, et toujours prête à se consacrer aux causes utiles.

II. SITUATION DE LA NOUVELLE PHYSIQUE EN 1934

Lorsque, en 1934, Grete Hermann décide de se rendre à Leipzig pour participer au séminaire de Heisenberg, la nouvelle physique dont elle souhaite discuter les fondements philosophiques bénéficie, de l'avis d'une large majorité de spécialistes et depuis quelques années déjà, d'un statut épistémologique presque aussi respectable que celui de la physique classique. La terminologie reflète un tel état de choses, puisque l'expression de 'mécanique quantique', apparue en 1924 chez Born[1]

> comme une sorte de mot d'ordre pour désigner un programme de 'discrétisation de la physique' (...) s'impose définitivement à partir du congrès Solvay d'octobre 1927 pour désigner la synthèse de la mécanique matricielle, de la mécanique ondulatoire et de la théorie des transformations[2], toutes trois développées en 1925 ou 1926[3].

Depuis le début du siècle et le célèbre article de Planck sur le rayonnement du corps noir, qui introduit dans les sciences de la nature un élément de discontinuité tout à fait inattendu, la communauté des spécialistes concernés travaille à édifier une théorie physique digne de ce nom qui soit susceptible de rendre compte non seulement de l'ensemble des phénomènes décrits par la physique classique, mais aussi de tous les phénomènes (atomiques en particulier) issus de l'exploration de domaines nouveaux à l'aide de techniques également nouvelles. Ce n'est qu'à partir du milieu des années vingt, après bon nombre de tentatives plus ou moins fructueuses et de polémiques passionnées, que la nouvelle physique parvient à maturité. Le consensus qui s'établit alors autour de l'interprétation dont Bohr est le

1. M. Born, 'Über Quantenmechanik', *Zeitschrift für Physik*, 26, 1924.
2. Voir l'ouvrage de P. Dirac, *Les principes de la mécanique quantique*, PUF, 1931.
3. Glossaire de C. Chevalley, dans: Niels Bohr, *Physique atomique et connaissance humaine*, Gallimard, 1991, p. 503.

principal artisan et qui sera désignée des années plus tard par la formule commode d''interprétation de Copenhague', fournit à l'expression de 'mécanique quantique' un contenu à peu près stable, permettant dès lors à des philosophes comme Alexandre Kojève[1], Ernst Cassirer[2], Gaston Bachelard[3] et d'autres, dont Grete Hermann elle-même, de s'aventurer sur le terrain de la discussion des fondements philosophiques de la nouvelle théorie. Ceux des éléments de l'interprétation de Copenhague qui constituent le cadre de la thèse originale de Grete Hermann se ramènent au principe de correspondance, à la complémentarité, et à la théorie de la mesure qui les sous-tend[4].

II-1. Le principe de correspondance

Les germes de l'idée de correspondance remontent à l'année 1913 : Bohr constate alors que la formule de Balmer, qui décrit le spectre de la lumière émise par un atome d'hydrogène et présente une inexplicable discontinuité, s'identifie à la limite, pour des orbites voisines caractérisées par de grands nombres quantiques, à celle qui, dans la théorie électromagnétique classique, rend compte du rayonnement d'un électron en rotation sur une orbite à une fréquence donnée[5]. Bohr décèle là le premier indice d'une possibilité de rattacher un schéma quantique (l'atome de Bohr, appartenant à l'ancienne théorie des quanta) à un schéma classique (l'électrodynamique de Maxwell et de Lorentz). Et ce, bien que ces deux schémas fassent intervenir des représentations à première vue tout à fait incompatibles. En effet, dans la description causale et continue de l'électrodynamique telle que la conçoivent les pionniers de la physique des quanta, l'atome est composé d'un noyau chargé positivement (proton) autour duquel gravitent, sur des trajectoires elliptiques, des électrons qui rayonnent sans cesse et continûment et qui perdent d'autant plus énergie qu'ils se rapprochent du noyau. Au contraire, dans le modèle discret de Bohr (qui deviendra statistique en 1916), seules certaines orbites sont permises, sur

1. A. Kojève, *L'idée du déterminisme dans la physique classique et dans la physique moderne*, Livre de Poche, 1990 (publication d'un manuscrit de 1932).

2. E. Cassirer, *Substanzbegriff und Funktionsbegriff: untersuchungen über die Grundfragen der Erkenntniskritik*, 1910.

3. G. Bachelard, *Le nouvel esprit scientifique*, PUF, 1934.

4. Dès 1928, ces trois composantes de l'interprétation de Copenhague seront étroitement associées par Bohr et Heisenberg aux trois problèmes généraux que pose désormais la science à leurs yeux : l'impossibilité d'une description objective fondée sur une représentation spatio-temporelle continue et causale des phénomènes ; la perte d'une division fixe entre sujet et objet ; le rôle du langage ordinaire. On retrouve de même ces trois problèmes de manière plus ou moins explicite chez Grete Hermann.

5. D'après les principes de la théorie de Maxwell, la fréquence d'émission du rayonnement électromagnétique d'un électron en rotation sur une orbite doit être un multiple entier de sa fréquence de rotation. Or, les résultats des expériences atomiques contredisent cette attente. Ce qui amène Bohr à distinguer deux concepts de fréquence, celui de fréquence optique et celui de fréquence mécanique, fréquences susceptibles d'être identifiées pour les grands nombres quantiques.

lesquelles l'électron gravite sans perdre d'énergie, ne rayonnant que lors du 'saut' de l'une à l'autre, sans que le physicien puisse prédire univoquement ni quelle transition se produira, ni pourquoi ni quand elle aura lieu.

L'idée de 1913 d'une correspondance asymptotique entre certaines formules des théories classique et quantique sera généralisée par Bohr en 1918, puis baptisée en 1920 'principe de correspondance'. Dans l'ancienne théorie des quanta,

> Le 'principe de correspondance', (...) est à la fois un principe d'orientation, une politique conceptuelle, un outil de calcul et une façon de régler à chaque moment l'évolution des rapports d'une théorie quantique encore incertaine de ses fondements avec les théories classiques de la mécanique et de l'électrodynamique[1].

La correspondance deviendra rapidement un outil permettant l'obtention de résultats quantitatifs. Bohr l'utilisera par exemple pour compenser l'incapacité de la théorie des quanta à prédire l'intensité des raies atomiques spectrales, en identifiant par extrapolation l'intensité de la k-ième harmonique de la fréquence d'émission du rayonnement de l'atome, fournie par l'électrodynamique classique, et celle de la raie correspondant à la transition quantique entre les orbites n et n - k. L'accord asymptotique constaté, tout d'abord simple invitation à la construction d'une procédure *ad hoc* de raccordement entre des théories incompatibles, se muera rapidement en un principe heuristique extrêmement fécond : Bohr ira même dès 1923 jusqu'à considérer la correspondance comme une partie intégrante de la théorie, lui conférant le statut de loi fondamentale de la théorie des quanta[2].

Certes, d'autres physiciens plus sceptiques, comme par exemple Sommerfeld, nourrissent encore au début des années vingt l'espoir de se débarrasser à terme du principe de correspondance, considéré comme un outil provisoire. Mais un tel espoir se verra sérieusement ébranlé à partir de 1925, avec l'élaboration par Heisenberg d'une théorie quantique digne de ce nom, dite mécanique matricielle, obtenue au terme d'une démarche consistant selon son auteur à ne faire intervenir que des relations entre des quantités observables. Car, résume M. Bitbol,

> (...) la cinématique et la dynamique de Heisenberg, loin de faire l'économie du principe de correspondance, en systématisaient l'emploi[3].

1. C. Chevalley, Glossaire de : N. Bohr, *Physique atomique et connaissance humaine*, Gallimard, 1991, p. 414.

2. N. Bohr, 'Uber die Anwendung der Quantentheorie auf den Atombau. I. Die Grundpostulate der Quantentheorie', *Zeitschrift für Physik*, 13, 1923, p. 117-165.

3. Bohr le remarque dès 1927 : « (...) c'est seulement grâce aux méthodes introduites dans la théorie quantique au cours de ces dernières années que l'on a pu réaliser d'une manière générale la tendance exprimée par le principe de correspondance. C'est Heisenberg qui a inauguré ce nouveau développement (...) ». Et Bohr poursuit avec une description de la toute nouvelle mécanique matricielle et de la 'réduction aux observables' qui la sous-tend (N. Bohr, *La théorie atomique et la description des phénomènes*, Gauthier-Villars, 1993, p. 66). Voir également O. Darrigol, *From c-numbers to q-numbers*, The University of California Press, 1993.

> (...) A moins de supposer que la mécanique quantique de Heisenberg était encore un expédient provisoire pour sauver quelques phénomènes atomiques, ce qui devenait de moins en moins vraisemblable au vu de l'étendue croissante de ses succès, il fallait désormais tenter de comprendre pourquoi elle ne pouvait s'édifier sans soubassement classique. Pourquoi en somme elle souffrait d'une carence congénitale d'autonomie théorique[1].

C'est là une particularité propre au développement de la physique quantique, et un point crucial pour comprendre les raisonnements de Grete Hermann : tandis que les principes de la nouvelle théorie s'opposent fondamentalement à ceux de l'ancienne, les physiciens ne réussissent pourtant pas à rompre le cordon ombilical avec l'édifice classique. D'où le recours à un principe de correspondance qui, tout en revêtant des formes variables et tout en étant appliqué à des problèmes physiques très divers, conserve néanmoins sa fonction initiale : assurer le lien entre les deux formalismes en présence.

En fait, comme le remarque Michel Bitbol dans le même article, le manque d'autonomie de la physique quantique renvoie à une tension ontologique[2] : d'un côté les physiciens ont les plus grandes difficultés à élaborer une interprétation cohérente du formalisme quantique qui soit compatible avec l'ontologie traditionnelle de corps matériels localisés, individualisables et auxquels il soit possible d'attribuer des qualités indépendantes des procédures mises en œuvre pour accéder à leur connaissance ; mais d'un autre côté, le discours que ces mêmes physiciens tiennent à propos des instruments de mesure d'échelle macroscopique présuppose cette ontologie. Une telle difficulté s'est d'abord signalée par les expériences dites de dualité que les physiciens ne parviennent pas à interpréter autrement qu'en utilisant conjointement, pour décrire ce qui est sensé demeurer le *même* objet, des représentations classiquement antagonistes comme celles d'onde et de particule. Elle se traduit dans le formalisme par les relations de Heisenberg[3], dont l'élaboration remonte à la fin de l'hiver 1926-27, et qui introduisent un rapport radicalement nouveau entre certaines variables dites conjuguées. Ces relations semblent par exemple rendre inconnaissable l''état' d'un corpuscule au sens classique du terme, à savoir la donnée simultanée de la position et de l'impulsion qui permettait classiquement l'identification de trajectoires et l'individuation des systèmes considérés. Le théoricien se trouve dès lors confronté à une étrange situation : d'un côté il ne peut se

1. M. Bitbol, 'Autonomie et ontologie', dans : Actes du colloque : *Les années 1930, réaffirmation du formalisme*, avril 1994, à paraître.

2. Le terme d'ontologie est ici employé dans son acception sémantique (et non pas métaphysique) : il renvoie à la manière dont une théorie, ou plus généralement un langage donné, opère un découpage du monde.

3. On trouvera l'un des exposés heisenbergien de la signification des relations d'indétermination dans un petit ouvrage auquel se réfère d'ailleurs Grete Hermann à plusieurs reprises : W. Heisenberg, *Les principes physiques de la théorie des quanta*, Gauthier-Villars, 1932.

passer des concepts classiques d'onde, de corpuscule, de position, d'impulsion, etc. ; mais de l'autre côté, chacun de ces signifiants n'est plus exactement corrélé au même signifié (les corpuscules ne sont plus tout à fait des corpuscules au sens classique du terme, puisque leur position et leur vitesse ne peuvent être simultanément définies avec précision, etc.). Le principe de correspondance a justement pour fonction de tracer les limites du domaine d'applicabilité des concepts classiques dont le physicien ne réussit pas à se débarrasser, sans pour autant parvenir à les employer conformément à leur usage classique. Des tentatives pour fournir une interprétation d'ensemble cohérente de cette inconfortable situation, émergera la notion complexe de complémentarité, qui repose elle-même sur une théorie de la mesure.

II-2. La théorie de la mesure

Bohr introduit l'idée d'une perturbation *incontrôlable* de l'instrument de mesure sur l'objet d'étude, et en tire d'importantes conséquences :

> Le postulat quantique (...) exprime que toute observation des phénomènes atomiques entraîne une interaction finie avec l'instrument d'observation ; on ne peut par conséquent attribuer ni aux phénomènes ni à l'instrument d'observation une réalité physique autonome au sens ordinaire du mot. De toute façon, le concept d'observation contient un élément arbitraire : il dépend du choix des objets comptés comme faisant partie du système observé[1].

Bohr ébauche là une théorie de la mesure. La division en deux types d'objets, les mesurants et les mesurés, résulte d'un choix humain et n'est pas imposée par les phénomènes eux-mêmes. Si l'on a jusque-là fait confiance à l'hypothèse selon laquelle les mesures permettaient la connaissance de caractéristiques propres à un objet séparé « cela tient uniquement à la petitesse du quantum d'action vis-à-vis des actions qui interviennent dans nos perceptions sensorielles ordinaires »[2]. Isoler une partie des phénomènes atomiques pour les étudier 'en eux-mêmes' n'est qu'une idéalisation. En fait, on a affaire à une totalité inséparable. Dès lors, toute information obtenue par la mesure ne saurait être attribuée à un objet autonome indépendant de la procédure expérimentale effectivement mise en œuvre ; elle doit au contraire être rapportée aux conditions de son obtention et n'a de sens que par rapport à ces conditions. Il y a une « limitation fondamentale, en physique atomique, de l'existence de phénomènes indépendants des moyens d'observation »[3]. Dans l'étude d'un même système, tel type d'instrument donnera par exemple lieu à la manifestation d'un comportement ondulatoire, tel autre à celle d'un comportement corpusculaire. Mais si ces comportements ne peuvent être attribués à un objet autonome, si l'obser-

1. N. Bohr, *La théorie atomique et la description des phénomènes*, Gauthier-Villars, 1993, p. 51. Voir aussi p. 88 et p. 90.
2. N. Bohr, *op. cit.*, p. 52.
3. N. Bohr, *op. cit.*, p. 155.

vation perturbe chaque fois l'observé par « un échange d'impulsion et d'énergie qui n'est pas négligeable et dont pourtant nous ne pouvons pas tenir compte si nous voulons que les instruments de mesure remplissent leur fonction »[1], les résultats obtenus, supposés se rapporter à un même objet, ne pourront pas toujours être réunis en une description spatio-temporelle continue décrivant causalement l'évolution propre de cet objet. On ne pourra plus par exemple reconstituer la moindre trajectoire prétendant caractériser un mouvement indépendant des moyens qui permettent à l'homme de la reconstituer, puisque chaque mesure modifiera cette trajectoire.

Mais si les descriptions quantiques et classiques semblent à première vue inconciliables, Bohr fournit une raison essentielle pour laquelle la physique ne peut s'affranchir des représentations classiques : « d'après la nature même de l'observation des phénomènes physiques, toutes les expériences doivent nécessairement, en dernière analyse, être décrites à l'aide des concepts classiques, en faisant abstraction du quantum d'action »[2]. Bref, des raisons pragmatiques contraignent à décrire l'instrument et la procédure de mesure à l'aide des « concepts de la vie journalière – raffinés par la terminologie de la physique classique »[3]. Comme l'écrit M. Bitbol, « Le défaut d'autonomie de la mécanique quantique se voit par là reconduit indirectement à une exigence épistémologique incontournable : celle de raccorder le formalisme de la mécanique quantique aux gestes et aux paroles de l'expérimentateur dans son laboratoire »[4].

II-3. La complémentarité

C'est à partir de telles prémisses que Bohr va élaborer la complémentarité, conception originale permettant de réunir différentes informations apparemment incompatibles en une unique description. Bohr introduit pour la première fois cette notion – en plein contexte de crise, à la suite de mois de débats avec Schrödinger et Heisenberg – à l'occasion de la conférence de Côme de 1927 dont le texte, reproduit dans *La théorie atomique et la description des phénomènes*, est cité par Grete Hermann.

Parvenu à la conclusion que les descriptions classiques et quantiques doivent inéluctablement coexister, Bohr entreprend d'approfondir leurs rapports mutuels : c'est la fonction de la complémentarité, qui, dans ses premières formulations, consiste à considérer « comme des aspects complémentaires, mais mutuellement exclusifs »[5] des caractères classiquement indissociables de la description des phénomènes : la localisation spatio-temporelle et le principe de causalité. La complémentarité constituera

1. N. Bohr, *op. cit.*, p. 92.
2. N. Bohr, *op. cit.*, p. 89.
3. N. Bohr, *Physique atomique et connaissance humaine*, Gallimard, 1991, p. 185.
4. M. Bitbol, 'Autonomie et ontologie', dans : Actes du colloque : *Les années 1930, réaffirmation du formalisme*, avril 1994, à paraître (à l'imparfait dans l'original).
5. N. Bohr, *La théorie atomique et la description des phénomènes*, Gauthier-Villars, 1993, p. 51-52.

rapidement l'un des éléments centraux de l'interprétation de Copenhague. Bohr en produira des formulations sensiblement différentes au cours du temps. Ainsi, seront dites complémentaires tantôt les variables conjuguées, tantôt les représentations corpusculaires et ondulatoires. Ce qui revient à affirmer : d'un côté, l'impossibilité de connaître simultanément les valeurs des variables conjuguées avec la même précision, ainsi que l'impossibilité de considérer un même système entièrement comme une onde ou comme une particule ; de l'autre, que ces informations ou ces modèles constituent des aspects qui doivent tous être pris en compte pour épuiser notre connaissance de la *même* réalité. « Il sera en général nécessaire de nous placer à différents points de vue pour éclairer sous toutes ses faces un seul et même objet, ce qui rend impossible une description univoque d'un même objet »[1].

II-4. Quelques réactions aux thèses de Bohr

A la fin des années 1920, la conception proposée par Bohr et Heisenberg reçoit l'assentiment de la grande majorité des physiciens. Pourtant, certains d'entre eux continuent à fixer d'autres buts à la théorie physique et à adresser de nombreuses critiques à l'interprétation de Copenhague.

Schrödinger et von Laue s'attaquent par exemple à l'affirmation de la nécessité de conserver les concepts classiques pour pouvoir connecter le formalisme quantique aux observations. Schrödinger, malgré l'échec de sa tentative pour substituer une nouvelle ontologie à celle qui prévalait en mécanique classique et qui continue – fût-ce de manière fragmentaire – à sous-tendre la complémentarité, soutient en effet, comme le rapporte Michel Bitbol, que

> la mécanique quantique doit se dégager entièrement de son moule classique, y compris dans la désignation de ce sur quoi porte la mesure, car, demande-t-il en 1928, 'n'est-il pas plutôt hardi d'interpréter les mesures d'après une représentation que nous savons fausse ?'. Dans ces conditions, Schrödinger refuse de se limiter à un discours 'symbolique' [selon l'expression de Bohr] sur les éléments disjoints d'une ontologie classique, et d'en étayer la nécessité par une argumentation tournant autour de la grossièreté ou de l'imperfection de nos moyens d'investigation expérimentale. (...) Pour Schrödinger, le recours à (...) l'invocation de la 'circonstance défavorable' qu'est la perturbation du mesuré par le mesurant, signale simplement une incapacité provisoire à rebâtir une nouvelle ontologie sur les ruines de l'ancienne[2].

Albert Einstein, lui, au Congrès Solvay de 1927, va s'en prendre à l'interprétation selon laquelle la règle de correspondance probabiliste de Born, qui connecte le formalisme quantique aux résultats de mesure, s'ap-

1. N. Bohr, *op. cit.*, p.91.

2. M. Bitbol, 'Autonomie et ontologie', dans : Actes du colloque : *Les années 1930, réaffirmation du formalisme*, avril 1994, à paraître.

plique à des systèmes *individuels*[1]. Il propose de lui substituer une interprétation qu'il qualifiera par la suite de statistique, selon laquelle le vecteur d'état ne décrit pas un système individuel, mais un ensemble de systèmes préparés de manière similaire[2]. Une telle interprétation fera peu d'adeptes comparée aux thèses d'inspiration bohrienne. L'adopteront en particulier John Clarke Slater, qui l'exposera en 1928 lors d'un symposium consacré à la mécanique quantique et organisé à New-York par l'American Physical Society[3] ; Paul Langevin, qui la soutiendra en octobre 1933, lors de la session inaugurale de la Réunion Internationale de Chimie Physique à Paris[4] ; et Karl Popper, qui en 1934 la défendra de manière assez développée dans *La logique de la découverte scientifique*[5]. Dans une assez longue note de son texte de 1935, Grete Hermann fait référence aux arguments de Popper, qu'elle tente de réfuter. Elle entreprend par ailleurs de discuter le lien qui unit interprétations statistiques et variables cachées.

Simultanément et dans des sens très divers, la complétude de la mécanique quantique va être mise en cause. Dès le Congrès Solvay de 1927, cette question est au cœur des préoccupations des physiciens[6]. Pour Albert Einstein, complétude semble synonyme de réunion des valeurs des deux variables conjuguées en une unique description présentant l'évolution strictement causale des systèmes dans l'espace et dans le temps. Au cours des années 1927-1930, il imagine diverses expériences – en particulier celle de la 'boîte à photon'[7], présentée au Congrès Solvay de 1930 – destinées à démontrer l'incomplétude de la théorie quantique. Grete Hermann n'y fait cependant aucune allusion. En 1932, von Neumann suggère une autre façon de concevoir l'incomplétude de la mécanique quantique : comme une impossibilité de principe, sous peine de régression à l'infini, d'intégrer dans la description la totalité du contexte expérimental des mesures effectuées sur les systèmes. Cette impossibilité explique le caractère probabiliste des prédictions de la théorie, et conduit à introduire une théorie de la mesure, certes purement quantique, mais dans laquelle l'évolution du système obéit tantôt à l'axiomatique standard de la mécanique quantique, tantôt, dans certaines circonstances, à un postulat supplémentaire dit 'postulat de projection' : l'évolution du vecteur d'état est gouvernée par l'équation de Schrödinger tant qu'aucune mesure n'intervient, mais, dès lors que l'on a

1. Nous ne chercherons pas ici à discuter la question de savoir si la thèse que critique A. Einstein est effectivement imputable à Bohr.

2. A. Einstein, 'Intervention au Cinquième Conseil de Physique de Solvay', 1927, dans : *Œuvres choisies*, 1 : Quanta, Seuil/CNRS, 1989, p. 210.

3. M. Jammer, *The philosophy of quantum mechanics*, Wiley-Interscience Publication, 1974, p. 191, note 2.

4. M. Jammer, *op. cit.*, p. 443, note 17.

5. K. Popper, *La logique de la découverte scientifique*, Payot, 1973.

6. A. Einstein, *op. cit.*, p. 209.

7. *Institut international de physique Solvay, Electrons et Photons. Rapports et discussions du cinquième Conseil de physique, 1927*, Gauthier-Villars, 1928 ; Bohr résume l'argument de la boîte à photons dans : A. Einstein, *op. cit.*, p. 215.

procédé à la mesure d'une certaine observable, il se transforme en l'un des vecteurs propres de celle-ci[1].

> La mécanique quantique dotée de son axiomatique standard ne pouvant par construction compter parmi ses objets le *contexte* expérimental des événements qu'elle prédit de façon probabiliste, von Neumann propose d'entériner cette inaptitude par un axiome dont la mise en jeu se fait au nom de critères extra-théoriques, d'ordre pragmatique, seuls aptes à singulariser un processus de 'mesure' parmi tous les processus physiques. De cette manière, l'autonomie de la théorie quantique à l'égard de théories physiques antérieures est peut-être assurée, mais cela se fait au prix du constat de son incomplétude[2].

Dans son écrit de 1935, Grete Hermann ne considère pas cette théorie quantique de la mesure. Elle examine par contre la preuve de von Neumann destinée à démontrer l'impossibilité des variables cachées, et conclut à la circularité de la démonstration, bien qu'elle prenne finalement à son tour parti, en s'appuyant sur des arguments très différents, contre toute possibilité de découvrir d'hypothétiques paramètres cachés.

A l'époque où Grete Hermann rédige son manuscrit, malgré le fait que l'interprétation de Copenhague reste très majoritairement adoptée, la question des variables cachées – absolument centrale pour la jeune philosophe – est en train d'acquérir une importance croissante. Elle se trouvera un an plus tard au cœur des débats, lorsque seront adressés à la théorie quantique deux autres types d'accusations d'incomplétude[3], devenues fort célèbres depuis et connues sous les noms respectifs de paradoxe d'Einstein, Podolski et Rosen (EPR)[4], et de paradoxe du chat de Schrödinger[5].

1. Voir J. von Neumann, *Fondements mathématiques de la mécanique quantique*, PUF, 1947.

2. M. Bitbol, 'Autonomie et ontologie', dans : Actes du colloque : *Les années 1930, réaffirmation du formalisme*, avril 1994, à paraître.

3. Ces deux accusations d'incomplétude sont aussi célèbres l'une que l'autre et datent de la même année, mais la conception de la complétude qui les anime les distingue pourtant. Celle d'Einstein a été brièvement exposée plus haut. Elle est en outre comparée à celle de Grete Hermann dans la section I-3-3 de la postface. Pour Schrödinger, si la théorie quantique est incomplète, c'est parce qu'elle n'indique pour le résultat de la mesure aucun état unique et déterminé, tandis que l'expérience amène au contraire à constater cette unicité.

4. A. Einstein, *op. cit.*, p. 224.

5. E. Schrödinger, *Physique quantique et représentation du monde*, Seuil, 1992, p. 104 et p. 116.

III. GRETE HERMANN ET L'INTERPRÉTATION DE COPENHAGUE

A la question – cruciale en ce point du développement de la physique quantique – de l'existence d'éventuelles variables cachées, Grete Hermann apporte une réponse dont le noyau original s'insère dans une conception plus large. Cette conception reprend à son compte la quasi intégralité des éléments constitutifs de l'interprétation de Copenhague. Voici comment Grete Hermann articule ces éléments entre eux.

La description classique utilisait certains concepts fondamentaux, comme ceux d'onde et de corpuscule. Ces concepts renvoyaient à des objets autonomes et bien distincts, possédant chacun des caractéristiques antagonistes, précisément définies mathématiquement. Un système physique réel pouvait donc être considéré ontologiquement, et traité mathématiquement, soit comme une onde, soit comme une particule. Mais dans la description des phénomènes quantiques, un tel programme n'est plus tenable. Comme le montrent les expériences de dualité[1], et comme en témoigne la représentation quantique des systèmes par des fonctions d'onde évoluant dans un espace de configuration[2], le physicien est contraint de renoncer à appliquer de manière illimitée les anciennes représentations classiques intuitives aux phénomènes quantiques.

Néanmoins, ces représentations ne peuvent pour autant être totalement abandonnées. La description d'un *même* système quantique au cours de la *même* expérience exige de faire alternativement appel aux *deux* représentations, chacune d'elle ne pouvant être appliquée que de manière

1. Les expériences de dualité sont ainsi nommées du fait qu'il reste impossible d'interpréter une même expérience de ce type exclusivement en terme d'ondes ou de particules. Autrement dit, ce sur quoi l'expérience a été effectuée ne peut être identifié ni à l'un ni à l'autre des deux objets. L'expérience des fentes de Young en constitue le paradigme : de la lumière de très faible intensité est recueillie sur un écran, après être passée par un diaphragme à deux fentes. Des impacts discrets et localisés s'inscrivent successivement sur l'écran, amenant à conclure au caractère corpusculaire de la lumière, chacun des corpuscules devant être passé soit par l'une soit par l'autre des deux fentes. Mais après un temps suffisamment long, l'ensemble des impacts discrets finit par reconstituer une figure d'interférences. Or, on ne sait rendre compte d'une figure d'interférences qu'en termes ondulatoires, en considérant que l'onde, répartie dans tout l'espace, a traversé simultanément les deux fentes, et que les ondes résultantes se sont ensuite superposées (ont interféré entre elles). Le même raisonnement peut être fait sur un faisceau matériel, d'électrons par exemple.

2. L'espace de configuration est un espace abstrait multidimensionnel permettant de représenter la configuration globale d'un ensemble de systèmes en faisant correspondre un axe à chacune des variables d'état de chaque système. Dans un tel espace, chaque configuration (par exemple l'ensemble des positions et des impulsions d'une collection de particules) est représentée par un point.

limitée. C'est le principe de correspondance qui indique ces limites, et montre jusqu'à quel point les anciennes images doivent être conservées. Bref, les représentations classiques, loin d'être définitivement bannies, permettent seules au contraire, utilisées conjointement de manière limitée conformément au principe de correspondance, d'interpréter le formalisme quantique autrement énigmatique.

Si les représentations intuitives ne sont plus utilisées que de manière limitée, comment doit-on comprendre le rapport qu'elles entretiennent entre elles ? Ces représentations sont complémentaires, au sens où chacune d'elle prise isolément ne décrit qu'un aspect de la même réalité, mais où la réunion de ces différents aspects mutuellement exclusifs épuise la totalité des informations qu'il est en principe possible d'obtenir sur une telle réalité.

Si le physicien ne peut en principe accéder, à un moment donné, qu'à des aspects disjoints de la même réalité, c'est que l'interaction entre l'objet d'étude et l'instrument de mesure, inhérente par définition à tout processus de mesure, introduit une perturbation incontrôlable de l'appareil sur l'objet. Dès lors, la description quantique ne caractérise pas des objets autonomes dont les propriétés pourraient être connues telles qu'elles existent indépendamment des moyens d'observation indispensables à leur mesure. Les paramètres dont on a connaissance sont *relatifs* à la situation expérimentale mise en œuvre dans cette prise de connaissance. Du fait de la perturbation introduite pour chacune de ces situations, on ne peut réunir les informations obtenues à l'aide d'un premier dispositif (la moitié des variables qui déterminent l'état d'un système classique) avec celles obtenues par un second dispositif excluant le premier (la seconde moitié des variables classiques), puis les utiliser comme conditions initiales pour une prévision future. D'où l'impossibilité de prévoir univoquement l'état ultérieur des systèmes.

Max Jammer attribue à Grete Hermann le mérite d'avoir formulé avant Bohr le caractère relationnel de la description quantique : « Bohr fut-il vraiment le premier à formuler la nature relationnelle des processus quantiques ? (...) Dans une certaine mesure au moins, il fut précédé par Grete Hermann »[1]. Grete Hermann insiste en effet très explicitement sur cet aspect de la situation, tandis que Bohr, dans ses écrits d'avant 1935, met plutôt l'accent sur l'indivisibilité entre l'objet d'étude et l'appareil de mesure, conséquence de la perturbation incontrôlable, et utilise très rarement les termes 'relationnel' ou 'relatif' pour caractériser la situation. Signalons pourtant le passage suivant :

> Voici (...) le problème épistémologique qui se pose. D'une part, la description de l'activité de notre pensée exige que le contenu de la pensée, donné objectivement, soit mis en présence d'un sujet qui l'examine ; d'autre part, – comme cela résulte déjà de cette affirmation même –, on ne peut établir aucune séparation entre objet et sujet,

1. M. Jammer, *The philosophy of quantum mechanics*, Wiley-Interscience Publication, 1974, p. 207.

> puisqu'en effet ce dernier appartient lui aussi au contenu de la pensée. Il s'ensuit que tous les concepts, ou plutôt tous les mots, n'ont qu'un sens *relatif*, dépendant du choix arbitraire de notre point de vue ; de plus, il sera en général nécessaire de nous placer à différents points de vue pour éclairer sur toutes ses faces un seul et même objet, ce qui rend impossible une description univoque de cet objet[1].

Se trouve là exprimée l'idée que tout ce que nous pouvons dire, et par conséquent tout ce que nous pouvons connaître, est relatif à la perspective adoptée, chaque perspective ne permettant qu'une connaissance partielle de la totalité examinée. Ce que Grete Hermann explicite et développe en affirmant que tous les résultats de mesure sont relatifs à un rapport d'observation. Jammer estime en outre que « le relationalisme de Grete Hermann était en toute rigueur encore plus radical que celui de Bohr. De son point de vue, cette description, pour devenir pleinement efficace, ne devait pas seulement prendre en considération le dispositif expérimental de la situation, mais aussi le résultat précis de l'observation »[2].

1. N. Bohr, *La théorie atomique et la description des phénomènes*, Gauthier-Villars, 1993, p. 91 (c'est nous qui soulignons).

2. M. Jammer, *op. cit.*, p. 211. La compréhension de ce point précis nécessite la lecture des section IV et V suivantes. Jammer semble vouloir dire que la description causale proposée par Grete Hermann non seulement reste toujours relative au type de dispositif expérimental employé (comme chez Bohr), mais de plus ne peut être proposée qu'une fois connu le résultat singulier de l'expérience. On pourrait lui objecter qu'à chaque résultat singulier *possible* prédit par la théorie, on peut associer à l'avance une chaîne causale hermannienne, l'une seulement d'entre elles se réalisant concrètement lorsque l'on procède effectivement à une mesure particulière.

IV. STRUCTURE GÉNÉRALE DE L'ARGUMENT VISANT À DÉMONTRER L'IMPOSSIBILITÉ DE DÉCOUVRIR DES VARIABLES CACHÉES

Grete Hermann commence par examiner successivement puis par rejeter un certain nombre d'arguments, invoqués selon elle à l'époque pour interdire la recherche de paramètres cachés destinés à restaurer le déterminisme : l'indiscernabilité des particules[1] (§ 4), l'interprétation probabiliste de la fonction d'onde[2] (§ 5), le caractère maximal des observations[3] (§ 6), et enfin la démonstration de von Neumann[4] (§ 7).

Son propre argument s'emploie à démontrer qu'en dépit du caractère statistique des prédictions quantiques, le physicien reste toujours capable, après la mesure, de connaître l'enchaînement *complet* des causes ayant nécessairement produit le résultat concrètement obtenu : il ne saurait donc à l'avenir découvrir de nouvelles causes[5].

1. Grete Hermann ne désigne explicitement dans cette section aucun auteur ayant soutenu les thèses qu'elle expose puis entreprend de réfuter. Notons que si Einstein, le premier, soulève à partir de 1924 la question de l'indiscernabilité des particules quantiques (qui dans ce cas obéissent à la statistique dite de Bose-Einstein) (A. Einstein, *Œuvres choisies*, 1 : Quanta, Seuil/CNRS, 1989, p. 170-194), il n'établit lui-même aucun lien entre indiscernabilité et variables cachées. Or, c'est précisément à ce lien que s'attaque Grete Hermann au § 4. Peut-elle vise-t-elle un personnage comme P. Langevin, qui, comme l'écrit J. L. Destouches, « (...) a insisté [P. Langevin, *La relativité, Conclusion générale (Actualités scientifiques,* 45, 1932)] sur l'intérêt qu'il y aurait à édifier les théories atomiques actuelles en partant de ce renoncement à l'individualité des corpuscules, c'est-à-dire en adoptant l'indiscernabilité des corpuscules de même espèce comme principe fondamental. Il espérait qu'en suivant cette méthode on pourrait rétablir le déterminisme, le renoncement à l'individualité étant un abandon suffisant des notions classiques sans qu'il soit nécessaire d'abandonner aussi le déterminisme (...) ». J. L. Destouches conclut lui-même à l'impossibilité d'une telle tâche, invoquant des démonstrations établissant que l'indiscernabilité entraîne l'indéterminisme (J. L. Destouches, *Corpuscules et systèmes de corpuscules*, Tome 1, Gauthier-Villars, 1941).

2. L'interprétation que Grete Hermann qualifie de probabiliste semble correspondre à l'interprétation que propose Born de la règle de correspondance statistique liant vecteurs d'état et résultats de mesure (bien que Born ne soit pas explicitement désigné). Comme Einstein, Born considère que le vecteur d'état décrit, plutôt qu'un système individuel, un ensemble de systèmes préparés de manière similaire. Mais contrairement à Einstein, ce caractère statistique ne constitue pas pour Born une raison d'espérer que la théorie quantique pourra être complétée au moyen de paramètres cachés. Il fait l'hypothèse que la situation est définitive.

3. Voir P. Dirac, *Les principes de la mécanique quantique*, PUF, 1931.

4. Voir la section XI de cette présentation introductive.

5. Dans les sections IV à XI de l'introduction, l'objectif est de résumer et de restituer le plus fidèlement possible la logique des thèses de Grete Hermann, en restant proche des formulations originales tout en privilégiant celles qui prêtent le moins à confusion.

IV-1. Position générale de Grete Hermann face à la recherche de variables cachées

En présence d'une théorie statistique quelconque, quelles raisons permettent de justifier l'injonction, adressée aux physiciens, de poursuivre ou au contraire d'abandonner définitivement la recherche de variables encore inconnues mais supposées déterminer univoquement l'évolution des phénomènes décrits par la théorie ? La réponse générale qu'apporte d'emblée Grete Hermann à cette question sous-tend ce qui, dans son argumentation, se démarque spécifiquement des thèses de l'Ecole de Copenhague. Selon la jeune philosophe, il n'y a qu'une seule raison suffisante d'abandonner la recherche des causes qui déterminent complètement l'évolution d'un phénomène observable : être d'ores et déjà capable d'énoncer ces causes. Car puisqu'il est impossible d'anticiper l'évolution future de la physique, comment garantir que des causes actuellement inconnues ne seront pas ultérieurement découvertes, sinon en montrant que ces causes sont déjà connues ?

IV-2. Application à la physique quantique

Grete Hermann applique cet argument au cas spécifique de la physique quantique. En utilisant le principe de correspondance, on peut selon elle connaître les causes qui déterminent univoquement tout processus quantique, soit l'ensemble des paramètres physiques dont dépendent les caractéristiques essentielles de ces processus. Seulement, le physicien ne peut accéder à cette connaissance qu'*a posteriori* : c'est uniquement après avoir effectué une mesure et pris connaissance de son résultat que peut être reconstituée complètement, par une déduction à rebours remontant des effets à leurs causes, la chaîne des événements ayant déterminé ce résultat. Puisque le théoricien, malgré son incapacité à prédire avec certitude le résultat d'une mesure (à énoncer à l'avance les causes qui déterminent l'unique effet final), peut néanmoins connaître complètement ces causes *après la mesure*, il faut conclure, en vertu de l'argument développé précédemment, qu'il dispose d'une raison suffisante pour abandonner définitivement la recherche d'éventuels paramètres cachés.

V. LES ÉTAPES DU RAISONNEMENT DE GRETE HERMANN CONTRE LES VARIABLES CACHÉES

V-1. Reconstitution a posteriori *de la chaîne causale au moyen d'une déduction à rebours*

La reconstitution de la chaîne causale fait appel à une théorie de la mesure qui dit que le résultat de toute mesure est univoquement déterminé par l'état de l'objet mesuré, et qui, *en précisant selon quels enchaînements nécessaires*, permet la connaissance de cet état. Cette théorie de la mesure met donc en œuvre une déduction qui prend pour point de départ les modifications de l'appareil puis remonte la série de leurs causes pour s'arrêter à la caractéristique recherchée de l'objet. Elle « repose uniquement sur les concepts classiques » (p. 87) et s'applique à *tout* type de mesure – que la théorie permette ou non de prévoir avec certitude son résultat, et quelle que soit la nature des systèmes physiques mis en jeu. Si on l'applique aux mesures visant les phénomènes quantiques dont la nouvelle physique ne prévoit les résultats que statistiquement, le physicien ne pourra certes plus anticiper, comme en physique classique, les enchaînements causaux *particuliers* qui seront effectivement réalisés dans chaque cas individuel – puisqu'il ne sait pas à l'avance quel résultat singulier sera obtenu – mais il restera néanmoins toujours capable de reconstituer ces enchaînements *a posteriori* en se livrant à une déduction à rebours remontant des effets à leurs causes.

Grete Hermann illustre cette situation par une expérience de pensée proposée par C. F. von Weizsäcker. L'éclairement d'un électron dans un microscope permet de mesurer soit sa position, soit son impulsion. En enregistrant sur une plaque photographique l'impact de la lumière ayant auparavant interagi avec l'électron, on peut en effet déduire certaines informations concernant l'électron : sa position si la plaque est située dans le plan image du microscope, son impulsion si elle est placée dans le plan focal. Etant donnée l'applicabilité limitée des concepts classiques, la lumière qui interagit avec l'électron dans le microscope devra être considérée, au cours de la même expérience, d'abord comme un faisceau de corpuscules au moment de l'interaction avec l'électron (choc élastique entre un photon et un électron), ensuite comme une onde (déviée par l'électron puis se propageant dans le microscope à travers des lentilles selon les lois classiques de l'optique ondulatoire), enfin à nouveau comme un corpuscule (un photon qui produit au contact de la plaque un noircissement discret et localisé) (§ 10).

Prenons l'exemple d'une mesure d'impulsion. Avant d'effectuer l'expérience, le physicien ne peut certes pas prévoir avec certitude l'endroit de la plaque photographique que noircira la lumière. Néanmoins, après la mesure, il sait reconstituer la chaîne des causes qui explique complètement l'avènement de l'impact en *ce* point. De l'effet (le noircissement de la plaque par le photon en *x*, obtenu mais non prévisible avec certitude), on remonte à l'événement qui l'a causé : la direction déterminée de l'onde après le choc, qui peut être identifiée à la direction du photon après son interaction avec l'électron lorsque l'on effectue le passage du modèle ondulatoire au modèle corpusculaire. Enfin, l'application de la conservation de la quantité de mouvement au choc électron-photon permet de déduire la cause de l'impulsion du photon après le choc, à savoir l'impulsion de l'électron.

En dépit du fait que la physique quantique ne permet que des prédictions statistiques, le chercheur reste donc néanmoins toujours capable, après avoir effectué une mesure dans des conditions expérimentales définies, de reconstituer *a posteriori* et complètement la succession des événements qui lient nécessairement les modifications observées des mesurants aux propriétés des mesurés. Puisque la théorie (classique) de la mesure dispose (bien qu'*a posteriori* seulement) de la chaîne *complète* des causes ayant produit le résultat, c'est qu'aucune cause supplémentaire n'existe, et qu'il est donc parfaitement vain de partir en quête d'hypothétiques variables cachées.

V-2. Les raisons de l'impossibilité de prévoir les causes mises en évidence a posteriori

Si les causes qui déterminent tous les processus décrits par la théorie quantique existent, comme le démontre la possibilité de les énoncer *a posteriori*, comment expliquer que cette théorie reste incapable de les prévoir univoquement sans conclure à son incomplétude ?

Le résultat de la mesure est conditionné par des états de l'instrument de mesure et de l'objet dont la détermination n'est pas et ne peut pas être contenue dans la description quantique dont dispose le physicien avant la mesure, puisque chaque nouvelle mesure introduit une perturbation physique incontrôlable[1] qui rend caducs les renseignements antérieurement

1. La nature de la perturbation est problématique. Il n'est pas question de la traiter ici en détail, ce qui nécessiterait une étude historique précise et différenciée des multiples points de vue sur la question et de leur évolution. En schématisant, il semble que Grete Hermann conçoive la perturbation comme une interaction physique concrète introduite par l'effectuation de la mesure : la mise en œuvre d'un appareil destiné à la mesure de *p* engendrerait une situation physique d'interaction qui rendrait réellement indéterminée la variable *q* conjuguée. A cet égard, Grete Hermann se montre fidèle aux idées de Bohr et de Heisenberg d'avant 1935, du moins telles qu'un certain nombre de commentateurs les ont comprises. Pour se limiter à un exemple : lorsqu'en 1932, Alexandre Kojève entreprend d'expliciter le point de vue de Bohr et de Heisenberg, ses formules traduisent une conception classique de la perturbation physique : « Quant à l'idée générale selon laquelle l'observation modifie nécessairement l'observé, elle aurait tout aussi bien pu être formulée à l'intérieur de la physique classique. En effet, elle est une conséquence nécessaire du principe classique de l'égalité de l'action et de la réaction : si une entité physique est observée, c'est qu'elle 'agit' sur l'instrument d'observation ; cet instrument

obtenus (p. 90). Les informations concernant des variables conjuguées ne peuvent donc être réunies pour donner lieu à des prédictions strictement déterministes.

A cause de la perturbation physique, il devient impossible de considérer que la mesure ne fait que recueillir sans les altérer des propriétés d'objets autonomes. Bref, les résultats sont *relatifs* à une configuration expérimentale déterminée, autrement dit à une situation particulière d'interaction. La connaissance physique n'est donc plus absolue, au sens où les résultats doivent maintenant être rapportés non aux objets eux-mêmes, mais à un tout indissociable objet-dispositif de mesure. Cependant, la relativité de la description n'implique pas que la connaissance soit subjective et incomplète. Car *relativement à la situation expérimentale d'interaction considérée*, la connaissance est absolument complète : le physicien peut seulement accéder

doit donc de son côté 'agir' sur elle et la modifier d'une certaine manière » (A. Kojève, *L'idée du déterminisme dans la physique classique et dans la physique moderne*, Livre de Poche, 1990, p. 153). Et Kojève rajoute en note: « La modification provoquée par l'action de l'appareil d'observation ne peut être connue exactement non parce que cette action différerait essentiellement des autres actions physiques, mais simplement parce que pour déterminer la modification M_1 provoquée par l'observation O_1 il faudrait faire une nouvelle observation O_2, qui provoquerait de son côté une nouvelle modification inconnue M_2, et ainsi de suite à l'infini » (*op. cit.*, note 13, p. 238).

Le paradoxe EPR, publié en 1935, amène à reconsidérer cette interprétation. Car il raisonne sur les valeurs possibles des variables d'un système B en les déduisant des résultats de mesures susceptibles d'être effectuées sur un système A, à un moment où les deux systèmes sont supposés ne plus du tout interagir l'un avec l'autre. Le système B n'est donc lui-même *jamais effectivement soumis à des mesures*, et pourtant, selon que l'on choisit de mesurer soit *p* soit *q* sur A isolé, on doit, d'après le formalisme quantique, associer à B, au même instant, une valeur soit de l'une soit de l'autre des deux variables conjuguées. Ce qui incite à conclure que le système B, qui ne subit aucune action physique, possède bien simultanément des valeurs précises des deux variables conjuguées, et que la physique quantique, qui ne permet pas de les connaître, s'avère incomplète. C'est pour parer à cette objection que von Weizsäcker écrit par exemple en 1942: « On a quelquefois mis en relation l'indétermination des grandeurs d'état, avec la perturbation de l'objet par l'acte d'observer. Cette façon de s'exprimer prête à confusion. En effet, elle éveille en nous l'impression que l'objet avait, avant l'observation, certaines qualités que l'acte d'observer a détruites. (...) On doit dire plus exactement: la condition préalable à l'attribution à un corps d'une propriété déterminée, est une disposition de mesure qui permet de constater cette qualité (...) » (C. F. von Weizsäcker, *Le Monde vu par la physique*, Flammarion, 1956, p. 128). La perturbation physique incontrôlable ne doit plus être conçue comme une action physique au sens habituel du terme, puisqu'elle s'exerce sur des systèmes ne subissant au sens classique aucune action physique. Ces systèmes sont néanmoins corrélés par le formalisme quantique à d'autres systèmes, qui, eux, subissent la mesure. On parle alors d'*inséparabilité* de ces ensembles de systèmes, sans que puisse être spécifié leur mode de liaison. Celui-ci se réduit à une simple corrélation mathématique, qui, si on voulait l'interpréter physiquement comme transfert d'information, violerait le principe d'une vitesse finie de la lumière par son caractère instantané. Sur la non-séparabilité et ses implications, on pourra consulter l'exposé limpide qu'en propose B. d'Espagnat, dans: *A la recherche du réel*, Gauthiers-Villars, 1988 (en particulier les chapitres 4 et 12). A propos des conséquences de la non-séparabilité sur notre conception de la réalité, voir B. d'Espagnat, 'Nonseparability and the Tentative Description of Reality', *Physics Reports*, 1984.

à la moitié des variables qui définissaient l'état en théorie classique. « Sous l'angle de cette situation d'observation, relativement à elle, le système n'a pas de valeurs précises quant à certaines grandeurs physiques », écrit Grete Hermann au § 9. Puisque la fonction d'onde est totalement déterminée par les variables qui ont une valeur précisément définie, elle fournit une description complète de ce qu'il est en principe possible de connaître du système. Les relations de Heisenberg ne traduisent nullement des incertitudes qui seraient imputables à l'insuffisance *actuelle* des connaissances du physicien.

Pour récapituler : c'est parce que la mesure des phénomènes quantiques introduit une perturbation incontrôlable qui ne permet qu'une description physique relative mais complète, que la prévision univoque des processus naturels strictement déterminés est rendue impossible.

V-3. La réaction de Heisenberg à l'argument de Grete Hermann contre les variables cachées

« La résolution du dilemme par Grete Hermann fut, selon ses propres dires, approuvée par Heisenberg dans les termes : 'C'est ce que nous avons tenté depuis si longtemps de clarifier !' »[1]. Cet enthousiasme initial de Heisenberg, qui vise sans doute spécifiquement l'appel aux reconstitutions causales destinées à démontrer l'impossibilité de variables cachées, semble s'être tempéré par la suite sous l'influence de Bohr. Après la publication très médiatisée du paradoxe EPR en 1935, Heisenberg rédige un article dans la première version duquel il mentionne les arguments de Grete Hermann[2], et qu'il soumet à Bohr[3]. « Apparemment, Bohr n'apprécia pas l'usage fait par Heisenberg du récent argument de Grete Hermann expliquant pourquoi des variables supplémentaires non détectées (dites cachées) ne pourraient mener à une théorie déterministe »[4]. En effet, lorsque Heisenberg prononce à l'Université de Vienne, quelques temps plus tard, une conférence qui est une version remaniée de son article[5], les arguments de Grete Hermann n'y figurent plus. L'accent est mis désormais sur la 'coupure' entre les domaines classique et quantique.

1. M. Jammer, *The philosophy of quantum mechanics*, Wiley-Interscience Publication, 1974, p. 209.

2. W. Heisenberg, 'Ist eine deterministische Ergänzung der Quantenmechanik möglich ?', reproduit dans : Wolfgang Pauli, *Wissenschaftlicher Briefwechsel mit Bohr, Einstein, Heisenberg u. a.*, volume II : 1930-1939, Springer, 1985, p. 409-418.

3. Lettre de Bohr à Heisenberg du 28 août et du 29 septembre 1935 ; de Bohr à Heisenberg des 10 et 15 septembre 1935, dans : *Bohr Scientific Correspondance*, 20, 2 (ces documents inédits peuvent être consultés sur microfilm à la Médiathèque d'Histoire et de Philosophie des Sciences, à la Cité des Sciences et de l'Industrie de La Villette).

4. D. Cassidy, *Uncertainty (the life and science of Werner Heisenberg)*, Freeman, 1992, p. 260.

5. W. Heisenberg, 'Prinzipielle Fragen der modernen Physik', Université de Vienne le 27 novembre 1935, *Gesammelte Werke*, Springer, série C, volume 1, p. 108-119.

VI. DISSOCIATION DE LA CAUSALITÉ ET DE LA PRÉVISIBILITÉ

Qu'apportent, d'un point de vue philosophique, ces réflexions sur la physique quantique ? Elles permettent selon Grete Hermann de préciser la signification du principe de causalité en dépouillant son acception classique de présupposés implicites erronés. La procédure classique de vérification des hypothèses causales a en effet induit les physiciens en erreur. Parce que pour eux la mise à l'épreuve d'une explication se résumait à formuler à partir d'elle des prédictions puis à les confronter à l'expérience, ils ont identifié à tort la possibilité de connaître les chaînes causales qui composent effectivement la nature et celle de formuler des prédictions vérifiées à partir des hypothèses explicatives considérées.

Or, les reconstitutions *a posteriori* de Grete Hermann montrent que la prévision d'une suite d'événements n'appartient pas intrinsèquement au concept de causalité, mais constitue seulement *un moyen* de justifier ou d'invalider, selon les résultats positifs ou négatifs des expériences qui testent cette prévision, les enchaînements causaux postulés par la théorie. Le principe de causalité concerne en effet seulement la succession nécessaire *des événements eux-mêmes*, et non la possibilité humaine de l'évaluer à l'avance[1]. Ceci étant admis, on peut formuler l'énoncé correct de la loi de la causalité : «(...) rien ne se produit dans la nature qui ne soit causé par des processus antérieurs, autrement dit qui ne suive d'eux avec nécessité, et ce, pour toutes les caractéristiques physiques susceptibles d'être constatées» (p. 98-99). Bref, tout événement E a une cause C dont il découle nécessairement, que la communauté scientifique soit ou non capable de prévoir E à partir de C[2].

VII. CRITÈRE DE VALIDITÉ D'UNE HYPOTHÈSE CAUSALE

Mais si l'on dissocie causalité et prédictibilité, comment garantir la validité d'une explication qui ne peut être fournie qu'*a posteriori* ? Si le résultat de la mesure ne peut être univoquement prédit, comment s'assurer

1. A. Kojève écrit au contraire: «(...) Les mondes déterminé et contingent ne diffèrent pas en tant que constatables; ils ne diffèrent qu'en tant que prévisible et non prévisible» (*L'idée du déterminisme dans la physique classique et dans la physique moderne*, Livre de Poche, 1990, p. 54).

2. M. Jammer signale que le point de vue de Grete Hermann concernant la dissymétrie entre explication et prédiction a été également et indépendamment soutenu par Norwood Russel Hanson (M. Jammer, *The philosophy of quantum mechanics*, Wiley-Interscience Publication, 1974, p. 207, note 102).

que la chaîne des causes proposées *a posteriori* pour connecter le phénomène concrètement obtenu à la caractéristique d'un objet mesuré ne se réduit pas à un scénario purement fictif, et que l'état final a *nécessairement* résulté de l'état initial ? Comme le reconnaît Grete Hermann, il faut un *critère* qui permette de sélectionner les hypothèses causales valides. Ce critère existe et s'appuie, comme dans la procédure classique de confrontation des hypothèses à l'expérience, sur la possibilité de prévoir des événements observables futurs à partir d'événements observables présents. Mais la situation quantique permet seulement des prévisions *médiates* (et non plus, comme en physique classique, immédiates). Qu'est-ce à dire ?

Soit l'exemple précédent d'une mesure de quantité de mouvement au moyen d'un microscope. La mesure effectuée, la reconstitution de la succession des événements conduit à attribuer la valeur q_1 à l'électron. Or, le physicien peut toujours *ensuite* utiliser cette hypothèse pour formuler des prédictions univoques concernant les résultats futurs *de mesures d'impulsion sur le même électron*. Ces prédictions étant susceptibles d'être confrontées à l'expérience, elles valident rétrospectivement, si elles sont vérifiées, la déduction *a posteriori*. L'explication se distingue dès lors d'un simple scénario possible parmi d'autres[1].

VIII. DEUX TYPES BIEN DISTINCTS DE RECONSTITUTIONS CAUSALES *A POSTERIORI*

Afin de mieux saisir la nature des reconstitutions causales qu'elle propose – et qui ne portent que sur *l'une seulement* des deux variables conjuguées – Grete Hermann les différencie d'un autre type de tentative – visant également à restaurer la causalité de la description – dont Werner Heisenberg énonce le principe dans l'un de ses ouvrages :

> (...) remarquons cependant que les relations d'indétermination ne s'appliquent évidemment pas au passé ; en effet, si d'abord la vitesse de l'électron est connue, puis si nous déterminons exactement sa position, on peut calculer exactement les positions de l'électron pour les temps antérieurs à cette mesure. Pour le passé, $\Delta p.\Delta q$ est donc plus petit que la valeur limite usuelle ; mais cette connaissance présente un caractère purement spéculatif, car (à cause de la modification de l'impulsion par la détermination de position) elle ne peut servir de conditions initiales dans aucun calcul sur le comportement futur de l'électron, et ne peut, en somme, être soumise à aucune vérification expérimentale. Attribuer ou

1. La procédure de vérification médiate est décrite en détail, puis critiquée, dans la section I-1 de la postface.

non une réalité physique à un tel calcul sur le passé de l'électron, c'est une pure question d'appréciation personnelle[1].

L'opinion de Grete Hermann est plus tranchée que celle de Heisenberg : la reconstitution de trajectoires passées[2] doit être considérée comme *dénuée de toute signification physique*, et ce pour deux raisons.

Tout d'abord, les reconstitutions de trajectoires passées ignorent la dualité. Elles abusent en effet de la représentation corpusculaire en outrepassant son domaine d'application, puisqu'elles recomposent des *trajectoires*, comme si les systèmes étudiés pouvaient légitimement être considérés sous tous les rapports en tant que particules. Dans cette recomposition de trajectoires, elles utilisent des données dont chaque moitié est relative à des rapports d'observation *différents et mutuellement exclusifs*. Unifier ces données comme si elles se rapportaient toutes au même objet classique (ici un corpuscule), indépendamment de la situation d'observation, revient selon Grete Hermann à transgresser les relations de Heisenberg, et donc à effectuer un calcul vide. Au contraire, les reconstitutions causales de Grete Hermann respectent la dualité, puisqu'elles ne mettent en jeu *qu'une seule* des deux variables conjuguées, et font conjointement appel *aux deux* modèles ondulatoire et corpusculaire.

Ensuite, ces trajectoires passées sont absolument invérifiables : aucune prédiction sur le futur susceptible d'être confrontée à l'expérience ne peut en être tirée. Au contraire, les enchaînements causaux de Grete Hermann permettent des prédictions médiates qui peuvent être testées empiriquement.

1. W. Heisenberg, *Les principes physiques de la théorie des quanta*, Gauthier-Villars, 1932, p. 15.

2. On pourrait aussi, d'un point de vue contemporain, chercher à comparer les scénarios *a posteriori* de Grete Hermann aux 'histoires consistantes de Griffiths'. Très brièvement, ces histoires sont ainsi définies : soient deux mesures 1 et 2 réellement effectuées. Entre ces deux mesures, on peut attribuer au système les propriétés (les valeurs des variables) qui vérifient la clause suivante : si une mesure intermédiaire de ces variables avait été concrètement mise en œuvre, elle n'aurait pas modifié la probabilité du résultat de la mesure 2 calculée à partir de celui de la mesure 1 (pour un compte rendu des thèses de R. Griffiths, de leurs développements par R. Omnès, et des critiques qui peuvent leur être adressées, voir B. d'Espagnat, *Le réel voilé*, Fayard, 1994, p. 248-262). Les histoires consistantes de Griffiths peuvent être dites *a posteriori* dans le même sens que les reconstitutions de Grete Hermann : pour pouvoir les proposer, il faut que soient donnés (qu'aient été obtenus) les résultats des mesures 1 et 2 dans le premier cas, le phénomène résultant de la mesure dans le second cas. Mais c'est bien le seul point commun entre les deux types de scénarios. En effet, les histoires consistantes de Griffiths peuvent faire intervenir *deux* variables conjuguées, concernent l'évolution des variables *entre deux mesures*, et ont pour fonction, du moins dans les premiers écrits de Griffiths, de restaurer l'idée de caractéristiques supposées être *intrinsèquement possédées* par les systèmes ; au contraire, les scénarios de Grete Hermann portent sur l'une seulement des deux variables incompatibles, sont relatifs à la valeur de cette variable à l'instant précis où la mesure est réellement effectuée, et décrivent les caractéristiques d'une interaction système-appareil et non d'un objet indépendant des dispositifs instrumentaux nécessaires à sa connaissance. En outre, les principes explicatifs qui sous-tendent les scénarios de Griffiths se dispensent de recourir au paradigme classique.

Bref, la reconstitution de trajectoires passées s'avère dénuée de toute signification physique[1].

IX. MÉCANIQUE QUANTIQUE ET CAUSALITÉ CHEZ BOHR ET CHEZ GRETE HERMANN

Il est tout à fait remarquable que Grete Hermann omette de mentionner l'un des multiples rapports de complémentarité formulé par Bohr : celui des descriptions causale et spatio-temporelle. C'est pourtant, chronologiquement, le premier dont Bohr mentionne l'existence ; il l'expose d'ailleurs à plusieurs reprises dans le recueil d'articles que cite Grete Hermann, *La théorie atomique et la description des phénomènes*. Or, lorsque Grete Hermann présente ce qu'est *pour Bohr* la complémentarité (§ 13), elle répertorie *en son nom* trois types de rapports au sein desquels ne figure pas l'incompatibilité des descriptions causale et spatio-temporelle. Pourquoi ?

Grete Hermann admet très probablement l'alternative qui définit pour Bohr la complémentarité des descriptions causale et spatio-temporelle : tant que l'on ne procède à aucune mesure, la description est causale (autrement dit la fonction d'onde évolue de manière strictement déterminée)[2] et non spatio-temporelle (elle se propage dans un espace de configuration) ; dès lors que l'on relie le formalisme aux résultats de mesures effectuées, la description n'est plus causale (mise en correspondance statistique) et son cadre est l'espace-temps de l'expérience quotidienne. Mais on peut supposer

1. C'est déjà ce que concluait M. Schlick en 1931, dans 'Die Kausalität in der gegenwartigen Physik', *Naturwissenschaften* 19, 1931, p. 159. A propos de la conclusion de Heisenberg selon laquelle c'est une simple question de goût d'affirmer que le passé du monde est rigoureusement déterminé dans le sens de l'hypothèse causale, Alexandre Kojève écrit : « Nous ne croyons pas que cette manière de s'exprimer soit correcte. En tant que tel, tout passé est tel qu'il est, et il n'y a pas de sens de dire qu'il est 'déterminé'. On ne peut l'appeler 'déterminé' que s'il est 'prévisible' à partir de la connaissance du présent. Mais nous venons de voir que les 'prévisions' du passé du monde physique, possibles en théorie, sont absolument incontrôlables. Parler, à cause de ces 'prévisions' d'une structure causale du passé du monde serait donc contredire le principe fondamental, admis par Heisenberg, selon lequel on ne peut introduire en physique que des assertions qui peuvent être contrôlées par des expériences. Pour rester d'accord avec ce principe nos devons donc dire qu'il n'est plus possible de parler *en physique* d'une structure causale exacte du monde ni par rapport à son passé ni par rapport à son avenir » (A. Kojève, *L'idée du déterminisme dans la physique classique et dans la physique moderne*, Livre de Poche, 1990, p. 152).

2. Grete Hermann s'accorderait avec une telle manière de présenter les choses, puisque, se référant au formalisme quantique et à l'évolution de la fonction d'onde dans l'espace de configuration, elle évoque au § 14 « la description strictement causale des états quantiques ».

que dans l'esprit de Grete Hermann, si cette alternative décrit correctement la situation à laquelle se trouve confronté le physicien *lorsqu'il formule des prédictions*, elle n'épuise pas pour autant les possibilités conceptuelles dont il dispose lorsqu'il cherche à comprendre les phénomènes. Car Grete Hermann pense avoir montré que l'on peut toujours superposer rétrospectivement aux prédictions statistiques des explications causales. Elle considère donc très certainement que l'analyse de Bohr, bien que tout à fait pertinente en elle-même, reste partielle, et que la prise en compte de la possibilité des reconstitutions *a posteriori* conduit à une conclusion opposée à celle du physicien danois : la pleine applicabilité de la loi de causalité aux résultats de mesure.

X. CONFRONTATION ENTRE PHILOSOPHIE CRITIQUE ET PHYSIQUE QUANTIQUE

X-1. Le point de vue de Grete Hermann

Grete Hermann compare en trois points les principales affirmations de la philosophie critique et de la mécanique quantique, puis conclut que tout en ne se confondant pas, elles convergent néanmoins quant à l'essentiel.

(a) Pour la philosophie critique, les catégories kantiennes « (...) livrent le schéma théorique requis pour l'interprétation de la perception » (p. 117).

Or, afin d'interpréter les résultats des mesures, la physique quantique doit nécessairement faire appel aux concepts classiques. Ainsi, en physique classique comme en mécanique quantique, les *mêmes* concepts classiques fondamentaux médiatisent le passage du divers de la perception à la connaissance de la nature, bien que leur applicabilité soit dans le second cas limitée. Certes, pour en conclure que les catégories kantiennes continuent de constituer les conditions de possibilité de la physique quantique, encore faudrait-il avoir démontré que l'édifice entier de la physique classique repose bien sur de telles catégories. D'après Grete Hermann, une telle preuve reste à fournir et dépasse le cadre de son propre travail[1]. Quoi qu'il

1. Kant pensait avoir fourni une telle preuve, tout au moins en ce qui concerne la physique de son temps. Dans les *Premiers principes métaphysiques de la science de la nature*, il entreprend en effet de démontrer que les douze catégories répertoriées dans la *Critique de la raison pure* constituent bien les conditions nécessaires de la possibilité de la physique. Si l'on examine cette démonstration, il apparaît qu'elle vise à poser au fondement de la physique des lois qui ne sont autres que les principes essentiels qui sous-tendent la physique de Newton (conservation de la substance, principe d'inertie et loi de l'action ou de la réaction). Outre que cette démonstration elle-même résiste mal à la critique, un épistémologue moderne pourrait de toutes façons difficilement y faire appel pour prouver que les catégories kantiennes continuent bien de constituer les conditions de

en soit, les formes *a priori* répertoriées par Kant ne sont pas en tant que telles spécifiquement menacées par l'avènement de la physique quantique, puisque cette dernière repose en définitive sur la physique classique et doit par conséquent admettre les mêmes conditions de possibilité.

(b) Selon la philosophie critique, la table des catégories kantiennes est complète : les douze concepts purs kantiens suffisent à ordonner le flux des perceptions de telle sorte qu'en émerge une connaissance. En particulier, le type de liaison pensé par Kant sous la catégorie de causalité (à savoir une connexion nécessaire et univoque) suffit pour mettre en rapport entre eux n'importe quels événements eu égard à leur dépendance temporelle. Or, l'avènement de la théorie quantique ne contraint nullement à invoquer l'insuffisance du concept de causalité kantienne et à faire intervenir un nouveau type de liaison dans la table des catégories. En effet, la possibilité des reconstitutions causales *a posteriori* montre que toutes les données issues de l'investigation du monde quantique trouvent en définitive leur place au sein de successions nécessaires (univoques) d'événements.

(c) Si l'on souscrit à l'explicitation de la véritable portée des thèses kantiennes par Fries, puis par Nelson, la philosophie critique montre en outre que l'application des catégories au divers des phénomènes reste limitée, au sens où les concepts purs ne sont que des modèles idéaux, qui, en tant que « simples analogies » fournissent le « (...) fil conducteur de l'interprétation de la perception » (p. 117). Ce qui signifie que la description n'atteint que des structures de relations, mais n'isole *jamais* des substances, des causes ou des effets *absolus*. La description reste donc relative. Néanmoins, les structures de relations représentent des rapports spatio-temporels objectifs et univoquement déterminés[1].

La mécanique quantique confirme les limites de l'application des concepts fondamentaux qui rendent possible la connaissance : les catégories, comme les concepts classiques, ne sont que des analogies qui ne sauraient être comprises littéralement. De même que la physique classique n'a affaire qu'à des équations différentielles au sein desquelles rien ne désigne à proprement parler des substances, des causes ou des effets, bien que de tels concepts restent indispensables pour guider la recherche et pour ordonner le divers de la perception en une connaissance des objets macroscopiques, de même la physique quantique ne permet pas d'identifier les systèmes qu'elle décrit à des ondes ou à des particules proprement dites, bien qu'elle ne puisse se passer de tels concepts pour ordonner le divers de la perception en une connaissance des phénomènes atomiques.

La mécanique quantique confirme que la physique n'atteint que des structures de relations, mais montre en outre que ces structures de relations

possibilité de la physique classique postérieure à Kant, en particulier de la physique des champs.

1. Dans la mesure où cette idée sera développée dans la section II-1 de la postface et où Grete Hermann l'explicite elle-même à l'aide de plusieurs exemples (§ 16), nous nous contentons ici de la résumer sommairement.

sont chacune relatives à la situation expérimentale au moyen de laquelle l'expérimentateur en prend connaissance. C'est, selon Grete Hermann, l'enseignement majeur de la philosophie de la nouvelle physique : la mécanique quantique, loin de contredire les principes fondamentaux de la philosophie critique, les radicalise encore davantage. Ce qui ne doit pas masquer l'indépendance des chemins suivis par chacun de ces deux types de discours : la description quantique « repose manifestement sur les enseignements de l'expérience et est indépendante de toute spéculation philosophique », tandis que le système critique « repose intégralement sur des réflexions mathématiques et philosophiques » (p. 122).

Enfin, la mécanique quantique oblige à renoncer au rêve d'une science universelle qui serait capable d'embrasser au sein d'une même description unifiée tous les aspects de la réalité. Car non seulement, comme l'avait déjà analysé Kant, la connaissance se divise en différents types de descriptions (psychologie, physique, éthique, etc.) qui constituent autant de points de vue sur le monde ; mais de surcroît, l'éclatement de la vérité en une multitude de perspectives s'immisce maintenant au sein même de la physique, cette dernière devant se soumettre à la complémentarité des représentations.

X-2. L'influence de Grete Hermann sur Heisenberg

A la fin d'une année de discussions régulières avec Grete Hermann et les autres membres du séminaire de Leipzig, très précisément le 17 septembre 1934, Werner Heisenberg prononce une conférence qui comporte un certain nombre de remarques explicites sur la philosophie kantienne.

> (...) La question, soulevée par Kant et abondamment discutée depuis, du caractère *a priori* des formes de l'intuition et des catégories, a reçu une lumière nouvelle de la critique du temps absolu et de l'espace euclidien dans la théorie de la Relativité, ainsi que de la critique du principe de causalité dans la théorie quantique. D'une part, il a été mis en évidence que nos formes d'intuition spatio-temporelle et le principe de causalité ne sont pas indépendants de toute expérience si l'on entend par là qu'elles devraient nécessairement demeurer à tout jamais des éléments constitutifs du contenu de toute physique. D'autre part, comme Bohr l'a tout particulièrement souligné, même dans la physique moderne l'applicabilité de ces formes de l'intuition et du principe de causalité est présupposée par toute expérience scientifique objective. Car il nous est absolument impossible de communiquer le déroulement et le résultat d'une mesure autrement qu'en décrivant les manipulations et les lectures de cotes nécessaires pour cela comme des processus objectifs qui se jouent dans l'espace et le temps de notre intuition, et nous ne pourrions pas déduire d'un résultat de mesure les propriétés de l'objet observé si le principe de causalité ne garantissait pas une corrélation univoque entre les deux. La contradiction apparente entre ces deux constatations peut se résoudre si l'on considère que les théories physiques peuvent présenter

> une structure différente de celle de la physique classique là où – et seulement là – leur objet [*Gegenstand*] ne sont plus les objets [*Objekte*] d'une expérience immédiatement pourvue de sens, c'est-à-dire là où elles désertent la région de l'expérience quotidienne sur laquelle règne la physique classique. De cette manière la physique moderne a dessiné les limites imposées à l'idée de l'‘*a priori*’ dans les sciences exactes de la nature, avec plus de précision que cela n'était possible à l'époque de Kant. La question de savoir dans quelle mesure cette idée demeure encore féconde dans les domaines philosophiques plus étendus qui étaient pour Kant l'essentiel n'a pas encore été discutée complètement dans cette nouvelle perspective[1].

Heisenberg ne fait aucune allusion explicite à Grete Hermann. Pourtant, il nous semble que de telles assertions portent très nettement la marque des discussions du séminaire de Leipzig. En effet, si, dans l'affirmation de Heisenberg selon laquelle

> il nous est absolument impossible de communiquer le déroulement et le résultat d'une mesure autrement qu'en décrivant les manipulations et les lectures de cotes nécessaires pour cela comme des processus objectifs qui se jouent dans l'espace et le temps de notre intuition[2]

on retrouve une idée typiquement bohrienne exprimée dans le vocabulaire bohrien, il en est tout autrement pour la seconde partie de la même phrase, qui soutient que « nous ne pourrions pas déduire d'un résultat de mesure les propriétés de l'objet observé si le principe de causalité ne garantissait pas une corrélation univoque entre les deux ». Chez Bohr, le principe de causalité s'identifie selon les cas aux lois de conservation ou à l'évolution strictement déterminée de la fonction d'onde dans le temps dès lors qu'aucune mesure n'est effectuée. Mais à notre connaissance, Bohr n'a jamais recouru à la mise en rapport univoque des résultats de mesure obtenus et des caractéristiques de l'objet d'étude correspondant. Une telle conception se trouve par contre au centre de la construction hermannienne : c'est parce que la possibilité de cette connexion univoque subsiste en

1. ‘Wandlungen der Grundlagen der exakten Naturwissenschaft in jüngster Zeit’, *Die Naturwissenschaften*, 22, 1934, p. 669-675 et 700. Je remercie C. Chevalley d'avoir attiré mon attention sur cet article et de m'en avoir communiqué la traduction inédite, citée ici, qu'elle en a réalisée.

2. Bohr semble s'accorder avec Heisenberg au sujet de l'idée que les formes kantiennes, bien que demeurant valides dans un certain domaine, rencontrent cependant des limites d'applicabilité que l'avènement de la physique quantique a permis de mettre en évidence. En 1949, on trouve chez N. Bohr l'une des rares allusions explicites à Kant : « (...) même à la grande époque de la philosophie critique au siècle dernier, il a été question uniquement de savoir jusqu'à quel point l'on pouvait donner des arguments *a priori* en faveur de l'adéquation de la coordination spatio-temporelle et de la corrélation causale de l'expérience ; jamais on ne s'est occupé d'une généralisation rationnelle ni d'une limitation intrinsèque de ces catégories de la pensée humaine. (...) Toute forme, quelle qu'ait été jusqu'alors son utilité, peut se montrer trop étroite pour embrasser de nouveaux faits d'expérience » (N. Bohr, *Physique atomique et connaissance humaine*, Gallimard, 1991, p. 246).

physique quantique que Grete Hermann parvient à 'sauver' la catégorie kantienne de causalité. En outre, cette conception s'exprime sous la plume de Heisenberg dans les mêmes termes que ceux qu'emploie Grete Hermann dans son écrit de 1935.

XI. GRETE HERMANN ET LA RÉFUTATION DE LA PREUVE DE VON NEUMANN CONCERNANT L'IMPOSSIBILITÉ DES VARIABLES CACHÉES

L'écrit de Grete Hermann recèle la première critique du raisonnement de von Neumann visant à démontrer l'impossibilité de compléter la physique quantique au moyen de paramètres cachés[1]. En 1964, John Bell attaquera à son tour cette démonstration[2], qui sera peu de temps après considérée par les spécialistes comme définitivement réfutée. Exposer les étapes de la démonstration de von Neumann puis comparer en détail celles des réfutations de Grete Hermann et de Bell exigerait de trop longs développements[3]. Nous nous contenterons d'indiquer en quoi les arguments de la première anticipent ceux qui, associés au seul nom du second, feront bien des années après autorité.

Dès 1935, Grete Hermann isole comme problématique la prémisse du raisonnement de von Neumann à partir de laquelle John Bell, trente ans plus tard, construira sa célèbre réfutation. Cette prémisse, la condition d'additivité, stipule que la valeur moyenne de la somme de deux grandeurs physiques est égale à la somme de chacune de leurs valeurs moyennes[4]. Une telle propriété, triviale pour les variables susceptibles d'être simultanément mesurées (variables de la physique classique ou variables non conjuguées de la physique quantique), demande à être démontrée pour les grandeurs

1. M. Jammer, *The philosophy of quantum mechanics*, Wiley-Interscience Publication, 1974, p. 272.

2. J. S. Bell, 'On the problem of hidden variables in quantum mechanics', *Review of Modern Physics*, 38, 1966, p. 447-452.

3. M. Jammer détaille et commente séparément chacune de ces deux réfutations, après avoir exposé la preuve de von Neumann (*op. cit.*, chapitre 7).

4. Comparons les formulations de Grete Hermann et de Bell. Dans les termes de la jeune philosophe, l'argumentation de von Neumann, «(...) incontestable d'un point de vue mathématique, introduit dans ses prémisses formelles, sans le justifier, un énoncé équivalent à la thèse qu'il s'agit de démontrer. (...) Exprimé verbalement : *la valeur attendue d'une somme de grandeurs physiques est égale à la somme des valeurs attendues des deux grandeurs*. Toute la démonstration de Neumann repose sur ce présupposé et échoue de son fait » (p. 82-83). Dans les termes de J. S. Bell, « l'hypothèse principale [de la preuve de von Neumann] est : Toute combinaison linéaire réelle de deux opérateurs hermitiques quelconques représente une observable, et la même combinaison linéaire des valeurs moyennes est la valeur moyenne de la combinaison » (*Speakable and unspeakable in quantum mechanics*, Cambridge University Press, 1987, p. 4).

conjuguées de la physique quantique. Grete Hermann et Bell insistent tous deux sur ce point. Selon la première,

> la somme de deux de ces grandeurs [conjuguées] n'est pas du tout immédiatement définie : comme la mesure précise de l'une d'entre elles exclut celle de l'autre, de sorte que ces deux grandeurs ne peuvent simultanément admettre des valeurs précises, la définition habituelle de la somme de deux grandeurs n'est plus valable. Ce n'est qu'en effectuant le détour par certains opérateurs mathématiques associés à ces grandeurs, que le formalisme introduit le concept de la somme de telles grandeurs (p. 83).

De manière similaire, Bell remarque qu'

> une mesure de la somme d'observables ne commutant pas ne peut être faite en combinant de manière triviale les résultats d'observations séparées effectuées sur les deux termes – elle exige une expérience distincte. (...) L'additivité des valeurs moyennes (...) est une propriété particulière des états de la mécanique quantique, ne pouvant être attendue *a priori*[1].

En d'autres termes, à la somme *mathématique* de deux grandeurs correspond, au plan *expérimental*, la simultanéité des mesures de chacune des grandeurs considérées[2]. Or, les relations de Heisenberg interdisent de définir avec la même précision les valeurs simultanées de deux variables conjuguées, ce qui, dans l'interprétation défendue par Bohr, se traduit expérimentalement par l'exclusion mutuelle des dispositifs de mesure correspondants. Dès lors, la mesure de la somme ne peut plus être réalisée par simple juxtaposition des dispositifs destinés à mesurer individuellement chaque variable, mais demande un nouveau dispositif. Pour reprendre l'exemple de Bell : soient deux composantes conjuguées du spin selon les directions x et y. La mesure de chacune d'elle requiert un dispositif de Stern et Gerlach convenablement orienté. Mais pour mesurer la somme de ces deux composantes, il faut faire appel à un processus de mesure distinct de la juxtaposition des deux processus précédents : il faut imposer au dispositif de Stern et Gerlach une orientation différente, autrement dit procéder à une expérience distincte.

Pourtant, malgré cette non trivialité *a priori* de la règle d'additivité des valeurs moyennes de grandeurs quantiques conjuguées, il se trouve qu'une telle règle peut être démontrée à partir des relations particulières caractérisant le formalisme quantique. Von Neumann, conscient de la difficulté d'appliquer le postulat d'additivité à des grandeurs conjuguées, fournit une telle démonstration. La critique de Grete Hermann, comme

1. J. S. Bell, *op. cit.*, p. 4.

2. En fait, pouvoir définir la valeur simultanée de deux grandeurs n'oblige pas à effectuer concrètement des mesures simultanées. Il suffit que soit indifférent l'ordre dans lequel les mesures de chacune des variables sont effectuées pour pouvoir raisonner comme si les valeurs avaient été simultanément mesurées.

celle de Bell, ne vise pas spécifiquement cette démonstration, mais *l'extension* de son résultat, des grandeurs articulées par le formalisme quantique, aux hypothétiques variables cachées. Selon la jeune philosophe, von Neumann prouve seulement que pour un ensemble E de systèmes dont chaque élément est caractérisé par la même fonction d'onde φ, la règle d'additivité s'applique aux grandeurs définissant l'état quantique. Mais rien ne l'autorise à en déduire que des sous-ensembles de E, différenciés au moyen de variables cachées, obéissent eux-aussi à la règle de sommation.

> (...) le symbole (Rφ, φ), (...) est interprété comme la valeur attendue de la grandeur R dans l'état φ. (...) [La question reste ouverte] de savoir si cette valeur attendue est la même pour (...) [les] ensembles [se trouvant dans l'état φ] et pour tous les sous-ensembles qui en sont isolés au moyen de caractéristiques nouvelles quelconques. Mais si cette question reste ouverte, on ne peut plus déduire de la règle de sommation valant pour (Rφ, φ) que ces sous-ensembles obéissent également à la règle selon laquelle la valeur attendue de la somme de grandeurs physiques est égale à la somme de leurs valeurs attendues. Ainsi échoue une étape indispensable à la démonstration de Neuman. (p. 83-84 ; la 'valeur attendue' correspond à la valeur moyenne).

Dans le même esprit, Bell estime abusif d'appliquer sans justification la règle de sommation aux variables cachées, dès lors qu'il est admis qu'une telle règle n'a rien de trivial. Il se trouve certes, comme von Neumann l'a démontré, que les opérateurs de la physique quantique obéissent à cette règle. Mais cette propriété découle seulement des caractéristiques particulières du formalisme quantique et reste de ce fait contingente.

> Par conséquent, il n'y a pas de raison d'exiger que [l'additivité des valeurs moyennes] s'applique individuellement aux hypothétiques états exempts de dispersion [aux états univoquement déterminés par les variables cachées sous-jacentes], dont la fonction est, *lorsqu'on en effectue la moyenne*, de reproduire les particularités *mesurables* de la mécanique quantique[1].

Bref, Grete Hermann et Bell s'attaquent à la même prémisse du raisonnement de von Neumann en recourant à des arguments très voisins : tous deux remettent en question le fait que von Neumann étende aux variables cachées une propriété qui ne vaut que pour les grandeurs régies par le formalisme quantique. Leur conclusion finale diverge néanmoins. Selon Grete Hermann, la démonstration de von Neumann présuppose implicitement ses conséquences, et se trouve donc totalement invalidée[2].

1. J. S. Bell, *op. cit.*, p. 4.

2. Commentant cette conclusion, M. Jammer écrit : « Nous sommes d'accord avec la critique de Grete Hermann selon laquelle la preuve n'atteint pas son objectif déclaré de démontrer que les ensembles décrits par la mécanique quantique ne peuvent être décomposés en *n'importe quel* type de sous-ensemble exempt de dispersion (...). Mais nous ne rejetons pas la preuve comme invalide. Certes, au regard des hypothèses excessivement restrictives de von Neumann ce n'est pas une *preuve de l'impossibilité* de

> Si, comme Neumann, on ne renonce pas à cette étape [l'extension de la règle de sommation aux sous-ensembles de E différenciés au moyen de variables cachées], alors l'interprétation admet tacitement une hypothèse non démontrée : il ne peut y avoir, dans les éléments d'un ensemble de systèmes physiques caractérisés par φ, de caractéristiques distinctives dont dépendrait le résultat de la mesure de R. Or, l'impossibilité de telles caractéristiques est précisément la thèse que l'on cherchait à démontrer. Ainsi, la démonstration aboutit à un cercle (p. 84).

Bell, lui, reste plus modéré, dans la mesure où il raisonne à partir d'une situation empirique plus riche que celle de Grete Hermann. Sa réfutation est en effet confortée par le fait qu'il a réussi à construire un modèle simple de théorie à variables cachées dont l'existence même contredit le résultat de von Neumann. Bell conclut finalement :

> (...) Ce n'était pas les prédictions objectives mesurables de la mécanique quantique qui interdisaient les variables cachées. C'était l'hypothèse arbitraire d'une relation particulière (et impossible) entre les résultats de mesures incompatibles dont chacun d'eux *pourrait* être effectué (...) mais dont seulement l'un d'entre eux peut en fait être effectué[1].

En septembre 1964, peu de temps après la rédaction de sa réfutation (publiée seulement en 1966), Bell produira le fameux théorème qui porte son nom, selon lequel les théories à variables cachées *locales*[2] ne peuvent reproduire toutes les prédictions statistiques de la mécanique quantique. A la lumière des développements postérieurs à l'écrit de Grete Hermann, on peut finalement conclure que la démonstration de von Neumann, loin d'interdire *toute* théorie à variables cachées, en resteint seulement la classe des possibles : si de tels paramètres existent, ils n'obéiront pas au postulat d'additivité. Les théories à variables cachées seront obligatoirement *non locales et contextuelles*[3]. Mais même si Grete Hermann va trop loin en rejetant la preuve de von Neumann comme circulaire[4], une histoire des sciences qui omettrait d'associer le nom de Grete Hermann à la réfutation de l'impossibilité des variables cachées nous semblerait injuste, étant donné que

n'importe quelle classe concevable de variables cachées, mais c'est à cet égard une *preuve de complétude* de l'axiomatique de von Neumann (incluant le postulat P IV [le postulat d'additivité]), puisqu'elle montre que ce formalisme n'admet pas d'ensembles non quantiques. Elle pourrait même être considérée comme une *preuve de la consistance* de ce formalisme associé à son interprétation habituelle » (*op. cit.*, note 45, p. 273-274).

1. J. S. Bell, *op. cit.*, p. 5.

2. Ce qui signifie que l'évolution des grandeurs physiques attachées à un point de l'espace donné à un moment donné ne dépend que des valeurs de ces grandeurs au même point (pas d'actions à distance). Autrement dit, on peut considérer ces grandeurs comme des caractéristiques *propres* à un objet individualisable précisément localisé dans l'espace et situé dans le temps.

3. Une théorie est contextuelle si les valeurs des variables qui la constituent dépendent du contexte expérimental que le physicien choisit de mettre en œuvre. Ce qui rend pour le moins difficile l'attribution de caractéristiques appartenant en propre à l'objet.

4. M. Jammer spécifie précisément en quoi, *op. cit.*, p. 275.

la jeune philosophe fournit en substance les mêmes arguments que ceux de Bell, et ce, trente ans avant lui.

XII. QUELQUES REMARQUES SUR LE VOCABULAIRE AU MOYEN DUQUEL GRETE HERMANN DÉCRIT LA SITUATION

XII-1. Que comprend Grete Hermann sous l'expression de 'mécanique quantique'?

« La causalité sans lacune, illimitée, n'est pas seulement conciliable avec la mécanique quantique mais, comme on peut le prouver, elle est même présupposée par cette dernière », écrit Grete Hermann. De telles formulations, dont la lettre du texte abonde[1], amènent à penser que Grete Hermann comprend sous l'expression de 'mécanique quantique', non seulement le formalisme mathématique mis en correspondance statistique avec des phénomènes observables (association qui sera appelée ici 'théorie restreinte'), mais de plus l'interprétation globale qu'en proposent Bohr et Heisenberg, à laquelle Grete Hermann superpose ses propres reconstitutions causales *a posteriori*. Il est clair en effet que la théorie quantique restreinte, qui n'offre qu'une description statistique, ne saurait à elle seule 'présupposer la causalité illimitée', cette dernière reposant à en croire Grete Hermann sur des chaînes causales *a posteriori* construites à partir de principes classiques d'explication. Comme le remarque déjà Wolfgang Büchel en 1952, dans un article destiné à examiner le point de vue de Grete Hermann, « (...) Cette justification 'causale' après coup n'est pas à proprement parler un énoncé de la physique quantique elle-même, mais déjà une interprétation (...) »[2]. C'est d'ailleurs à partir d'une théorie de la mesure qualifiée d'entièrement classique que Grete Hermann justifie l'affirmation d'une causalité illimitée. La causalité est donc présupposée *par une interprétation du processus de mesure*, et non par la théorie quantique restreinte, qui en est indépendante.

Par ailleurs, d'autres passages du texte de Grete Hermann montrent que leur auteur n'ignore pas la nécessité d'établir une distinction nette entre la théorie restreinte et son interprétation. Dans le dernier paragraphe de l'introduction, Grete Hermann affirme en effet que la

> mise à l'épreuve empirique immédiate ne concerne à proprement parler que le formalisme de la théorie et sa mise en correspondance avec les données de l'observation. [Si] (...) l'interprétation conceptuelle qui va

1. Voir en particulier les § 9 et 10.

2. W. Büchel, 'Zur philosophischen Deutung des Quantenmechanischen Indeterminismus', *Scholastik*, 27, 1952, p. 225-240.

> nécessairement de pair avec le formalisme [de toute théorie physique] (...) est équivoque, un choix physique et empirique entre les différentes conceptions considérées ne peut être opéré que si ces dernières permettent différentes extensions du formalisme (p. 65).

Grete Hermann n'ignore pas la distinction, mais semble raisonner comme s'il n'y avait pas dans la situation considérée d''ambiguïté' interprétative possible. Autrement dit, comme si la théorie restreinte imposait en quelque sorte l'interprétation de Copenhague augmentée des reconstitutions causales *a posteriori*. Ce qui expliquerait un autre emploi hermannien du terme de formalisme, à première vue non conforme à celui qu'implique la citation précédente. On trouve par exemple au p. 93 :

> le formalisme quantique, en s'appuyant sur l'argument qu'il fournit lui-même les raisons suffisantes des résultats de quelconques mesures, coupe court à la question de savoir s'il sera possible de découvrir ultérieurement de nouvelles caractéristiques dont dépendraient ces résultats.

Or, encore une fois, ce n'est pas le formalisme quantique qui démontre l'impossibilité des variables cachées, mais l'interprétation qu'en adopte Grete Hermann, qui articule des éléments comme la dualité onde-corpuscule, le principe de correspondance, la complémentarité, une théorie de la mesure invoquant la perturbation incontrôlable du mesurant par le mesuré, et enfin la possibilité d'accéder à l'enchaînement nécessaire et complet des causes de tous les résultats de mesure. Mais si l'on admet, comme semble le faire Grete Hermann, que la théorie restreinte appelle nécessairement cette interprétation, alors, *ce qui* démontre l'impossibilité des variables cachées peut être indifféremment désigné par les expressions de formalisme quantique, de mécanique quantique (comprise au sens large ou au sens restreint), ou encore d'interprétation de Copenhague.

XII-2. Caractère objectif ou subjectif de la description

Grete Hermann insiste après Bohr sur la nécessité de rapporter toutes les connaissances physiques à leur conditions d'obtention. La caractérisation des objets comprend désormais celle des situations empiriques indispensables à l'observation qui permet cette caractérisation. En ce sens, l'objectivité, définie comme ce qui concerne l'objet lui-même en tant qu'isolé des moyens dont dispose le sujet pour le connaître, est définitivement bannie de la représentation quantique. A partir de là, on serait tout naturellement tenté d'imputer à Grete Hermann la conclusion selon laquelle cette représentation est seulement subjective. Mais elle écrit d'autre part : « (...) l'interprétation subjective [des relations de Heisenberg] est incompatible avec la déduction des relations d'indétermination à partir de la dualité des représentations ondulatoire et corpusculaire (...) » (p. 74). Doit-on en déduire que la description quantique des phénomènes n'est ni objective ni subjective ? En fait, la nouvelle situation de la physique confronte l'analyse à des possibilités logiques auparavant impensées[1]. De ce fait, certains outils traditionnels de la théorie de la connaissance voient leurs anciennes acceptions se nuancer en se ramifiant. Ainsi, la signification des termes qui interviennent dans l'opposition objectif/subjectif doit être précisée et enrichie.

Pour Grete Hermann, la description quantique n'est pas objective, au sens où elle dépend d'un choix du physicien. De ce point de vue, elle peut être dite subjective : un sujet (le physicien) décide à un instant donné de *laquelle des deux variables conjuguées* il prend effectivement connaissance. Mais elle n'est pas subjective au sens d'un défaut de connaissance : elle n'est pas incomplète. Car lorsque le physicien choisit de prendre connaissance de la valeur de la variable p, ce qui ne peut être obtenu qu'en mettant en œuvre certains dispositifs de mesure appropriés, il crée entre ce dispositif et l'objet une situation d'interaction pour laquelle la valeur de la variable conjuguée q

1. Dès 1927, N. Bohr semble exprimer l'idée que les difficultés conceptuelles auxquelles se heurte la nouvelle physique ne peuvent éliminer la dichotomie sujet/objet qui est à l'œuvre dans le langage et dans son évolution. A propos de sa tentative pour élaborer le concept de complémentarité, il écrit : « (...) les difficultés actuelles (...) présentent une analogie (...) profonde avec les difficultés d'ordre général résultant de la nécessité de faire une distinction entre sujet et objet dans la formation des concepts humains » (*La théorie atomique et la description des phénomènes*, Gauthier-Villars, 1993, p. 84). Si la dichotomie ne peut être éliminée, Bohr contribuera pourtant incontestablement à déplacer la manière dont elle opère, en particulier lorsqu'il redéfinira l'objectivité, dans des textes beaucoup plus tardifs, comme accord intersubjectif. Selon C. Chevalley ('On objectivity as intersubjective agreement', dans : *Physik, Philosophie und die Einheit der Wissenschaften. Für Erhard Scheibe*, 1994), cette redéfinition pourrait d'ailleurs être interprétée comme le résultat de l'influence indirecte du deuxième concept kantien d'objectivité qui, à travers la notion de symbolisme, intervient dans la *Critique de la faculté de juger*. Dans la troisième *Critique* de Kant, l'objectivité serait entendue comme l'accord subjectif qui, sans posséder la certitude logique des sciences exactes, est néanmoins doté, contrairement à la persuasion, d'une certaine objectivité et d'une certaine universalité. Lorsqu'en 1955 N. Bohr définit « (...) la description objective de l'expérience, ce qui, pour nous, n'est rien d'autre qu'une communication sans ambiguïté » (N. Bohr, *Physique atomique et connaissance humaine*, Gallimard, 1991, p. 249), autrement dit lorsqu'il définit, selon C. Chevalley, l'objectivité comme accord intersubjectif, Bohr appliquerait à la connaissance scientifique ce second concept kantien d'universalité.

Mais comme les citations de cette présentation introductive l'attestent (voir section II-2, en particulier p. 25), Bohr, tout en maintenant la nécessité de conserver la distinction linguistique existante entre le sujet et l'objet, lui refuse tout caractère absolu, puisqu'il la transforme en une distinction *relative* à la situation expérimentale et à la décision méthodologique du physicien. Sur ce point, on peut voir dans l'influence de la philosophie de Høffding, professeur et ami de Bohr, l'une des sources d'inspiration de Bohr. Høffding enseignait en effet que si la distinction entre le sujet et l'objet reste toujours possible, chacun de ses éléments n'est donné qu'en relation l'un avec l'autre, et non pas en tant que pure entité susceptible d'exister séparément (ce qui ne s'identifie évidemment pas avec la thèse de Bohr, mais qui a pu infléchir sa réflexion sur ce thème). Sur la relation de Bohr à Høffding, voir l'analyse détaillée de J. Faye, *Niels Bohr : his heritage and legacy*, Kluger Academic Publishers, 1991, en particulier p. 87-88.

est *réellement indéterminée* (et non pas possédée par l'objet, mais inconnue du physicien).

D'autre part, la description quantique doit, sous certains aspects, être qualifiée d'objective, en dépit du fait que, comme on vient de le voir, une décision du physicien s'y trouve introduite. Car elle construit ses objets en appliquant les règles constantes et universelles de l'entendement au donné empirique[1]. Or, c'est là la définition kantienne de l'objectivité, même si les nouveaux objets qui émergent de l'application des catégories à la matière empirique microscopique diffèrent essentiellement de ceux que concevait Kant.

XII-3. Les deux choses en soi

La littérature ayant trait à la philosophie de la physique quantique met très fréquemment en œuvre une acception de la chose en soi non conforme à celle de Kant. L'écrit de Grete Hermann n'y échappe pas, mais prend soin d'expliciter la nouvelle signification du terme. Afin d'éviter toute confusion, distinguons les deux acceptions, et expliquons en quoi la nouvelle théorie quantique incite à importer sur la scène de la physique la problématique kantienne, souvent dénaturée, de la chose en soi.

La tradition dont Kant est issu oppose chose en soi et apparences. Très schématiquement, la science y est généralement envisagée dans une perspective réaliste : son progrès, linéaire et cumulatif, est supposé rapprocher progressivement la communauté humaine de la vérité absolue. La description physique des choses à une époque donnée, sans jamais s'identifier à la connaissance absolue, domaine exclusif de Dieu, peut néanmoins

1. Hilbert se réappropriera à sa manière cette définition kantienne de l'objectivité, comme le développe Hourya Sinaceur – que je remercie d'avoir attiré mon attention sur ce point – dans l'un de ses articles ('Le rôle de H. Poincaré dans la genèse de la métamathématique de Hilbert', *Akten des Internazionalen Kongresses in Nancy*, 14-18 mai 1994, Akademie Verlag et Librairie Blanchard, 1995, p. 661-686). Cette remarque est du plus grand intérêt pour notre propos, dans la mesure où la pensée de Nelson a été marquée par celle de son ami Hilbert – Nelson s'inspire en particulier de la méthode axiomatique hilbertienne pour la construction de son éthique scientifique. Selon l'analyse de H. Sinaceur, Hilbert se situe dans le cadre d'une philosophie de l'objet et des procédures : sa conception de l'entendement est objectiviste, au sens où décrire l'entendement revient pour lui à répertorier les règles selon lesquelles fonctionne réellement notre pensée. Dans sa conception initiale, la connaissance mathématique commence pour Hilbert avec l'intuition (qui chez lui revêt un caractère nettement plus symbolique que chez Kant), et la méthode axiomatique a pour fonction d'éclaircir sans le modifier le contenu de cette intuition. Sous l'influence plus ou moins directe de Poincaré, Hilbert en serait plus tard venu à considérer l'intuition non plus seulement comme un simple commencement, mais comme un fondement au sens kantien de condition de possibilité. Hilbert écrit en 1925 : « (...) nous sommes parvenus à la conviction que certaines représentations et vues intuitives sont nécessaires en tant que conditions préalables à la possibilité de la connaissance scientifique et que la logique toute seule ne peut pas tout » (traduit dans : J. Largeault, *Logique mathématique. Textes*, A. Colin, 1972, p. 245).

être considérée comme approximativement vraie. Les objets dont traitent la physique, par exemple les corps matériels et les ondes, se confondent, tout au moins quant à leurs qualités dites premières[1], avec les choses en soi, par opposition aux trompeuses apparences sensibles, simples effets subjectifs.

Kant révolutionne ce schéma en le complexifiant. Il distingue nettement apparences, phénomènes, et chose en soi. Si l'acception spécifiquement kantienne de la chose en soi a été jugée problématique par la plupart des commentateurs depuis Jacobi, tous s'accordent au moins pour reconnaître qu'elle vise ce qui est absolument hors du champ des phénomènes. L'interpréter comme la cause des représentations reviendrait à outrepasser le domaine d'application prescrit par Kant au concept de causalité. On peut alors comprendre la chose en soi, du point de vue de la sensibilité comme la « *face cachée du phénomène* », et du point de vue de l'entendement comme noumène. Le noumène désigne, dans son sens positif, l'idée d'un « principe fondamental (...) que nous devons (...) supposer comme l'envers des choses »[2] (intelligibilité suprême, simple idéal pour l'être humain), et dans son sens négatif, « (...) un *concept limitatif* qui a pour but de restreindre les prétentions de la sensibilité, et qui n'est donc que d'un usage négatif »[3]. Le phénomène est quant à lui défini comme ce qui apparaît dans l'intuition sensible. Mais cet apparaître, loin de se réduire à une matière brute et informe, se donne déjà dans les formes de la sensibilité et de l'entendement. Des règles constantes et universelles, les catégories, ordonnent le divers spatial et temporel et le constituent en unités formelles nommées objets. Appliquées à la matière empirique *corporelle*, ces règles déterminent l'objet *physique* (l'objet de la physique classique) qui, de par la nature même de ses principes de construction[4], est une entité spatiale dont toutes les parties se meuvent ensemble, lieu de convergence de déterminations continûment variables dans le temps. L'objet, contrairement à la chose en soi, *reste sur le plan des phénomènes*.

Or, c'est pourtant un tel type d'objet classique (un phénomène) que bon nombre de concepteurs de la physique quantique identifient dans leurs écrits à la chose en soi (à ce qui est hors du champs des phénomènes). Comment interpréter le fait que ressurgisse chez le physicien du XXème siècle ce

1. Bohr, Heisenberg et Pauli ont très tôt insisté sur le fait que la physique quantique incite à remettre en question la distinction entre les deux types de qualité dites primaires et secondaires. De ce point de vue, Bernard d'Espagnat prolonge et développe leurs idées, lorsqu'il propose, selon les termes de M. Bitbol (dans 'L'aveuglante proximité du réel', *Critique*, mai 1995, qui est un compte rendu du livre de B. d'Espagnat : *Le réel voilé*, Fayard, 1994), « (...) de faire perdre aux déterminations spatiales et cinématiques le privilège qu'elles ont acquis au XVIIème siècle (...). Selon lui, la position, la direction et l'intensité de la vitesse, dont la définition est désormais indissociable du contexte expérimental de leur évaluation, ont aussi peu de raisons d'être considérées comme qualités 'primaires' que n'en a la couleur ».

2. J. Rivelaygue, *Leçons de métaphysique allemande*, Tome II : Kant, Heidegger, Habermas, Grasset, 1992, p. 143-145.

3. E. Kant, première édition de la *Critique de la raison pure*, PUF, 1990, p. 229.

4. E. Kant, *Premiers principes métaphysiques de la science de la nature*, Vrin, 1982.

besoin d'accoler à l'objet physique le qualificatif d''en soi', alors qu'il semblait acquis depuis Kant que la physique n'avait affaire qu'à des phénomènes ? On peut y lire l'expression d'un doute du physicien : les déterminations auxquelles ses moyens humains lui permettent d'accéder sont-elles vraiment celles que possèdent les objets jusqu'alors caractérisés par la physique ? De telles objets existent-ils même ? Il ne s'agit pas là d'une réactivation de la vieille question métaphysique concernant l'être 'réel' des objets physiques au delà du fait de leur existence formelle en tant qu'êtres pour l'esprit. C'est de la possibilité de cette existence formelle que l'on doute maintenant de l'intérieur même de la physique. Car c'est en fait le mode de constitution de l'objet physique, tel qu'il prévalait depuis Galilée et Newton et tel que Kant l'avait thématisé au sein d'un système philosophique original, que remet en cause l'avènement de la physique quantique. Contrairement à un postulat kantien central, une connaissance apparaît désormais possible, qui ne soit pas obtenue en liant causalement entre elles diverses perceptions assimilées aux déterminations continûment évolutives de supports spatiaux permanents. La nouvelle théorie physique se contente de connecter statistiquement au sein d'un formalisme abstrait des manifestations phénoménales disjointes et parfois empiriquement incompatibles. Elle atteint donc la possibilité même de se représenter la nature en termes d'entités stables auxquelles les déterminations continûment variables pourraient être rapportées, soit la possibilité de penser le monde en termes d'objets au sens classique et kantien du terme.

Lorsque certains partisans de l'interprétation de Copenhague proclament la nécessité de renoncer en physique à l'objet en soi, ils expriment tout simplement la très grande difficulté qu'éprouve le physicien à rapporter à un même référent classique les divers résultats des mesures destinées à explorer le monde microscopique. L''en soi' ne s'oppose donc plus ni aux apparences, ni aux phénomènes, mais à ce qui dans les phénomènes ne peut plus être séparé des conditions expérimentales de son obtention. La physique classique n'ignorait pas l'existence d'un intermédiaire instrumental entre les phénomènes et la connaissance de ces phénomènes. Mais de son point de vue, cet intermédiaire était 'transparent'[1] : le dispositif de mesure ne faisait que recueillir telles quelles, sans les altérer mais plus précisément que les cinq sens ne l'auraient permis, des valeurs préexistantes caractéristiques des objets peuplant l'apparaître. Tandis que Bohr en vient au contraire à refuser aux résultats de mesure toute autonomie vis à vis de leurs moyens expérimentaux d'obtention. Ce qui signifie déjà la fin de l'objet *en soi*, au sens de l'objet indépendant des moyens de le connaître. En outre, Bohr soutient que les informations fournies par des dispositifs destinés à mesurer des variables conjuguées ne peuvent être réunies à un même instant donné, et ne peuvent donc *a fortiori*, à un moment donné, être attribuées *ensemble* à un même référent. Franchir ce pas supplémentaire, c'est

1. Sur la question de la 'transparence' des dispositifs expérimentaux, voir M. Bitbol, 'En profondeur', *Alliage*, 19, 1994.

exprimer l'impossibilité de l'objet tout court, du moins dans son acception classique. On peut évidemment toujours se rabattre sur un sens plus large du concept d'objet, et admettre que la physique quantique construit de nouveaux objets, par exemple des vecteurs d'état[1], mais de tels objets mathématiques ne peuvent plus être physiquement interprétés en termes d'entités séparées dont l'évolution spatio-temporelle pourrait en principe toujours être suivie. Ce n'est d'ailleurs pas cette solution que choisit Bohr[2]. Il entreprend plutôt de conserver malgré tout la fonction référentielle, en inventant la complémentarité, qui autorise à rapporter à une même entité des informations incompatibles ou classiquement contradictoires.

Grete Hermann est tout à fait consciente de la distinction, devenue nécessaire, entre chose en soi et objet en soi, comme en témoigne l'une de ses conversations avec von Weizsäcker, rapportée par Heisenberg dans *La partie et le tout.*

> « D'après [la conception kantienne] », fait dire Heisenberg à von Weizsäcker[3], « le monde se compose d'objets situés dans l'espace, et qui se modifient dans le temps, ainsi que de processus qui se succèdent selon une certaine règle. Mais, en physique atomique, nous avons appris que nos perceptions ne peuvent plus être reliées entre elles et classées selon le modèle de la 'chose en soi'. Pour cette raison, il n'existe pas non plus d'atome de radium 'en soi' ». Grete Hermann l'interrompit : « La manière dont vous utilisez le concept de 'chose en soi' ne me paraît pas correspondre à l'esprit de la philosophie kantienne. Vous devez distinguer nettement entre la chose en soi et l'objet physique. (...) Lorsque vous parlez, au sens de la physique classique, d'un atome de radium B 'en soi', ce que vous désignez plutôt, c'est ce que Kant appelle un objet »[4].

Dans son écrit de 1935, Grete Hermann se réfère fréquemment à des objets en eux-mêmes, et explicite en quel sens elle emploie une telle expression.

1. Voir par exemple E. Schrödinger, 'What is an elementary particule ?', *Endeavour*, XI, 1950, p. 110-116.

2. Dans son introduction à un recueil d'articles de Bohr, C. Chevalley développe la manière dont « Bohr est conduit à proposer une redéfinition du terme de phénomène et à indiquer ce que pourrait être une forme nouvelle de constitution d'objectivité » (*Physique atomique et connaissance humaine*, Gallimard, 1991, p. 82).

3. C. F. von Weizsäcker reproche à Kant son utilisation du concept de chose en soi et expose son propre point de vue sur la question dans *Le Monde vu par la physique*, Flammarion, 1956, p. 147-149.

4. W. Heisenberg, *La partie et le tout*, Flammarion, 1990, p. 167-168.

CONCLUSION

L'écrit de Grete Hermann se présente comme une tentative originale pour élaborer une philosophie d'inspiration kantienne qui rende justice aux enseignements de l'histoire des sciences. Il répond à la problématique suivante : Kant a répertorié les conditions de possibilité de toute connaissance, soit de toute science future ; parmi ces conditions, figure la catégorie de causalité, qui semble impliquer que les prédictions de toute science digne de ce nom, autrement dit pour Kant de toute physique, doivent être déterministes ; or, les prédictions de la physique quantique sont statistiques. Qu'en conclure pour la catégorie kantienne de causalité, et plus généralement pour la philosophie critique dans son ensemble ?

L'avènement de la dite 'mécanique quantique', autour de 1927, n'est pas le premier épisode qui amène les philosophies néo-kantiennes à affronter ce type de question[1]. L'émergence des géométries non euclidiennes et de la théorie de la relativité ont déjà incité à conclure à la nécessité de remettre au moins en question les formes kantiennes de la sensibilité. Mais avec la physique quantique, ce sont de surcroît les formes *a priori de l'entendement* qui semblent menacées.

Comme nous avons eu l'occasion de le développer plus en détail, l'intérêt de la contribution de Grete Hermann est multiple. Tout d'abord, l'auteur est chronologiquement l'un des premiers à mettre face à face physique quantique et philosophie kantienne. Ensuite, sa double formation scientifique et philosophique lui permet de ne pas se dispenser d'étudier les détails du formalisme de la théorie et d'échanger à un niveau élevé avec les spécialistes du domaine considéré. C'est d'ailleurs ce qui lui a rendu possible de participer, en 1934, au séminaire de Leipzig, et d'y mettre à l'épreuve, au cours de nombreuses discussions avec Heisenberg et von Weizsäcker, une solution philosophique très personnelle articulée autour d'un concept original de causalité. Il semble que la jeune philosophe ait finalement réussi à persuader ses deux prestigieux interlocuteurs (du moins dans un premier temps) que la catégorie de causalité kantienne restait parfaitement conciliable avec les prédictions statistiques de la nouvelle physique, et surtout que la possibilité des reconstitutions causales *a posteriori* rendait définitivement

1. Voir par exemple M. Schlick, *General theory of knowledge*, Springer, 1974, en particulier les § 37 à 40.

caduque la recherche de variables cachées. Enfin, en plus de cette solution originale consistant à mettre en œuvre des chaînes causales à rebours pour chaque résultat singulier de mesure, le texte de Grete Hermann recèle la première tentative de réfutation de la preuve de von Neumann visant à démontrer l'impossibilité des variables cachées, réfutation qui fait appel à des arguments très similaires à ceux que produira Bell trente ans plus tard.

Nous espérons que la traduction française de ce texte aidera à faire connaître les contributions de Grete Hermann à la philosophie des sciences, contributions qui restent jusqu'ici, tout à fait injustement nous semble-t-il, quasiment inconnues en France, malgré tout l'intérêt qu'elles présentent, en particulier dans une perspective historique.

LES FONDEMENTS PHILOSOPHIQUES DE LA MÉCANIQUE QUANTIQUE

LES[1] FONDEMENTS PHILOSOPHIQUES[2] DE LA MÉCANIQUE QUANTIQUE

REMARQUE PRÉLIMINAIRE

Le progrès fécond des investigations entreprises par la philosophie de la nature a depuis toujours dépendu d'une étroite association entre les considérations physiques et les difficultés philosophiques qui émergent au cours du développement des théories physiques. Cette condition est d'autant plus difficilement remplie, étant donnée la séparation qui existe aujourd'hui entre physique et philosophie, qu'elle présuppose une compréhension réciproque entre les représentants de ces deux domaines de recherche.

A l'Institut de Physique de Leipzig, la possibilité m'a été offerte d'étudier les problèmes de philosophie de la nature que soulève la mécanique quantique, à l'occasion de débats animés au sein du cercle de physique de cet Institut ; c'est pourquoi je tiens à remercier ici tout particulièrement Monsieur le Professeur Heisenberg : sa disponibilité à discuter avec moi des fondements de la mécanique quantique a constitué une aide décisive pour les présentes investigations.

Grete Hermann, mars 1935.

1. Les notes du traducteur apparaîtront entre crochets et seront de surcroît signalées par la mention 'N. d. T.', afin de les différencier des notes de Grete Hermann.

2. [L'adjectif 'philosophique' traduit ici *naturphilosophischen*. D'une manière générale, les termes construits à partir de *Naturphilosophie* seront traduit par *philosophie de la nature* chaque fois que cela n'alourdit pas excessivement l'expression, par *philosophie* dans les cas contraires. N. d. T.].

INTRODUCTION

Dans sa progression hardie et victorieuse, la physique moderne a ébranlé des positions qui constituaient encore, pour les théories classiques, les fondements intangibles de toute recherche sur la nature – l'interprétation et la justification philosophiques de ce jugement ayant été fournies par la philosophie critique, dans sa doctrine des principes *a priori* de l'expérience.

On dit que l'expérience a décidé contre ce point de vue ; on célèbre les conquêtes physiques de ce siècle comme la grande victoire de l'expérience triomphant sur toutes les opinions préconçues, comme l'émancipation par rapport à des préjugés qui avaient paré certaines conjectures tirées de l'expérience de l'habit brillant mais trompeur des vérités éternelles. Einstein déclare que, contraint par les faits, il a fait choir les concepts d'espace et de temps « du haut de l'Olympe de l'*a priori* », « pour les réparer et pouvoir les remettre dans un état utilisable ». En ce qui concerne les corrections à apporter à la loi de causalité, les représentants de la mécanique quantique défendent des propositions analogues.

Face à de tels jugements, qui reposent entièrement sur des considérations physiques, il serait peu opportun d'abandonner les exposés philosophiques de ces principes *a priori* en alléguant qu'ils sont dépassés ; mais le philosophe n'aborderait pas non plus adéquatement les problèmes qui surviennent ici, s'il ne répondait à la critique *physique* que par une répétition critique de la déduction *philosophique* des principes *a priori*. Car même si développer physiquement la théorie ne suffit pas à dévoiler très clairement à la conscience les fondements de la connaissance de la nature produite par cette théorie, c'est le progrès scientifique – acquis précisément grâce à l'abandon ou à la révision de certaines représentations familières – qui assure l'introduction de points de vue nouveaux et féconds dans la recherche. Seules l'interprétation philosophique et l'assimilation de ces derniers permettront d'éclairer tant les arguments philosophiques soutenant l'apriorité des principes de la philosophie de la nature, que les objections élevées contre ces arguments du point de vue de la physique.

Ainsi considérées, les attaques de la physique contre les opinions philosophiques traditionnelles constituent une précieuse stimulation et un enrichissement pour le travail philosophique, l'occasion bienvenue de rendre utilisables les nouveaux enseignements de l'expérience pour les anciennes investigations relatives aux fondements de la connaissance de la nature.

Le but du présent travail est d'accomplir une telle tâche – dans la mesure où l'évolution de la mécanique quantique y incite – et tout d'abord d'examiner les révisions de la loi de causalité imposées par cette théorie.

Au vu de ce qui précède, le cours de nos investigations est déjà tout tracé : on discutera, à partir des enseignements de l'expérience, la portée philosophique des conquêtes physiques. L'objet de nos investigations sera par conséquent le chemin parcouru par la mécanique quantique, depuis les observations et les expériences[1] qui ont mené aux nouvelles questions et difficultés déterminantes, jusqu'aux résultats qui, en répondant à ces questions et en résolvant ces difficultés, ont immédiatement fait leurs preuves sur le plan physique.

Il ne s'agit pas ici de procéder à une critique *physique* de ce chemin. Il ne serait d'aucun intérêt pour les présentes investigations de s'en remettre à l'issue, souvent proposée par les physiciens aux partisans de la loi de causalité, consistant à démontrer, grâce au contrôle expérimental et au perfectionnement de la mécanique quantique, que cette dernière recèle une erreur physique dont la correction supprimerait du même coup, et dans le meilleur des cas, les doutes dont la loi de causalité fait l'objet. Car, indépendamment du fait que l'espoir de réaliser de telles corrections se fonderait seulement sur un recul devant les difficultés philosophiques issues de la mécanique quantique et non pas sur la présence d'indices physiques signalant la nécessité de changements – même une telle révision, en admettant qu'elle soit justifiée, ne défendrait la validité de la loi de causalité que par des moyens empiriques. Celui qui déclare qu'une telle révision permet de

1. [*Experimenten*. Nous avons souvent été amenés à traduire par le même terme français 'expérience' les mots allemands *Erfahrung* et *Experiment*. Le second correspond plutôt à l'acception française du terme 'expérimentation', mais reste dans un certain nombre de cas difficilement traduisible par un tel terme, en particulier dans des expressions comme *dualismus Experimente*, traduit 'expériences de dualité'. N. d. T.].

surmonter les inquiétudes déclenchées par la mécanique quantique et que l'on peut à nouveau se fier à la loi de causalité, s'en remet ainsi, quant à la décision concernant cette loi, à l'expérience, à l'observation et à l'expérimentation, et abandonne définitivement la thèse de son caractère *a priori*. Comme c'est précisément *cette thèse* qu'il s'agira, sur la base des résultats de la mécanique quantique, de soumettre par la suite à la critique, et comme cette critique est indépendante du fait de savoir si et comment, dans le progrès ultérieur de la mécanique quantique, les schémas formels[1] [de cette dernière] seront transformés, nous partirons de l'hypothèse selon laquelle aucune correction radicale n'est plus requise dans l'édifice actuellement reconnu de la mécanique quantique.

Ce qui ne veut pas dire que les représentations de la théorie fournies par les physiciens doivent être reprises telles quelles sans être soumises à un examen approfondi. Car ces représentations – comme on le conçoit facilement – dépassent largement ce qui [de cette théorie] a immédiatement fait ses preuves par la réalisation de prédictions ou par la juste reproduction de données d'observation. Cette mise à l'épreuve empirique immédiate ne concerne à proprement parler que le formalisme de la théorie et sa mise en correspondance avec les données de l'observation. Dans toute théorie physique, l'interprétation conceptuelle qui va nécessairement de pair avec le formalisme ne fait physiquement ses preuves que *médiatement*, dans la mesure où le formalisme lui correspondant se révèle être un moyen approprié pour décrire les états de choses observés. Par conséquent, si cette interprétation est équivoque, un choix physique et empirique entre les différentes conceptions considérées ne peut être opéré que si ces dernières permettent différentes extensions du formalisme.

1. [Le terme allemand *Ansatz* sera traduit par l'expression 'schéma formel' lorsqu'il renvoie à une théorie physique, par 'schéma' lorsque ce n'est pas le cas. N. d. T.].

CHAPITRE I

LES BORNES[1] DE LA PRÉVISIBILITÉ PAR LE CALCUL[2]

§ 1. *Causalité et prévisibilité par le calcul*

Le résultat physique responsable de l'ébranlement des représentations causales jusqu'alors dominantes, affirme que des bornes précises et infranchissables sont fixées à la prévision par le calcul des processus naturels futurs. L'idée du démon de Laplace – lequel connaîtrait complètement l'état instantané de la nature, maîtriserait toutes les lois de la nature et serait capable, sur la base de cette connaissance, de prédire dans tous ses détails le cours futur des événements – perd ainsi toute applicabilité à la nature. Une telle idée n'est plus cet idéal, certes jamais atteint, mais demeurant le but vers lequel tendent les aspirations au delà de toute borne ; au contraire, elle s'avère fantomatique, et grâce au progrès de l'expérience, elle a été rejetée en tant que construction non conforme à la nature. Et pourtant, cette idée n'était que l'expression d'une conviction certaine : tout événement naturel a été causé, quant à toutes ses caractéristiques, par certains événements l'ayant précédé, et doit de ce fait pouvoir être prédit par le calcul à partir de ces causes par quiconque connaît les lois de la nature. Quand se trouve ébranlée la croyance que la possibilité de tels calculs

1. [Nous avons dans la mesure du possible traduit *Schranke* (et les termes construits à partir de la même racine) par 'borne' (lorsque les modes habituels d'expression ne rendaient pas trop étrange l'emploi du mot 'borne'), conformément aux traductions des textes de Kant qui distinguent borne (*Schranke*) et limite (*Grenze*). N. d. T.].

2. *Vorausberechnung* sera traduit : 'prévision par le calcul,' qui se distingue de *voraussagen* ou de *vorhersagen* : prédire.

ne rencontre aucune borne, devient alors également douteuse la conviction qu'une causalité universelle lie les événements naturels.

Contre ce scepticisme, les défenseurs de la loi de causalité ont parfois cherché à garantir sa validité en contestant le rapport qui existe entre les bornes prescrites à la prévisibilité par le calcul et celles qui sont prescrites à la loi de causalité ; ils l'ont fait en s'appuyant par exemple sur l'argumentation suivante : les relations d'indétermination de Heisenberg ont montré qu'à l'observation de certains processus atomiques sont imposées des bornes par principe infranchissables. Il s'ensuit que le physicien, même en observant le plus exactement possible un processus, ne pourra pas complètement connaître les causes de certains changements ; dans cette mesure, il ne pourra pas non plus prévoir par le calcul ces changements avec certitude. Cette démonstration de l'imprévisibilité de certains résultats de mesure s'appuie sur le caractère inconnaissable de leurs causes ; en cela, elle présuppose du même coup la réalité de ces causes ; il est par conséquent absurde de conclure après coup, de l'imprévisibilité de certaines causes, à leur *non-existence*, et de là, à l'échec de la loi de causalité.

Certes, nombre de présentations de la mécanique quantique, en particulier celles qui sont populaires, induisent une telle critique, voire la rendent nécessaire ; mais concernant la situation de la loi de causalité, cette critique n'aide pas le moins du monde à avancer. Rejeter le cercle qui vient d'être mentionné ne résout pas le conflit relatif à l'hypothèse d'une causalité universelle ; selon les affirmations de la mécanique quantique, un tel conflit résulte du fait que l'applicabilité du *critère* de la liaison causale rencontre des bornes. Ce critère, c'est la possibilité de prédire des observations futures. Car il n'est possible d'évaluer si une hypothèse physique donnée reproduit correctement les rapports légaux naturels qui régissent les phénomènes considérés, qu'en parvenant à déduire de cette hypothèse des prédictions dont la réalisation peut être contrôlée par des observations. Que se passe-t-il alors si, pour quelque raison que ce soit, des bornes sont imposées à la possibilité de telles prédictions ? On pourrait vouloir passer outre en prétextant que la *connaissance* des causes qui déterminent les processus est certes bornée mais que l'*existence* de telles causes n'est pas douteuse ; mais ce serait renvoyer la loi de causalité du domaine des principes qui guident la connaissance de la nature à celui de la mystique. Là où il est par principe impossible de décider de *ce qui*, dans la nature, tombe sous un concept donné, l'énoncé affirmant *que,* dans la nature, quelque chose tombe sous ce concept, perd aussi son sens.

Les recherches physiques ont depuis longtemps adopté ce principe et le manient avec une assurance absolue ; par contre, dans les considérations philosophiques, il n'est presque toujours intervenu que sous la forme mutilée que lui ont conférée les positivistes, selon laquelle tous les concepts importants de la physique doivent être tirés de l'observation et être dans cette mesure applicables sans bornes à celle-ci.

Ainsi, le sort de la loi de causalité dépend effectivement du fait de savoir si et dans quelle mesure – conformément aux affirmations de la mécanique quantique – des bornes sont par principe prescrites aux calculs possibles portant sur le futur. Il s'agira donc dans ce qui suit de discuter les observations qui fondent cette affirmation et les règles du formalisme établies à partir de ces dernières, en tentant de déterminer leur signification et leur portée.

§ 2. Les expériences de dualité et les relations d'indétermination

Une série d'expériences, complètement incompréhensibles dans le cadre de la théorie classique, ont suscité les réflexions qui culminent dans l'affirmation suivante : des bornes infranchissables sont imposées à la prévisibilité par le calcul[1].

La théorie classique distingue deux types de processus de rayonnement : l'un consiste dans le mouvement rapide de petites particules dotées d'une masse (les corpuscules), l'autre dans la propagation d'une onde. On peut reconnaître les rayons corpusculaires en observant les trajectoires discrètes des particules individuelles, ainsi que leur déviation par les champs électrique et magnétique, qui permettent de calculer la masse, la vitesse et la charge électrique des particules. Les critères pour [identifier] les processus ondulatoires sont, par contre, les phénomènes d'interférences ; ceux-ci ne sont en effet compréhensibles que si l'on présuppose un mouvement ondulatoire se propageant dans un domaine spatial plus étendu ; de tels phénomènes permettent de déterminer la longueur d'onde.

Contrainte par l'expérience et par l'observation, la mécanique quantique a mis fin à une telle séparation entre ces deux genres de

1. Dans les présentations qui suivent, j'adhère essentiellement aux développements présentés par Heisenberg dans : *Die physikalischen Prinzipien der Quantentheorie*, Leipzig, 1930 [Traduction française : *Les principes physiques de la théorie des quanta*, voir bibliographie. N. d. T.].

processus de rayonnement. Pour le même processus, elle a repéré les attributs caractéristiques des deux interprétations ; et ce, tant pour les processus qui selon la théorie classique ont un caractère corpusculaire, que pour ceux qui étaient jusqu'alors considérés comme des mouvements ondulatoires. Des rayons matériels, par exemple ceux qui sont émis par les éléments radioactifs, laissent, lorsqu'ils passent à travers la vapeur d'eau saturée, des traces ayant l'aspect de lignes ; par là, ils témoignent du caractère discret des particules en mouvement ; en outre ils présentent, dans des champs électriques et magnétiques, toutes les caractéristiques des processus corpusculaires ; d'un autre côté, ils donnent lieu à de nets phénomènes d'interférences quand ils franchissent une grille ou qu'ils sont réfléchis par celle-ci, contraignant ainsi le chercheur à supposer qu'il a affaire à un processus ondulatoire. De façon analogue, les rayons lumineux, interprétés de manière non équivoque comme des mouvements ondulatoires depuis la découverte des phénomènes d'interférences, ont présenté des propriétés dont peut être déduite leur nature corpusculaire. Prenons comme exemple l'effet photoélectrique : quand on irradie avec de la lumière ultraviolette une plaque métallique, les électrons arrachés à celle-ci offrent une image semblable à celle que présenterait la plaque si une pluie de particules discrètes (les 'quanta de lumière' d'Einstein) – et non pas un train d'ondes – l'atteignait. La vitesse de ces électrons, et de ce fait l'énergie cinétique qu'ils véhiculent, est indépendante de l'intensité de la lumière ; en d'autres termes, elle est indépendante du fait qu'une lumière faible ou forte, que beaucoup ou peu d'énergie, ait atteint la plaque ; elle est uniquement déterminée par le nombre des oscillations de la lumière, par sa fréquence. Par contre, l'intensité de la lumière influe sur le nombre des particules arrachées. Autrement dit : l'intensité ne semble pas déterminer la force de l'impact exercé en un endroit donné de la plaque, mais le nombre d'impacts discrets subis par la plaque, et donc le nombre de particules du rayon lumineux qui exercent ces impacts ; tandis que l'énergie cinétique véhiculée par une telle particule individuelle semble être indépendante de l'intensité de la lumière et déterminée par la fréquence de celle-ci. L'expérience contraint donc à une interprétation corpusculaire de la propagation de la lumière.

Ces expériences permettent de distinguer des corpuscules discrets dans la propagation d'une onde, et mettent en évidence le caractère ondulatoire de processus qui apparaissent d'abord comme corpusculaires ; la mécanique quantique rend compte de telles expériences en postulant que tout processus atomique doit *aussi* pouvoir être représenté dans l'image[1] ondulatoire, et que tout processus ondulatoire doit *aussi* pouvoir être représenté de manière corpusculaire. Cependant, ces deux images sont antagonistes, et il est impossible qu'un seul et même processus possède en même temps tous les attributs de la propagation d'une onde et toutes les caractéristiques d'un mouvement corpusculaire – sans quoi il devrait par exemple à la fois s'étendre dans l'espace tout entier et être circonscrit en des lieux discrets déterminés de l'espace ; pour toutes ces raisons, les deux images ne peuvent être compatibles que dans la mesure où chacune d'entre elles impose des bornes à l'applicabilité de l'autre. Un processus qui présente les caractéristiques des deux images ne peut être ni un mouvement ondulatoire, ni un faisceau de corpuscules ; il ne peut que se comporter, d'un certain point de vue comme une onde, d'un autre comme un mouvement de corpuscules.

Heisenberg a réussi à formuler mathématiquement cette idée, et à calculer exactement, à travers les relations d'indétermination si souvent citées, les bornes que les images ondulatoire et corpusculaire, appliquées au même processus physique, s'imposent mutuellement. La plus célèbre de celles-ci interdit, en ce qui concerne l'application de l'image corpusculaire, la détermination précise et simultanée de la position et de l'impulsion des particules : si Δq est la précision avec laquelle est fixée la position, par exemple d'un électron, et si Δp est la précision de la détermination de son impulsion, alors on a la relation : $\Delta q . \Delta p \geq h$, où h est la constante de Planck. Dans l'image ondulatoire, des bornes semblables valent pour la détermination simultanée de l'intensité des champs électrique et magnétique. De façon analogue, à l'intérieur de chaque image, d'autres relations d'indétermination corrèlent chaque fois respectivement deux éléments de détermination, de telle sorte que la mesure de l'un impose des bornes à la précision de la mesure de l'autre, voire, dans les cas limites, supprime la possibilité d'une telle mesure.

Contrairement à la théorie classique, le formalisme de la mécanique quantique exclut donc que les différentes grandeurs physiques d'un seul et même système physique soient fixées indépendamment les unes des autres et avec une précision quelconque ; la détermination de l'une

1. [Nous traduisons systématiquement *Bild* par 'image', bien que le terme allemand signifie plutôt 'représentation', afin de le différencier de deux autres termes employés par Grete Hermann, *Vorstellung* (représentation) et *Modell* (modèle). N. d. T.].

restreint la possibilité de la détermination précise de l'autre, et la supprime tout simplement dans les cas limites. En d'autres termes : la détermination d'une grandeur entraîne un énoncé sur une autre ; non pas, certes, un énoncé sur sa valeur, mais sur les limites dans lesquelles cette valeur peut encore être déterminée. L'indépendance de la mesurabilité des deux grandeurs, qui caractérise la théorie classique, est donc perturbée. Tandis que, classiquement, l'état d'un système peut être décrit par la simple énumération des valeurs de toutes les grandeurs physiques mises en jeu, le formalisme de la mécanique quantique a besoin, pour décrire cet état, de nouveaux symboles qui expriment la dépendance réciproque de la possibilité de déterminer ces différentes grandeurs.

Ces symboles – les fonctions d'onde des systèmes physiques – et le formalisme mathématique qui fournit les règles de calcul valides de leur liaison, sont, d'après le *principe de correspondance* de Bohr, étroitement corrélés à la théorie classique. La description classique est compatible avec celle de la mécanique quantique, tant que ses grandeurs restent suffisamment indéterminées pour que les relations d'indétermination soient satisfaites. Toutes les prédictions qui se laissent classiquement déduire de telles descriptions classiques sont conservées dans la mécanique quantique ; réciproquement, toute prédiction issue du formalisme de la mécanique quantique se laisse interpréter au moyen des concepts classiques qui interviennent dans les images ondulatoire et corpusculaire, concepts dont l'application rencontre des bornes exprimées dans les relations d'indétermination. Par cette correspondance, le formalisme quantique tire sa légitimité du fait qu'il est le prolongement – donné par la nature et rendu nécessaire par la dualité des descriptions ondulatoire et corpusculaire – de la théorie classique.

Cette correspondance a une autre conséquence : le formalisme de la mécanique quantique ne permet pas de déterminer à l'avance le résultat d'une mesure avec une précision quelconque ; il livre seulement, selon la fonction d'onde par laquelle le système physique a été caractérisé avant la mesure, des énoncés probabilistes d'une portée plus ou moins grande ; car, précisément en raison du principe de correspondance, on ne peut déduire davantage que ce qui se laisse classiquement déduire des processus en termes d'images ondulatoire ou corpusculaire. Mais puisque des bornes sont imposées à l'applicabilité de ces deux images, les prédictions qui en sont déduites sont elles aussi nécessairement bornées ; elles laissent le résultat indéterminé à l'intérieur d'un intervalle qui correspond à leur propre indétermination.

Ce qui s'exprime, dans le formalisme de la mécanique quantique, par la mise en correspondance des symboles qui lui sont propres avec les données de l'observation, au moyen d'énoncés probabilistes : quel que soit le point de l'espace[1], la valeur de la fonction d'onde de Schrödinger détermine la probabilité pour qu'un corpuscule puisse être trouvé en ce point. Pour toute autre grandeur physique que celle de la position, la fonction de Schrödinger peut être convertie, par une transformation appropriée, en une autre fonction, dont la valeur permet de déterminer la probabilité pour qu'une mesure de cette grandeur fournisse une valeur déterminée.

§ 3. Relations d'indétermination et prévisibilité par le calcul

Jusqu'où sommes-nous parvenus dans l'exploration du formalisme de la mécanique quantique ? Nous avons cherché en lui les raisons qui justifient la thèse selon laquelle *des bornes par principe infranchissables* sont imposées à la prévision du futur par le calcul. Nous avons démontré *que ce formalisme lui-même* n'est le support que *de prédictions bornées* ; qu'en général, il ne répond à la question de savoir quel sera le résultat d'une observation future que par des énoncés probabilistes, mais n'indique pas de manière certaine ce résultat. Le problème qu'on s'était posé n'est pas résolu par cette démonstration : celle-ci ne garantit ni ne réfute le caractère infranchissable des bornes mises en évidence. Même si – comme nous le présupposons ici – le formalisme continue à l'avenir, comme il l'a fait jusqu'à présent, à faire ses preuves, qu'est-ce qui nous empêche de supposer que le schéma formel dont nous disposons actuellement, associé à une extension de la connaissance physique porteuse de nouvelles formules et règles, rendra à nouveau possibles des prédictions précises ?

De la réponse à cette question dépend ici tout le reste. Non parce que la recherche d'un tel complément présenterait un intérêt physique – le fait que le matériel empirique dont nous disposons ne présente pas le moindre point à partir duquel une telle extension pourrait être envisagée montre, du moins provisoirement, que toute tentative pour faire progresser la physique à l'aide de telles hypothèses restera stérile. Mais c'est néanmoins seulement en partant de la structure du forma-

1. Si $\varphi(x, y, z)$ est la fonction d'onde correctement normée d'un électron, alors $|\varphi(x, y, z)|^2 \Delta x \Delta y \Delta z$ est la probabilité de trouver l'électron dans l'intervalle $\Delta x \Delta y \Delta z$.

lisme que l'on parvient à comprendre la nouvelle situation philosophique mise en évidence par la mécanique quantique – situation qui se signale justement par la thèse de bornes imposées par principe à toute prévision possible – en répertoriant complètement les raisons de cette affirmation et en estimant sa portée.

Pour ce faire, il est d'abord naturel de se focaliser sur les parties du formalisme en lesquelles les bornes imposées se manifestent – c'est-à-dire les relations d'indétermination et l'interprétation probabiliste des fonctions de Schrödinger qui repose sur ces relations – et d'examiner si elles ne prouvent pas déjà d'avantage que le simple caractère borné des prédictions portant sur le futur.

Les relations d'indétermination semblent effectivement en dire plus. Si la position et l'impulsion d'une particule ne peuvent par principe être mesurées avec une précision quelconque, comment obtenir alors des énoncés certains concernant le mouvement futur, celui-ci étant précisément déterminé par la position et l'impulsion instantanées de l'objet ?

Cependant, cette argumentation repose sur la conception, déjà esquissée, selon laquelle la représentation classique, qui décrivait l'électron comme un corpuscule, reste pleinement valide malgré les relations d'indétermination. D'après cette représentation, l'électron possède à chaque instant une position précise et une impulsion précisément déterminée, qui – sauf perturbations extérieures – fixent son mouvement futur. Dans cette conception, les relations d'indétermination indiquent seulement que *cette cause* du cours futur de l'évolution physique est malheureusement à jamais soustraite au regard inquisiteur du physicien. Ces relations sont donc seulement interprétées de manière subjective, et ne semblent rien affirmer de la nature des électrons et des autres systèmes physiques.

Mais cette interprétation subjective est incompatible avec la déduction des relations d'indétermination à partir de la dualité des représentations ondulatoire et corpusculaire : que tout processus atomique soit *également* subordonné aux caractéristiques de l'image ondulatoire, ce n'est possible qu'en raison de l'applicabilité bornée de l'image corpusculaire, c'est-à-dire du fait que toutes les caractéristiques des masses ponctuelles en mouvement – au sens classique – ne peuvent être en même temps des propriétés de l'électron 'en vol'. Ce sont les relations d'indétermination qui montrent où s'arrête l'applicabilité de la théorie corpusculaire ; ainsi, elles affirment que quelque chose comme une position précisément déterminée et une impulsion précisément déterminée ne peuvent simultanément appartenir à un électron. Selon une formule de Heisenberg : tout usage des termes de 'position' ou de 'vitesse' qui outrepasse les relations d'indétermination « est aussi vide de sens que l'emploi de termes dont le sens n'a pas été défini »[1].

Nous laissons pour l'instant encore ouverte la question de savoir ce qui est *positivement* affirmé ici de la nature de l'électron, c'est-à-dire si et comment on peut se représenter un électron qui n'a par exemple pas de position précise. La seule certitude jusqu'ici : l'hypothèse selon laquelle un électron possède simultanément des déterminations précises de position et d'impulsion, même inaccessibles à l'observation, contredit les expériences de dualité.

Mais si, comme l'affirment ces arguments, l'électron n'a pas simultanément de position et d'impulsion précises, comment sa position précise et son impulsion précise peuvent-elles être déterminantes pour son mouvement ultérieur ? Si cette hypothèse – selon laquelle la position précise et l'impulsion précise d'un électron à un instant donné déterminent son mouvement ultérieur – est mise en échec, surgit alors une question : peut-on trouver d'autres caractéristiques dont dépend le processus du mouvement et grâce auxquelles celui-ci pourrait être prévu par le calcul ? Le formalisme de la mécanique quantique ne connaît pas de caractéristiques permettant un tel calcul. Mais de quel droit anticipe-t-il sur les recherches futures, et déclare-t-il à l'avance vaine la tentative qui recherche de telles caractéristiques ?

L'urgence qu'il y a à répondre à ces questions ressort encore plus nettement quand on considère le raisonnement général sur lequel elles reposent. Il s'agit de l'argument suivant : étant donné le caractère inachevé de l'expérience, l'éventualité de trouver la cause explicative d'un processus naturel jusque-là non expliqué ne disparaît jamais totalement. Car tant que toutes les caractéristiques susceptibles d'être découvertes n'ont pas été examinées sous l'angle de leur aptitude à déterminer le processus en question, on ne peut exclure que cet examen attentif des caractéristiques physiques soit un jour couronné de succès. Or, il est impossible d'obtenir une vue d'ensemble de toutes les caractéristiques naturelles susceptibles d'être découvertes. Et par conséquent, celui qui, malgré cela, déclare dans un tel cas par principe stérile la recherche ultérieure de causes explicatives, se voit confronté à la tâche difficile de démontrer, indépendamment des doctrines futures de l'expérience, l'impossibilité de telles caractéristiques explicatives. La mise en évidence, par les relations d'indétermination, du

1. W. Heisenberg, *op. cit.*, p. 11.

fait que la position et l'impulsion d'un électron ne déterminent pas complètement son mouvement ultérieur, ne saurait suffire aux exigences de cette démonstration.

§ 4. L'échec des arguments statistiques[1]

C'est exactement sur ce même point qu'échoue une autre argumentation, souvent invoquée ; celle-ci cherche à prouver qu'est par principe vouée à l'échec la tentative pour parvenir à prévoir le futur avec une précision quelconque. (Cette argumentation utilise en fait, en plus des relations d'indétermination et du schéma du formalisme qui repose sur ces dernières, d'autres résultats physiques ; elle ne peut donc servir, ne serait-ce que pour cette raison, à éclairer les conséquences, pour la philosophie de la nature, des expériences de dualité et des relations d'indétermination).

Pour des systèmes physiques constitués de tout un ensemble de particules, certaines expériences physiques nous contraignent à admettre, selon le type de particules considérées, des fonctions d'onde soit symétriques, soit antisymétriques ; symétriques pour les systèmes de quanta de lumière, antisymétriques pour les systèmes d'électrons. Ce sont les expériences qui aboutissent au principe d'exclusion de Pauli (selon lequel dans un atome, les nombres quantiques de deux électrons ne peuvent jamais tous coïncider), et celles qui ont guidé Planck dans le calcul de sa loi du rayonnement (qui, pour les corps noirs, présente la faculté d'émettre de la lumière comme une fonction de la température absolue du corps et de la longueur d'onde de la lumière émise).

Par conséquent, pour des systèmes d'électrons ou de quanta de lumière, seules sont admises celles des fonctions d'onde qui restent inchangées (hormis, éventuellement, un facteur - 1, indifférent pour la caractérisation de l'état physique d'un système) après interversion de deux de leurs éléments. En d'autres termes : l'état d'un tel système n'est pas modifié quand les états de deux électrons ou de deux quanta de lumière sont intervertis. Ce qui veut dire que ces corpuscules sont indiscernables les uns des autres, qu'il n'y a pas de sens, au sein de ce système, à les traiter comme des individus dont on pourrait suivre, à partir de propriétés quelles qu'elles soient, le destin singulier de n'importe lequel d'entre eux et que l'on pourrait toujours identifier dans cet ensemble de particules. Mathématiquement, ce défaut d'individualité s'exprime ostensiblement dans les lois statistiques qui sont

1. Ce paragraphe, de même que les passages qui sont imprimés plus loin en petits caractères, présentent des débats contenant des argumentations physiques difficiles. Ces développements ne sont pas indispensables à la compréhension des réflexions ultérieures. [Pour quelques explications sur cette section, voir la note 1, p. 33, de la présentation introductive. N. d. T.].

déterminantes pour la probabilité des états de tels systèmes : le formalisme applique la statistique de Einstein-Bose aux systèmes de quanta lumineux, la statistique de Fermi aux systèmes d'électrons. Leur point commun : dans le dénombrement des cas possibles, toutes deux considèrent comme des cas identiques (et non comme des cas distincts) les différentes possibilités qui, formellement, résultent de la permutation des particules à partir d'un état quelconque du système.

Or, si, en ce sens, les particules de tels systèmes ne possèdent pas d'individualité, alors elles ne peuvent manifestement pas non plus présenter des caractéristiques – ayant jusqu'à présent échappé aux recherches – susceptibles de déterminer ces particules plus précisément que ne le permet déjà le formalisme quantique. Car de telles caractéristiques fourniraient immédiatement la possibilité de distinguer les particules les unes des autres et de suivre, au sein du système, les changements d'état de n'importe laquelle d'entre elles. Etant données les expériences faites jusqu'à présent, l'espoir s'est donc avéré irréalisable de parvenir à prévoir exactement par le calcul, grâce à la découverte de telles caractéristiques, le résultat de mesures futures opérées sur les électrons ou sur les quanta de lumière intervenant dans de tels systèmes.

Cet argument est certes juste ; pourtant, considéré de plus près, il ne contredit pas la possibilité de prédire les résultats de mesure, toujours imprévisibles par le calcul à l'heure actuelle, à partir de caractéristiques nouvellement découvertes. Tout ce que l'on a prouvé, c'est que des systèmes d'électrons et de quanta lumineux ne doivent pas être interprétés comme des ensembles de corpuscules au sens strict du terme, puisque leurs prétendus éléments ne sont pas des individus discernables les uns des autres. Même si un tel système a été engendré à partir d'ensembles d'électrons ou de quanta lumineux, ou si, à l'occasion d'expériences futures, on parvient à isoler de telles particules du système, ce dernier ne pourra manifestement pas être interprété comme une juxtaposition de particules indépendantes et discernables. Ainsi, l'effet photoélectrique montre, par exemple, comment des quanta lumineux singuliers deviennent efficaces lorsque la lumière ultraviolette rencontre une plaque métallique. Pourtant, la décomposition qui est conforme à la nature du rayon lumineux n'est pas une décomposition en corpuscules individuels, mais en composantes monochromatiques. L'intensité d'une composante représente certes le nombre de quanta lumineux correspondant à cette longueur d'onde ; mais l'on ne peut suivre pour autant, à l'intérieur d'une telle composante, le destin individuel des corpuscules singuliers.

Il s'ensuit que des observations futures de quanta lumineux ou d'électrons – extraits de tels systèmes grâce à une quelconque expérience, et dont le destin ultérieur ne semble pas pouvoir être exactement prédit – ne pourront certainement pas être prévues par le calcul à partir de caractéristiques, encore inconnues aujourd'hui, *de ces particules* ; or, il en est ainsi uniquement parce que le rayon n'est pas, à proprement parler, un système de particules individuelles. Mais s'il ne l'est pas, on ne peut pas non plus conclure, à partir du défaut de caractéristiques supplémentaires distinguant entre elles les particules, que leurs différents destins ultérieurs auraient été par principe impossibles à prévoir par le calcul. La décomposition du faisceau en un système de quanta lumineux ou d'électrons s'est avérée n'être qu'une analogie dont l'applicabilité rencontre des bornes ; à l'heure actuelle, une telle analogie n'autorise pas à identifier, au sein du système, l'une quelconque de ces particules, laquelle sera éventuellement, dans l'avenir, isolée du reste du système. Pourtant on peut se demander – toujours en raison du caractère inachevé de l'expérience – si certaines propriétés, inconnues jusqu'ici, du système dans sa totalité, ne pourraient s'avérer déterminantes pour ce qui arrivera ultérieurement à tel quantum lumineux ou à tel électron isolés. Par quoi la possibilité de découvrir de telles caractéristiques serait-elle exclue ? Convoquer le caractère spécifique des schémas formels statistiques ne répond pas à cette question.

§ 5. *L'interprétation probabiliste des fonctions d'onde*[1]

Les exposés de cet autre point qu'est l'interprétation probabiliste de la fonction d'onde amènent à des considérations semblables : soit $\varphi(x, y, z)$, la fonction d'onde d'un électron ; φ n'attribue pas de position précise à cet électron, mais fixe seulement un intervalle dans lequel il sera trouvé lors d'une mesure de position. La valeur de la fonction en un point de cet intervalle détermine la probabilité de trouver l'électron justement en ce point.

Or, un tel énoncé probabiliste est toujours un énoncé portant sur tout un *ensemble* de systèmes physiques. Il affirme que pour un grand nombre de systèmes dont l'état est en permanence caractérisé par la même fonction d'onde, les résultats des mesures précises de position se répartissent, conformément aux proportions fournies par les indications probabilistes, dans l'intervalle des positions considéré. Ces mesures livrent alors, pour les éléments de cet ensemble, des résultats *différents* ; autrement dit : cet ensemble de systèmes physiques présente, quant aux mesures de position, une 'dispersion' dont la fonction d'onde délimite l'extension.

Admettons que, conformément à ce qui précède, l'on conçoive l'interprétation probabiliste de la fonction d'onde comme suit : *chaque* ensemble de systèmes physiques se trouvant dans l'état φ présente, lors de mesures de position, une dispersion conforme à cette fonction ; alors, est à vrai dire exclue la possibilité de prévoir exactement par le

1. Voir la note 2, p. 33, de la section IV de la présentation introductive.

calcul le résultat d'une mesure de position. Car si, pour un système donné, on pouvait savoir à l'avance, sur la base de caractéristiques quelconques, à quel résultat conduirait une mesure de position, alors un ensemble se composant de systèmes dont les fonctions d'onde et les caractéristiques précédentes coïncident, devrait, pour chaque mesure de position, toujours présenter le même résultat ; contrairement aux prescriptions de la fonction d'onde, elle serait exempte de dispersion eu égard à ces mesures.

Quelle étrange démonstration ! Admettons que nous ayons étudié un ensemble d'électrons ayant tous la même fonction d'onde. Des mesures de position, réalisées pour chaque élément de cet ensemble, ont conduit à une distribution spatiale conforme à cette fonction d'onde. A l'époque de la physique classique, ce résultat aurait été l'occasion de stipuler que les électrons de cet ensemble, malgré la coïncidence de leur fonction d'onde, n'étaient, avant la mesure, qu'en apparence dans le même état. Le physicien aurait tenté de trouver de nouvelles caractéristiques, ayant échappé jusqu'ici aux recherches, de ces électrons *avant* la mesure, permettant de les distinguer, et fournissant des points de repère pour prévoir par le calcul les différents résultats des mesures. Sur quelles expériences s'appuie la mécanique quantique pour renoncer d'emblée à cette tentative sans même essayer de la réaliser ?

L'interprétation probabiliste de la fonction d'onde, qui commande apparemment ce renoncement, est l'expression de la correspondance entre les énoncés de la mécanique quantique et ceux, classiques, que permettent les relations d'indétermination. Comme seules les représentations classiques des images ondulatoire et corpusculaire servent d'intermédiaire entre la fonction d'onde et son application aux données de l'expérience, seules les prédictions susceptibles d'être obtenues à partir de ces images – compte tenu de l'applicabilité bornée de ces dernières – peuvent être déduites de l'interprétation d'une fonction d'onde. La fonction d'onde d'un électron ne permet pas d'en dire plus à propos du résultat de la mesure de sa position que ce que l'on saurait d'elle si l'on avait affaire à un corpuscule au sens strict du terme, mais dont la position ne serait qu'incomplètement connue : on peut seulement indiquer avec certitude un intervalle dans lequel sera trouvé l'électron ; mais pour répondre à la question de savoir *où* précisément il se trouve dans cet intervalle, on dispose seulement d'énoncés probabilistes. Autrement dit : pour un grand ensemble de tels corpuscules – qui, quant à leur position, sont soumis *à la condition, et à cette condition seulement*, de rester localisés dans l'intervalle en question – on doit, sur tout cet intervalle, compter sur une distribution conforme à ces énoncés probabilistes. Par contre, on ne doit plus s'attendre à la même distribution dans le cas d'un ensemble soumis par ailleurs à d'autres conditions que celle-ci – par exemple à la condition selon laquelle les éléments de cet ensemble appartiennent à l'intervalle spatial prescrit après avoir, peu de temps auparavant, traversé une fente étroite.

Conséquences pour l'interprétation probabiliste de la fonction d'onde : si celle-ci doit être applicable aux faits d'expérience disponibles, elle doit seulement signifier que des mesures de position effectuées sur un grand ensemble de systèmes physiques – ayant été sélectionnés *selon ce critère, et ce critère seulement,* qu'une même fonction d'onde φ leur est attribuée – présenteront la distribution fixée par φ. Or, dans la version précise qui vient d'en être donnée, l'interprétation probabiliste de la fonction d'onde n'exclut plus la possibilité de prédictions parfaitement exactes à propos de tels résultats de mesures. Car ce qu'elle établit porte uniquement sur des ensembles de systèmes physiques qui, dans l'état actuel des recherches, sont déjà accessibles à l'investigation ; elle abandonne à l'expérience future la question de savoir si l'on parviendra à isoler à l'intérieur de ces ensembles, au moyen de caractéristiques quelconques encore inconnues, des sous-ensembles pour lesquels des mesures de position conduiraient à une autre distribution des résultats – à moins qu'une preuve apodictique n'exclue une fois pour toutes la possibilité de découvrir de telles caractéristiques.

§ 6. Que sont les 'observations maximales' ?

Dans sa construction mathématique close du formalisme[1], Dirac a mis un terme à toute tentative visant à découvrir de telles caractéristiques, en ne rapportant ses déterminations quantiques qu'aux dites 'observations maximales'. Il désigne par cette expression des observations ne pouvant être ni étendues ni rendues plus précises sans que l'influence de l'appareil de mesure ne perturbe le système observé, rendant alors caducs les résultats des observations antérieures.

Que des observations puissent ainsi se perturber les unes les autres, c'est une simple conséquence des relations d'indétermination. Ces

1. P. Dirac : *Die prinzipien der Quantenmechanik*, Leipzig, 1930 [traduction française : *Les principes de la mécanique quantique*, voir bibliographie. N. d. T.].

dernières montrent que pour certains couples déterminés de grandeurs physiques, comme par exemple la position et l'impulsion d'un électron, la mesure précise de l'une exclut celle de l'autre. La mesure de telles grandeurs est alors effectuée avec une précision maximale lorsque l'indétermination qui s'attache encore à ces grandeurs après la mesure satisfait tout juste les relations de Heisenberg.

La physique classique comptait par principe sur la possibilité de procéder à des observations absolument précises de toutes les grandeurs physiques ; ainsi, pour de telles grandeurs, on n'atteignait la précision d'observation maximale que lorsque chaque grandeur était univoquement fixée et déterminée quant à sa valeur ; au contraire, inéluctablement, la mécanique quantique détermine des grandeurs en indiquant seulement l'intervalle dans lequel elles sont situées. Il s'agit alors de décider si l'indication de cet intervalle n'est que l'expression d'un défaut de connaissance par rapport à la situation, si donc elle repose sur une certaine insuffisance de l'observation et pourrait être éliminée par des mesures plus précises fournissant des indications plus exactes, ou bien si elle est le résultat d'une observation dont la précision des grandeurs considérées est maximale et si, en tant que telle, elle constitue, d'un point de vue physique, un énoncé significatif ayant trait au système.

Mais en ce dernier sens, c'est seulement *pour un couple de grandeurs physiques* que l'on peut qualifier la caractérisation du système physique de maximale ; autrement dit, la mesure de ces grandeurs atteint la plus grande précision d'observation qu'autorisent les relations d'indétermination ; or, on a affaire à tout autre chose avec l'exigence d'observations maximales dans l'absolu, au sens où l'observation n'est susceptible d'aucune extension sans que ne soit perturbé ce qui a déjà été observé jusqu'à présent, et ne l'est ni par une observation plus précise des grandeurs déjà prises en compte pour la caractérisation du système, ni par la découverte et la mesure de nouvelles grandeurs déterminant de surcroît l'état du système, et ayant échappé jusque-là aux recherches. Or, c'est justement de *cette* exigence dont Dirac a besoin pour rejeter, en faisant appel à l'interprétation probabiliste des fonctions d'onde, toute possibilité de prévoir par le calcul avec une quelconque précision les processus futurs au moyen de caractéristiques physiques nouvellement découvertes. De la première interprétation des observations maximales, la seconde ne se déduit cependant pas immédiatement : certes, la théorie physique doit partir d'observations maximales pour toutes les grandeurs physiques considérées ; mais cette condition posée, il n'est pas exclu que le progrès des recherches permette de découvrir certaines grandeurs physiques nouvelles n'ayant pas jusqu'alors été prises en compte. Si par exemple les valeurs de la position et de l'impulsion d'un système physique sont déterminées de façon maximale comme décrit ici, alors, il est assurément impossible de rendre plus précise la mesure de position sans perturber ce faisant le résultat de la mesure d'impulsion précédente, et réciproquement ; mais les considérations avancées jusqu'ici n'ont pas encore prouvé qu'il est définitivement impossible d'observer de nouvelles caractéristiques propres à ce système tout en conservant la précision attachée aux valeurs de la position et de l'impulsion.

L'exigence formulée par Dirac d'observations maximales contraint à se poser la question de *l'applicabilité* de ce concept : quel critère permet de conclure que les déterminations d'un système physique ne sont pas maximales seulement eu égard aux grandeurs observées – savoir si elles le sont peut être décidé grâce aux relations d'indétermination – mais qu'elles sont absolument maximales, et qu'elles ne peuvent donc pas être étendues au moyen de nouvelles découvertes ? Dirac ne livre pas ce critère.

§ 7. Le cercle de la démonstration de Neumann

Pour démontrer l'impossibilité de principe de telles découvertes susceptibles d'offrir une nouvelle chance de prévoir exactement tous les résultats de mesure, de nombreux efforts ont été fournis. Neumann a particulièrement approfondi cette démonstration dans son développement mathématique du formalisme[1].

Or, ici encore, un examen détaillé montre que cette argumentation, incontestable d'un point de vue mathématique, introduit dans ses prémisses formelles, sans le justifier, un énoncé équivalent à la thèse à démontrer. Celui-ci est contenu dans le schéma suivant : soit un ensemble quelconque de systèmes physiques, soient R et S des grandeurs physiques pouvant être mesurées sur les systèmes de cet ensemble ; on entend par 'valeur attendue' de R (Val(R)) la valeur moyenne des résultats de mesures obtenus lorsque l'on procède à une mesure de R sur tous les systèmes de l'ensemble ; autrement dit, la valeur que l'on s'attend à obtenir en tant que résultat probable d'une mesure de R effectuée sur un élément quelconque, pas davantage caractérisé, de l'ensemble. Pour la fonction 'valeur

1. P. Neumann, *Mathematische Grundlagen der Quantenmechanik*, Berlin, 1930 [traduction française : *Les fondements mathématiques de la mécanique quantique,* voir bibliographie. N. d. T.].

attendue' Val(R), définie à l'aide d'un ensemble de systèmes physiques et qui associe un nombre à toute grandeur physique, Neumann présuppose que Val(R+S) = Val(R) + Val(S). Exprimé verbalement : *la valeur attendue d'une somme de grandeurs physiques est égale à la somme des valeurs attendues des deux grandeurs*. Toute la démonstration de Neumann repose sur ce présupposé et échoue de son fait.

Pour la physique classique, ce présupposé est trivial. Il l'est aussi pour les caractéristiques de la mécanique quantique qui sont susceptibles d'être mesurées sans s'imposer mutuellement des bornes, c'est-à-dire entre lesquelles n'existent pas de relations d'indétermination. Car la valeur de la somme de deux semblables grandeurs n'est rien d'autre que la somme des valeurs de chacune d'entre elles ; d'où il résulte immédiatement que la même relation s'applique aussi aux valeurs moyennes de ces grandeurs. Ce qui ne va cependant pas de soi, c'est la relation qui régit les grandeurs de la mécanique quantique soumises aux relations d'indétermination ; en effet, la somme de deux de ces grandeurs n'est pas du tout immédiatement définie : comme la mesure précise de l'une d'entre elles exclut celle de l'autre, de sorte que ces deux grandeurs ne peuvent simultanément admettre des valeurs précises, la définition habituelle de la somme de deux grandeurs n'est plus valable. Ce n'est qu'en effectuant le détour par certains opérateurs mathématiques associés à ces grandeurs que le formalisme introduit le concept de la somme de telles grandeurs.

Or, pour le concept ainsi déterminé de la somme de deux grandeurs ne pouvant être simultanément mesurées, la formule mentionnée plus haut appelle une démonstration. Neumann la fournit en deux étapes : tout ensemble de systèmes physiques peut être décomposé en des sous-ensembles tels que la fonction d'onde associée à leurs éléments coïncide ; il en résulte d'abord que la formule considérée n'a besoin d'être démontrée que pour les ensembles dont les éléments satisfont la condition d'avoir la même fonction d'onde. Or, pour ces ensembles, Neumann invoque la règle de calcul suivante : parmi les relations du formalisme, on a, pour le symbole (Rφ, φ) qui représente un nombre et qui est interprété comme la valeur attendue de la grandeur R dans l'état φ : ((R+S)φ, φ) = (Rφ, φ) + (Sφ, φ) (R et S désignent les opérateurs mathématiques associés aux grandeurs R et S, φ la fonction d'onde des systèmes considérés). Neumann déduit de cette règle que pour les ensembles de systèmes ayant mêmes fonctions d'onde, et ainsi pour tous les ensembles en général, la formule de sommation relative aux valeurs attendues s'applique également aux grandeurs qui ne sont pas simultanément mesurables.

L'interprétation de l'expression (Rφ, φ) est déterminante pour toute la démonstration. Affirmer qu'elle indique la valeur attendue de la grandeur R pour des systèmes se trouvant dans l'état φ revient pour l'essentiel au même – comme le montre le formalisme – que de soutenir l'interprétation probabiliste des fonctions d'onde. De ce fait, les raisonnements qui sont liés à cette dernière interprétation peuvent être facilement transposés ici : écartons la question de la preuve – qui reste à fournir – selon laquelle il est impossible de trouver de nouveaux éléments déterminants ; dans ce cas, l'expression (Rφ, φ) ne peut désigner la valeur attendue des mesures de R que pour les ensembles de systèmes physiques qui sont soumis à la condition, *et à cette condition seulement*, de se trouver dans l'état φ ; par contre, pour pouvoir rester applicable, cette expression oblige à laisser ouverte la question de savoir si cette valeur attendue est la même pour de tels ensembles et pour tous les sous-ensembles qui en sont isolés au moyen de caractéristiques nouvelles quelconques. Mais si cette question reste ouverte, on ne peut plus déduire de la règle de sommation valant pour (Rφ, φ) que ces sous-ensembles obéissent également à la règle selon laquelle la valeur attendue de la somme de grandeurs physiques est égale à la somme de leurs valeurs attendues. Ainsi échoue une étape indispensable à la démonstration de Neumann. Si, comme Neumann, on ne renonce pas à cette étape, alors l'interprétation admet tacitement une hypothèse non démontrée : il ne peut y avoir, dans les éléments d'un ensemble de systèmes physiques caractérisés par φ, de caractéristiques distinctives dont dépendrait le résultat de la mesure de R. Or, l'impossibilité de telles caractéristiques est précisément la thèse que l'on cherchait à démontrer. Ainsi, la démonstration aboutit à un cercle.

Mais du point de vue du calcul de Neumann, on pourrait répliquer que ce calcul repose sur l'axiome qui met en correspondance biunivoque toutes les grandeurs physiques et certains opérateurs hermitiques[1] d'un espace de Hilbert, et que cette mise en correspondance serait inéluctablement brisée si l'on venait à découvrir des caractéristiques nouvelles supprimant les bornes auxquelles la prévisibilité reste soumise jusqu'à présent. En effet, toute découverte représentable dans le calcul des opérateurs ne déterminerait son objet que par la forme d'une fonction d'onde, laquelle présenterait, pour des grandeurs non simultanément mesurables, le brouillage exigé par les relations d'indétermination, et ne serait applicable qu'en faisant appel à l'interprétation probabiliste.

Mais avec cet argument, la question *physique* déterminante (les progrès des recherches physiques peuvent-ils déboucher sur des prévisions plus précises que celles qui sont aujourd'hui possibles ?), ne peut être métamorphosée en cette autre question *mathématique*, qui ne lui est d'aucune manière équivalente : le résultat d'une telle évolution peut-il être représenté uniquement au moyen du calcul des opérateurs de la mécanique quantique ? Il faudrait une raison physique majeure pour être certain que non seulement les données physiques connues jusqu'à présent, mais aussi tous les résultats susceptibles d'être encore obtenus grâce aux recherches futures, puissent être connectés les uns aux autres conformément aux axiomes de ce formalisme. Mais comment une telle raison pourrait-elle être trouvée ? Que le

1. [On dit aussi 'hermitiens'. N. d. T.].

formalisme ait fait ses preuves jusqu'ici – de sorte qu'on peut légitimement l'assimiler à la description mathématique correcte des rapports naturels connus – ne signifie nullement que les rapports légaux naturels n'ayant pas encore été découverts jusqu'ici devront avoir la même structure mathématique.

§ 8. *La difficulté fondamentale d'une telle démonstration*

Les arguments considérés jusqu'ici, auxquels de nombreux aspects de la mécanique quantique donnent prise, et qui montrent le caractère par principe borné de la possibilité des calculs portant sur le futur, aboutissent certes, d'après ce qui précède, à mettre en évidence d'énormes difficultés : celles-ci font obstacle à la tentative visant à surmonter les bornes considérées de la prévision par le calcul et à s'approcher de manière illimitée de l'idéal de la physique classique, selon lequel on peut prédire exactement les événements futurs à partir de l'état actuel de la nature. Ils montrent, certes, que les représentations intuitives de la physique classique résistent à cette tentative – mais comment trouver un nouveau schéma formel intuitif, qui rende compréhensible la juxtaposition des images corpusculaire et ondulatoire, et qui livre des points de repère pour parvenir à une prévision par le calcul illimitée ? Ils montrent, certes, que le formalisme mathématique de la mécanique quantique n'est d'aucun secours pour cette tentative ; que ce formalisme, pour avoir une chance d'atteindre le but poursuivi, doit plutôt rechercher de nouveaux développements mathématiques – mais qu'est-ce qui pourrait nous indiquer la direction d'une avancée possible ?

En dépit de ces difficultés, les arguments développés jusque-là ne montrent pas ce qu'ils prétendent démontrer : le caractère *par principe* infranchissable des bornes prescrites jusqu'à présent. Au contraire : l'examen de ces bornes a nettement mis en évidence la témérité de cette prétention et les difficultés profondes de la démonstration à fournir. Ces difficultés semblent à leur tour insurmontables.

Quelle est la situation ?

Pour tout état d'un système physique caractérisé par la mécanique quantique, il existe certaines mesures dont le résultat ne peut être prédit à partir de la connaissance de cet état ; de telles mesures indiquent tantôt un résultat, tantôt un autre.

La voie dans laquelle on s'engage d'ordinaire face à une telle situation – rechercher de nouvelles caractéristiques, améliorer grâce à celles-ci la détermination de l'état des systèmes physiques, et trouver la raison pour laquelle les résultats de mesure présentent des différences

– cette voie est apparemment ici sans issue. Mais pourquoi ? Quand on tente de déterminer si et comment cette voie rend à nouveau possibles des prévisions exactes, on n'a pas affaire à l'un de ces pseudo-problèmes pour lesquels un examen plus détaillé révèle que, quelle que soit la réponse apportée, on ne peut absolument pas envisager un contrôle empirique de son exactitude ou de sa fausseté. Ici, les choses se présentent différemment : la recherche de caractéristiques nouvelles, propres aux systèmes physiques, dont dépendent les variations du comportement de ces systèmes pour n'importe quelle expérience de mesure, est soumise aux exigences de la vérifiabilité physique : celui qui prétend connaître de telles caractéristiques devrait pouvoir faire faire ses preuves à la prétention de droit que recèle son affirmation, en déduisant à partir d'elle des prédictions justes concernant les résultats de mesures. Des méthodes scientifiques, physiques, livrent ainsi le critère de la recevabilité de sa réponse.

Nier absolument, malgré cette possibilité de contrôle qui permet de se protéger contre la simple fantasmagorie, que toutes les caractéristiques considérées puissent exister, c'est se heurter, comme il est apparu dans tous les arguments examinés jusqu'ici, à la proposition selon laquelle l'expérience reste toujours inachevée. Le seul critère pour affirmer avoir appréhendé toutes les caractéristiques et circonstances essentielles d'un domaine de la nature, c'est de parvenir à comprendre, grâce à la connaissance acquise de la nature, le caractère légal [*Gesetzmäßigkeit*] des processus qui s'y déroulent. Mais savoir si l'on est effectivement parvenu à la connaissance des rapports légaux naturels ne peut être tranché que si l'on est capable de déduire, à partir de ces rapports, des prédictions qui font empiriquement leurs preuves.

Ainsi, il ne peut y avoir qu'une seule raison suffisante d'abandonner la recherche des causes qui gouvernent les processus observés en affirmant qu'elle est par principe stérile : *déjà connaître ces causes.*

En ce qui concerne la thèse selon laquelle la prévision des résultats de mesure est soumise à des bornes définitives, la mécanique quantique est donc confrontée au dilemme suivant : soit elle nomme elle-même les causes qui déterminent complètement ces résultats de mesure – mais dans ce cas, au nom de quoi interdit-elle alors au chercheur de déterminer ces causes une par une, et de prévoir par le calcul, à partir d'elles, le résultat de la mesure ? Soit elle ne nomme pas ces causes – mais dans ce cas, au nom de quoi exclut-elle alors, sans anticiper arbitrairement l'exploration de domaines encore inconnus de la nature, la possibilité que de telles causes soient découvertes dans le futur ?

§ 9. La solution : le caractère relatif de la mécanique quantique

Le formalisme de la mécanique quantique offre une issue à ce dilemme. L'exploit décisif de cette théorie grandiose est d'être parvenue à ce résultat, et c'est en même temps grâce à une telle démarche que la construction de cet édifice a acquis sa grande valeur pour la philosophie de la nature.

La direction à prendre pour trouver une solution à ces difficultés est indiquée par le principe de correspondance de Bohr. Dans le domaine d'application des concepts classiques autorisé par la mécanique quantique, ce principe permet et exige que les schémas formels de la mécanique quantique se fondent eux aussi sur les conclusions qui découlent classiquement de la caractérisation des circonstances données.

Les considérations conformes à la correspondance fournissent, dans les cas de processus que la mécanique quantique ne permet pas de prévoir par le calcul, des renseignements précis sur l'engendrement de ces procesus, ainsi que sur les éléments physiques déterminants dont dépendent toutes leurs caractéristiques essentielles. Ce sont les cas dans lesquels un tel processus intervient en tant que maillon d'une procédure de mesure ; il sert alors, entre autres, à mettre en rapport l'objet observé avec l'instrument de mesure, de sorte que la grandeur de l'objet à mesurer peut être déterminée à partir de l'état de l'instrument après la mesure.

Considérons le cas simple dans lequel l'instrument de mesure indique, par la position d'une aiguille, le résultat de la mesure : une intensité de champ électrique ou magnétique, le poids d'un corps ou quoi que ce soit d'autre ; alors, pour passer de la lecture de cette position de l'aiguille au schéma formel de la mécanique quantique, pour rendre compte de l'état du système physique observé, on a besoin d'une théorie de l'interaction entre ce système et l'instrument de mesure. Cette théorie, qui seule rend possible le schéma formel de la mécanique quantique, repose uniquement sur les concepts classiques ; elle montre, à l'aide de ceux-ci, que (et en quoi) l'état de l'objet qui subit la mesure conditionne la déviation de l'aiguille, laquelle fournit de ce fait des points de repère pour la détermination de cet état. L'utilisation de tout instrument électrique, optique, de toute balance, repose donc sur une déduction à rebours [*Rückschluß*] qui remonte de l'instrument à l'objet de la mesure, et qui explique la déviation de l'instrument de mesure comme l'effet nécessaire imposé à l'instrument par le système mesuré lors du processus de mesure.

Dans le cas d'une mesure dont le résultat n'était pas prévisible par la mécanique quantique, on peut manifestement appliquer le même raisonnement à la position de l'aiguille de l'instrument de mesure sur lequel on enregistre le résultat de la mesure. Or, pour ce processus qui n'était pas prévisible par le calcul – l'avènement de *cette* position de l'aiguille – l'interprétation du processus de mesure indique elle-même, comme nous l'avons vu, les raisons pour lesquelles cet événement a eu lieu. Par conséquent, il n'y aurait pas de sens à vouloir chercher la cause de sa production dans des caractéristiques physiques nouvelles ayant jusqu'alors échappé aux recherches. *La théorie de la mesure dispose déjà des raisons explicatives suffisantes.*

Pour l'état du système mesuré lui-même, les choses ne se présentent manifestement pas autrement. Car il est bien contingent pour le déroulement d'un processus naturel qu'il attire l'intérêt du physicien au point de devenir lui-même l'objet de ses mesures et de ses investigations, ou qu'il n'intéresse le chercheur qu'en tant que moyen pour la mesure d'autres processus. Aucun processus naturel n'exclut fondamentalement d'être considéré, sous n'importe quel rapport, comme partie d'une procédure de mesure, et d'être interprété comme tel. Les considérations causales classiques qui, lors de l'interprétation du résultat de mesure relevé, mènent de l'instrument de mesure au système observé, ne doivent donc pas s'arrêter là ; car il est toujours possible que ce système serve à son tour d'instrument de mesure par rapport à n'importe quel autre système avec lequel il s'est trouvé en interaction. Si par exemple un choc élastique a eu lieu entre deux corps, la mesure de la variation d'impulsion subie par l'un suffit alors à déterminer celle de l'autre. Lorsque l'on effectue une mesure sur l'un d'entre eux, celui-ci peut donc être considéré d'une part comme l'objet de cette mesure, d'autre part comme l'instrument de mesure servant à déterminer l'autre ; c'est pour rendre compte de l'avènement de *ce* changement d'impulsion que l'on fait appel aux explications de la théorie classique du choc élastique ; et c'est précisément à partir de cet appel à la théorie classique qu'on démontre l'absurdité de la tentative d'expliquer ce processus en invoquant des caractéristiques nouvelles restant à découvrir.

La possibilité de trouver de nouvelles caractéristiques déterminant le résultat d'une mesure de façon stricte, est par conséquent, même en considérant le caractère inachevé de l'expérience, effectivement exclue de la mécanique quantique, pour cette unique raison qui suffit comme preuve : *les caractéristiques qui déterminent le résultat de la mesure sont déjà nommées par la mécanique quantique elle-même.*

A première vue, cette solution produit un effet très déconcertant. Si la mécanique quantique sait expliquer complètement le résultat de la mesure après son obtention, comment est-il alors possible qu'elle n'offre aucun moyen de le calculer à l'avance à partir des raisons explicatives mises en évidence après coup ? Mais il y a plus : si les causes de l'avènement d'un résultat de mesure imprévisible deviennent accessibles par l'application de lois *classiques*, ne retombe-t-on pas alors dans l'erreur dénoncée qui consiste à considérer les relations d'indétermination comme l'expression d'une insuffisance seulement subjective de notre connaissance de la nature, et à escompter au fond que le système physique lui-même – bien que provisoirement inconnaissable pour le physicien qui observe – soit exactement déterminé quant à toutes ses grandeurs physiques ?

La solution à ces difficultés, si elle existe, doit se laisser tirer des réflexions qui démontrent l'impossibilité de franchir les bornes du formalisme de la mécanique quantique. Ces réflexions découlent des conséquences qui – toujours en vertu du principe de correspondance – résultent des relations d'indétermination : les prévisions auxquelles on accède à partir de la caractérisation quantique d'un système ne peuvent jamais dépasser celles qui sont dérivables des représentations classiques dont l'application rencontre des bornes. C'est pourquoi lorsque l'on explique à rebours, après la lecture du résultat de la mesure, la position de l'aiguille grâce à une théorie du processus de mesure, celle-ci ramène le processus de mesure à des états de l'objet mesuré et de l'instrument de mesure qui n'étaient pas contenus dans la description antérieure de ces systèmes et qui ne pouvaient d'ailleurs pas y être contenus. En mécanique quantique, la description de ces systèmes n'est de ce fait pas univoque. Le processus de mesure engendre, par l'interaction entre l'objet et l'instrument de mesure, un nouveau rapport pour l'observation physique, dans lequel les deux systèmes se présentent à l'observateur d'une manière nouvelle, qui n'était pas univoquement prévisible à partir de la précédente.

C'est en cela que réside la solution de l'énigme : la description de la mécanique quantique, par laquelle un physicien détermine son système au moyen de n'importe quelle observation, ne caractérise pas complètement et absolument ce système ; elle ne montre au contraire pour ainsi dire qu'un de ses aspect, précisément l'aspect qui se présente au chercheur du fait de l'observation qu'il a mise en œuvre. Sous l'angle de cette situation d'observation, relativement à elle, certaines grandeurs physiques du système n'ont pas de valeurs précises ; il n'y a donc pas non plus, relativement à elles, de caractéristiques de ce système qui permettraient de lire le résultat d'une mesure précise de ces grandeurs. Or, si l'on effectue une telle mesure, celle-ci perturbe nécessairement le système et le met dans un autre état : on obtient alors, pour ce nouvel état, non seulement une description quantique qui attribue à cette grandeur une valeur précise, mais on peut de plus, pour le rapport qui caractérise cette description, trouver des raisons [pour rendre compte] du fait que c'est précisément cette valeur antérieurement imprévisible qui devait advenir lors de cette mesure. Ces raisons ne pouvaient pourtant pas servir à prévoir ce résultat : car elles aussi ne déterminent le système – justement comme la description donnée avant la mesure – que de façon relative : à savoir, relativement à l'observation à laquelle on a seulement procédé lors de la mesure elle-même. Elles n'étaient donc accessibles au physicien qu'après cette observation, et ne pouvaient de ce fait lui permettre de calculer à l'avance le résultat recherché.

§ 10. Discussion d'un exemple

C'est dans ce caractère relatif du mode quantique de description des phénomènes que réside la nouveauté et le caractère stupéfiant, pour la philosophie de la nature, de ce qui a été introduit ici dans les considérations sur la nature. On peut saisir de la façon la plus prégnante en quoi consiste ce caractère relatif, à l'aide d'une expérience de pensée conçue par un élève de Heisenberg[1].

Soit un électron contenu dans un plan, mais dont la position exacte à l'intérieur de ce plan reste indéterminée. En vertu des relations d'indétermination, seule peut être donnée celle des composantes de l'impulsion de l'électron qui appartient à ce plan ; par contre, dans la direction perpendiculaire à ce dernier, l'impulsion demeure indéterminée.

Procédons maintenant à une mesure de la position de cet électron, c'est-à-dire déterminons sa position dans ce plan. La mesure s'effectue en éclairant l'électron : la lumière déviée par l'électron passe à travers un microscope et est finalement reçue sur une plaque photographique.

Pour raisonner à partir de conditions simples, supposons que l'intensité de la lumière utilisée lors de cette expérience soit atténuée à

1. C. F. von Weizsäcker, 'Ortsbestimmung eines Elektrons durch ein Mikroskop' [Détermination de la position d'un électron par un microscope. N. d. T.], *Zeitschrift für Physik*, tome 70, fascicules 1 et 2, Berlin, 1931.

un point tel qu'un seul quantum de lumière participe à l'ensemble du processus. La dualité des images ondulatoire et corpusculaire, appliquée à la lumière qui rencontre l'électron, amène à considérer le quantum de lumière d'une part comme un corpuscule qui se heurte à l'électron conformément aux lois classiques du choc élastique, d'autre part comme une onde qui, déviée par l'électron, pénètre dans le microscope et se propage à travers les lentilles selon les lois classiques de l'optique.

Pour le choc entre le quantum de lumière et l'électron, la loi de la conservation de la quantité de mouvement est valable : les deux [systèmes] sont déviés lors du choc ; la variation respective de leur impulsion est égale mais de signe opposé.

Pour obtenir une image nette de l'électron, plaçons la plaque photographique dans le plan de l'image du microscope qui correspond au plan objet ; autrement dit, dans le plan au niveau duquel tous les trains d'onde qui émanent d'un point du plan objet convergent à nouveau en un point après avoir traversé les lentilles du microscope. Sur cette plaque, on obtient une image nette de l'électron éclairé par la lumière ; à partir d'elle, on peut déduire la position de l'électron au moment du choc avec le quantum de lumière.

Lors de l'application de l'image ondulatoire, on part manifestement de la représentation qu'une onde sphérique se propage dans toutes les directions à partir du lieu du choc ; elle pénètre à travers les lentilles du microscope dès lors qu'elle en rencontre l'ouverture. Tout l'angle d'ouverture du microscope participe donc à ce processus ; de ce fait – en revenant à présent à l'image corpusculaire dont nous sommes tributaires pour décrire le choc entre l'électron et le quantum de lumière – il n'y a pas de sens à privilégier une direction déterminée dans laquelle le quantum de lumière serait réfléchi par l'électron et pénétrerait dans le microscope. Il s'ensuit que l'on ne peut pas non plus déterminer exactement la variation d'impulsion subie par l'électron lors du choc. On devra alors caractériser l'état de l'électron immédiatement après le choc par une fonction d'onde qui fixe une position précise, mais une impulsion moins précise qu'elle ne l'était dans l'état précédent.

On parvient à une toute autre description du choc entre l'électron et le quantum de lumière si l'on place la plaque photographique non pas dans le plan de l'image de l'électron, mais dans le plan focal du microscope. Dans le plan focal, tous les rayons de lumière ayant pénétré dans le microscope selon la même direction convergent en un seul point. Dans ce cas aussi, la plaque photographique présentera une image nette ; le quantum de lumière ne peut noircir la plaque qu'en un seul point, puisque l'énergie qu'il possède ne permet d'exciter qu'un seul atome de la plaque. Ce point du plan focal atteint par le quantum de lumière est caractéristique d'une direction déterminée selon laquelle la lumière a pénétré dans le microscope. En conséquence, celle des représentations de l'image ondulatoire que nous devons dans le cas présent prendre en considération pour l'interprétation de l'événement observé diffère totalement de celle qui fut utilisée dans le premier cas. Nous devons maintenant travailler avec l'image d'un faisceau de rayons parallèles, lesquels, du fait de leur déviation par les lentilles du microscope, convergent en un seul point du plan focal. La direction selon laquelle le quantum de lumière a pénétré dans le microscope est ainsi fixée, tandis que reste indéterminée la position du plan objet dont a émané la lumière et dans lequel a eu lieu le choc entre le quantum de lumière et l'électron. Si l'on connaît l'impulsion du quantum de lumière avant le choc avec l'électron – ce qui est possible en plaçant convenablement la source lumineuse –, alors la variation d'impulsion subie par le quantum de lumière est déterminée par la donnée de sa direction après le choc. De cette variation résulte, d'après la loi de la conservation de la quantité de mouvement, le changement d'impulsion subi par l'électron. Dans le cas présent, le lieu du choc reste au contraire indéterminé. Par conséquent, bien que les conditions auxquelles l'électron est soumis soient exactement les mêmes que dans le premier cas, son état doit maintenant, immédiatement après le choc, être caractérisé d'une autre manière qu'il ne l'était tout à l'heure : par une fonction d'onde indiquant une position imprécise et une impulsion relativement précise.

Si, enfin, au lieu d'utiliser une plaque photographique, on laisse le quantum de lumière poursuivre son chemin sans le capter, on obtient une troisième description, moins intuitive certes, de l'état après le choc. Une fonction d'onde représentant une combinaison linéaire est dans ce cas attribuée au système constitué du quantum de lumière et de l'électron ; chacun de ses termes est le produit respectivement d'une fonction d'onde décrivant le quantum de lumière et d'une fonction d'onde décrivant l'électron. Par cette combinaison linéaire, le quantum de lumière et l'électron ne sont donc pas décrits chacun pour soi, mais seulement selon les rapports qu'ils entretiennent l'un avec l'autre. Chaque état de l'un est associé à un état de l'autre.

La juxtaposition de ces différentes possibilités signifie manifestement qu'on peut obtenir différentes fonctions d'onde selon la manière dont on prend connaissance du système observé ou, en d'autres termes, selon le rapport à l'observation considéré, et ce, pour le même système au même point du temps – en l'occurrence pour l'électron à l'instant qui succède immédiatement au choc avec le quantum de lumière. Ainsi, la caractérisation fournie par la mécanique quantique n'est plus rapportée, comme c'était le cas dans la caractérisation classique, au système physique pour ainsi dire 'en soi' (ce qui veut dire ici : indépendamment du fait de savoir par quelles observations on en a pris connaissance).

Cet exemple montre que le formalisme de la mécanique quantique, en fournissant lui-même les raisons suffisantes des résultats de n'importe quelles mesures, coupe court à la question de savoir s'il sera possible de découvrir ultérieurement de nouvelles caractéristiques dont dépendraient ces résultats ; que, malgré cela, ce formalisme ne livre aucun point de repère pour calculer à l'avance tous les résultats de mesure. Ainsi, dans le cas présent, il est par principe impossible de prévoir par le calcul à quel endroit le quantum de lumière noircira la plaque photographique placée par exemple dans le plan focal du système de lentilles. Pourtant, c'est la déduction à rebours qui remonte de l'observation du lieu de l'impact à l'impulsion communiquée à l'électron lors du choc, qui nomme, précisément pour cet échange d'impulsion, la cause du lieu précis, sur la plaque, de l'impact du quantum de lumière.

Or, l'affirmation causale qui s'exprime dans cette déduction à rebours ne se laisse pas corroborer par la prévision – que l'on effectuerait à partir des événements ayant eu lieu lors du choc – de l'impact du quantum de lumière à cet endroit déterminé de la plaque. Car dans ce cas, ce n'est que l'observation de l'effet (le noircissement de la plaque photographique à cet endroit) qui sert à identifier la cause (l'entrée de la lumière selon une direction bien déterminée). L'affirmation causale établie peut par contre être utilisée de façon médiate pour prédire le résultat d'une observation, et peut être contrôlée[1] par la réalisation de cette observation : elle suffit pour conclure à la variation de l'impulsion de l'électron, qui, quant à elle, peut être vérifiée.

D'après ce qui précède, il est compréhensible que dans ce cas, seul le contrôle *médiat* de l'affirmation causale est possible, et non pas le contrôle immédiat qui consiste en la prédiction de l'effet. La cause à partir de laquelle cet effet pourrait être déduit – à savoir le transfert

1. [Le verbe allemand *kontrollieren*, que Grete Hermann emploie fréquement, tant lorsqu'elle se réfère à la confrontation des énoncés physiques à l'expérience que pour qualifier la fameuse 'perturbation incontrôlable' du mesuré par le mesurant, sera traduit par le terme français 'contrôler', afin de le différencier de *nachprüfen* (vérifier). N. d. T.].

déterminé d'impulsion, au moment du choc, entre le quantum de lumière et l'électron – appartient à ce processus en tant que caractéristique de la mécanique quantique : autrement dit, elle ne lui appartient que relativement à un rapport à l'observation : celui dans lequel l'observateur entre seulement *après coup*, au moment de l'observation de la plaque. Auparavant, sa connaissance concernant le choc valait relativement à un autre rapport à l'observation et ne pouvait donc contenir la cause du processus observé ultérieurement.

Il s'ensuit finalement que les bornes, ici en question, de la prévisibilité par le calcul, sont effectivement par principe infranchissables, en tout cas tant que le système de la mécanique quantique fait physiquement ses preuves. Car la prévision exacte d'un résultat de mesure par lequel l'observateur entre, vis-à-vis du système observé, dans un autre rapport à l'observation, ne serait possible qu'au moyen d'une théorie du processus de mesure qui décrirait objectivement ce dernier, c'est-à-dire indépendamment du fait de savoir comment l'observateur en prend connaissance. Or, comme le démontre la mécanique quantique, une telle description objective n'est possible que dans le domaine d'application de la physique classique et ne suffit pas à prévoir exactement par le calcul le résultat de la mesure.

§ 11. La fin du démon de Laplace

L'ancien idéal de la physique – pouvoir, avec les progrès des recherches, tendre de plus en plus vers les prévisions sans bornes du démon de Laplace – n'a pas été abandonné sans coup férir. Renoncer à ce but sembla imposer aux recherches physiques des bornes trop insupportables ! Ainsi, jusqu'à aujourd'hui, l'espoir n'a pas disparu, même dans les rangs des physiciens, qu'un jour les bornes de la prévisibilité indiquées par la mécanique quantique ne se révèlent provisoires et franchissables. M. von Laue et Schrödinger ont tout récemment soutenu que ce n'est pas le formalisme de la mécanique quantique qui fait paraître infranchissables les bornes de la prévision par le calcul, mais bien plutôt l'attachement injustifié à des représentations classiques dépassées[1]. « Les relations d'indétermination »,

1. M. von Laue, 'Über Heisenbergs Ungenauigkeitsbeziehungen und ihre erkenntnistheoretische Bedeutung' [Des relations d'incertitude de Heisenberg et de leur signification pour la théorie de la connaissance. N. d. T.], *Die Naturwissenschaften*, volume 22, fascicule 26 ; E. Schrödinger, 'Über die Unanwendbarkeit der Geometrie im Kleinen' [De l'impossibilité d'appliquer la

conclut Laue, « fixent une limite à toute mécanique corpusculaire, mais non pas à toute connaissance physique ». Pourtant, cet espoir est trompeur ; comme le montrent les investigations précédentes, les bornes de la prévisibilité par le calcul qu'imposent les relations d'indétermination ne pourront être éliminées par aucun schéma formel physique futur – à moins que l'on n'élimine ces relations elles-mêmes, qu'on ne démontre alors que l'édifice jusqu'à présent valable de la mécanique quantique recèle une erreur physique. Aussi les arguments que Laue et Schrödinger allèguent face à cette conséquence de la mécanique quantique n'invalident pas ce résultat ; ils montrent seulement qu'il n'est pas si facile de se frayer un chemin dans le labyrinthe des arguments connus qui soutiennent l'indéterminisme, pour aboutir au tournant décisif que constitue la description de la nature fournie par la mécanique quantique.

Certes, il est d'une part juste – les deux physiciens y insistent – que le fait d'invoquer la perturbation inéluctable dont pâtit l'objet physique lors de la mesure ne suffit pas en lui-même à prouver l'impossibilité de contrôler cette perturbation. Mais un tel argument ne suffit pas non plus d'autre part à justifier l'espoir que Laue et Schrödinger y associent : à savoir qu'il serait possible, en complétant dans l'avenir la théorie, de contrôler la perturbation et de surmonter ainsi les bornes provisoires imposées à la prévisibilité par le calcul. Le formalisme de la mécanique quantique contient bien plutôt déjà lui-même les raisons qui excluent la possibilité de le compléter. Le contrôle de la perturbation qui survient [lors de la mesure] n'échoue pas du fait que le formalisme n'explique cette perturbation que d'une manière encore lacunaire qui nécessite d'être complétée, mais parce que ses explications, complètes et qui ne sauraient donc souffrir aucun ajout, ne valent, comme d'ailleurs tous les énoncés de la mécanique quantique, que relativement à un rapport déterminé à l'observation. A savoir, celui dans lequel la perturbation en question est elle-même appréhendée, soit celui qui n'est engendré que par l'observation. Les explications rendant compte de la perturbation ne fournissent de points de repère pour les prévisions par le calcul qu'à celui qui a déjà effectué cette observation et qui se trouve par conséquent dans ce rapport à l'observation ; le résultat de l'observation ne se laisse donc pas prédire à l'aide de ces explications.

géométrie dans le domaine microscopique. N. d. T.], *Die Naturwissenschaften*, volume 22, fascicule 31, Berlin, 1934.

Nous disposons maintenant des données que fournit le formalisme de la mécanique quantique sur la question de la prévisibilité de principe des résultats futurs des mesures. Il s'agit à présent de les comprendre et d'en tirer les conséquences du point de vue de la philosophie de la nature.

CHAPITRE II

LA SITUATION DU POINT DE VUE DE LA PHILOSOPHIE DE LA NATURE

§ 12. *Causalité et mécanique quantique*

L'ébranlement, induit par la mécanique quantique, des anciens fondements de la connaissance de la nature, a tout d'abord atteint les représentations de la loi de causalité et l'applicabilité de cette dernière. Quelles révisions doivent maintenant y être apportées ? Face à cette question, deux résultats découlent des réflexions précédentes et caractérisent la situation de la mécanique quantique : les bornes imposées à la prévisibilité par le calcul d'événements futurs se sont avérées être effectivement par principe infranchissables ; et pourtant il n'y a aucun événement dont on ne puisse pas indiquer, dans le cadre du formalisme de la mécanique quantique, les causes auxquelles il a nécessairement succédé.

L'apparente opposition entre ces deux résultats, si étroitement liés quant à leur contenu, se révèle le plus clairement lorsque chacun d'entre eux est posé au fondement d'un jugement sur la loi de causalité. Car tandis que la première des deux affirmations stipule que sont fixées des bornes inéluctables à l'application des déductions causales et à la maîtrise que cette dernière confère à l'homme sur la nature, la seconde met l'accent sur l'applicabilité par principe sans borne des représentations causales auxquelles tout processus naturel peut fondamentalement être subordonné, eu égard à l'ensemble des propriétés physiques qui le caractérisent.

Pour éviter les contradictions, nous devrons faire appel à une critique précise de ce qu'affirme la loi de causalité, du type de légalité que cette loi prétend imposer à la nature. Plus précisément, cette critique doit partir des concepts qui jouent un rôle décisif dans les deux résultats mentionnés de la mécanique quantique : d'un côté le concept de prévisibilité par le calcul des événements naturels, de l'autre celui de l'enchaînement causal des processus naturels.

Nous avons déjà esquissé le rapport qu'entretiennent ces deux concepts, le lien étroit qui les unit : il réside dans le fait que la valeur explicative d'une hypothèse physique peut seulement être contrôlée par la prévision par le calcul d'événements naturels futurs, et que, sans la possibilité d'un contrôle, l'affirmation de rapports causaux perd son caractère de connaissance de la nature.

Cette relation a souvent conduit à supposer qu'au sens strict on avait affaire à deux concepts identiques dont seule la dénomination constituerait l'indice trompeur d'une différence. La dépendance causale d'un événement par rapport à un autre ne semble rien signifier d'autre que ce fait : le second peut être prédit dès lors que le premier est connu. L'affirmation de la loi de causalité, d'après laquelle le cours des processus naturels est causalement conditionné, et ce partout et pour toute caractéristique physique susceptible d'être mise en évidence, signifierait alors : tout événement naturel observable peut être prédit par le calcul à partir d'autres événements qui, dans cette mesure, peuvent lui être associés comme ses causes.

Dans cette interprétation, les deux affirmations de la mécanique quantique, celle qui dit que des bornes sont par principe imposées aux prévisions par le calcul et celle de rapports causaux universels [*durchgängig*], se contredisent l'une l'autre de manière insoluble. Si la liaison entre la cause et l'effet ne consiste en rien d'autre qu'en la prévision de l'effet à partir de la connaissance de la cause, alors il n'y a pas de cause pour des événements par principe imprévisibles par le calcul, et il serait dénué de sens de vouloir ramener causalement de tels événements à ces dernières.

La mécanique quantique recherche et suppose des rapports légaux naturels alors même qu'est exclue toute déduction causale de l'effet futur à partir de la cause observée ; ce fait montre ainsi que l'identification des deux concepts précédents repose sur une confusion, sur une méconnaissance de la différence qui s'indique déjà dans leur expression linguistique : l'enchaînement causal de deux processus ne concerne immédiatement que la suite nécessaire des événements eux-mêmes ; c'est par contre la possibilité de prévoir cet enchaînement par le calcul – grâce à notre intelligence des rapports causaux – qui livre le critère de l'application correcte des représentations causales.

Si nous séparons les deux concepts, si donc nous formulons d'abord la loi de causalité indépendamment du critère de son applicabilité, nous obtenons alors cette affirmation : rien ne se produit dans la nature qui ne soit causé par des processus antérieurs, autrement dit qui ne suive d'eux avec nécessité, et ce, pour toutes les caractéristiques physiques susceptibles d'être constatées. En ce sens, la causalité sans lacune, sans borne, n'est pas seulement compatible avec la mécanique quantique mais, comme on peut le prouver, elle est même présupposée par cette dernière.

Cette séparation, qui aboutit à une formulation utilisable de la loi de causalité, ne nous dispense cependant pas de répondre à la question suivante : comment, cas par cas, pouvons-nous reconnaître que nous avons affaire à une relation causale ? Comment en particulier pouvons-nous contrôler la nécessité affirmée de la suite [des événements] ? La mécanique quantique dépend aussi d'un *critère* de causalité ; elle le tire, tout comme la physique classique, de la possibilité de prédire des événements futurs. Mais contrairement à la physique classique, elle a rompu avec le présupposé qui paraissait jusque-là quasiment aller de soi, selon lequel toute affirmation causale se laisse immédiatement mettre à l'épreuve par la prédiction de l'effet. Dans tous les cas d'événements par principe imprévisibles par le calcul, la mécanique quantique propose une explication causale qui ne se laisse contrôler que par [la procédure suivante] : de ces événements, on conclut, à rebours et médiatement, à leurs causes ; ensuite, à partir de la supposition qu'il y avait cette cause, on déduit des prédictions sur les événements futurs, dont l'avènement peut être contrôlé empiriquement. Ainsi, dans l'exemple traité, le noircissement de la plaque est imputé aux processus qui se sont déroulés lors du choc de l'électron et du quantum de lumière ; à partir d'eux, on peut inférer, selon un cheminement inverse, l'état, encore accessible à l'observation, de l'électron.

Les déductions à rebours qui fondent ces prévisions médiates ne doivent cependant pas être confondues avec les déductions à rebours bien connues qui permettent, pour une tranche de temps passé, de déterminer un système physique avec une précision qui excède en apparence les relations d'indétermination[1]. Ainsi, il semblerait que l'on puisse se soustraire aux bornes imposées à la précision des mesures, en réalisant par exemple sur un électron deux mesures de position immédiatement successives, ou en déterminant d'abord son impulsion, puis juste après sa position, afin de calculer ensuite, en rassemblant les résultats de ces deux mesures, la trajectoire précise de l'électron durant le laps de temps les séparant, c'est-à-dire afin de déterminer avec la précision voulue la position et l'impulsion respectives pour le temps considéré.

1. Cf. : W. Heisenberg, *op. cit.*, p. 15.

Cette construction proposée après coup de la trajectoire d'un électron se distingue des déductions à rebours requises pour l'interprétation d'une mesure, par le fait qu'elle ne tient pas compte de la dualité des images ondulatoire et corpusculaire : elle se borne aux caractéristiques intuitives d'une seule de ces images, et – comme toute observation singulière se rapporte aux deux images et ne permet de ce fait d'appliquer aucune d'entre elles de façon illimitée – elle établit ces caractéristiques au moyen de deux observations distinctes. Par cette voie on réussit apparemment à unifier en une unique description du système physique les éléments déterminants qui appartiennent à des rapports à l'observation distincts.

Au contraire, lors de l'interprétation d'une mesure, la déduction causale qui infère l'état de l'objet observé à partir de celui de l'instrument de mesure doit prendre en compte la dualité. Car il est essentiel au processus de mesure que tout processus atomique présente aussi un caractère ondulatoire, et tout mouvement ondulatoire un caractère corpusculaire. L'observation *unique* de l'appareil de mesure, qui fonde la déduction à rebours remontant à l'objet ayant subi la mesure, détermine ce faisant de quelle manière les images ondulatoire et corpusculaire se limitent l'une l'autre dans la présente interprétation. Ainsi, dans l'exemple considéré, la propagation de la lumière dans le microscope est décrite à l'aide de l'image ondulatoire, tandis que c'est la représentation corpusculaire du quantum de lumière dont il faut se servir pour décrire l'interaction entre la lumière et l'électron. C'est la configuration de la mesure qui détermine comment ces deux représentations doivent être conciliées l'une avec l'autre : si la lumière est captée dans le plan de l'image de l'objet observé, on travaillera dans l'image ondulatoire avec la représentation d'une onde sphérique se propageant à partir d'un point ; corrélativement, on attribuera au choc entre l'électron et le quantum de lumière, interprété de manière corpusculaire, une position précise certes, mais un échange brouillé d'impulsion. Si l'on effectue l'observation dans le plan focal du microscope, on aura affaire à un faisceau de rayons parallèles et de ce fait, dans l'image corpusculaire, à un échange exactement déterminé d'impulsion mais à une position imprécise. Ce rapport à l'observation unique, dans lequel entre le physicien lorsqu'il observe la plaque photographique, détermine donc quelles caractéristiques des deux images seront employées. Le respect des relations d'indétermination est ainsi assuré.

La signification de cette opposition se déduit du caractère seulement relatif de la description quantique. Comme toute description et explication de processus physiques ne vaut que relativement à chaque rapport à l'observation, le calcul (par exemple de la trajectoire d'un corpuscule) qui rassemble en une seule représentation les déterminations issues de différents rapports à l'observation, demeure physiquement vide, justement dans la mesure où il outrepasse les relations d'indétermination : il est incontrôlable, et ne fournit aucun point de repère qui permettrait des prévisions par le calcul[1]. Dans la présentation controversée fournie par Heisenberg de cet état de choses, l'affirmation selon laquelle attribuer une réalité physique à un tel calcul de trajectoire n'est qu'une pure question de goût, doit, d'après ce qui précède, être ainsi rectifiée : ce calcul ignore la relation, décisive du point de vue de la mécanique quantique, qu'entretient toute détermination physique à son rapport à l'observation ; dans cette mesure, il est dénué de toute signification physique. A l'inverse, la possibilité d'un contrôle – ne serait-ce que médiat – des affirmations causales qui interviennent dans l'interprétation d'un processus de mesure, dépend du fait que cette interprétation rende justice à la dualité et du même coup, implicitement, au caractère relatif de la mécanique quantique.

Concernant le critère de la causalité, la transformation opérée par la mécanique quantique, qui consiste à admettre comme critère, à côté

1. Voir W. Heisenberg, *op. cit.* On a cependant tenté d'utiliser de tels calculs de trajectoire pour dériver – de manière médiate, comme c'est le cas lors de l'interprétation et du contrôle des mesures – certaines prévisions, et pour surmonter grâce à elles les bornes imposées par les relations d'indétermination. Une telle tentative se trouve esquissée chez K. Popper: 'Zur Kritik der Ungenauigkeitsrelationen' [De la critique des relations d'incertitude. N. d. T.], *Die Naturwissenschaften*, volume 22, fascicule 48, Berlin, 1934. Le même fascicule contient une réponse de C. F. von Weizsäcker qui met en évidence l'erreur physique que recèle l'expérience de pensée présentée par K. Popper. La vraie raison de cette erreur réside dans une méconnaissance des expériences de dualité et de leurs conséquences, comme en témoigne seulement la présentation plus détaillée de ce point que propose Popper dans son ouvrage *Logik der Forschung*, Vienne, 1935 [traduction française: *Logique de la découverte scientifique*, voir bibliographie. N. d. T.]. Popper, en faisant appel à l'interprétation probabiliste des fonctions d'onde, n'applique à proprement parler les descriptions de l'état fournies par la mécanique quantique et les relations d'indétermination qui s'y rattachent qu'à des *ensembles* de systèmes physiques; mais il n'admet pas qu'un système individuel isolé soit associé aux relations d'indétermination. Il méconnaît ce faisant qu'en raison des expériences de dualité, l'applicabilité des représentations classiques est déjà limitée – conformément aux relations d'indétermination – pour tout processus élémentaire individuel, et que, corrélativement, les fonctions d'onde sont tout à fait utilisables pour la description des états de systèmes individuels. Le fait que cette utilisation des fonctions d'onde soit compatible avec leur interprétation probabiliste repose encore une fois uniquement sur le caractère relatif du mode de description quantique: d'un côté, la fonction d'onde est complètement déterminée par les valeurs de celles des grandeurs physiques qui ont une valeur précise pour le système sous le rapport à l'observation considéré. Dans cette mesure, elle caractérise quantiquement le système relativement au rapport à l'observation alors mis en œuvre. D'un autre côté, l'interprétation probabiliste des fonctions d'onde conduit, d'après le principe de correspondance, à celles des déterminations de la description classique et intuitive qui restent valables et qui établissent quels énoncés pourront être produits dans le passage d'un rapport à l'observation à un autre.

du contrôle immédiat, la déduction médiate de prévisions, ne peut bien entendu, quant à elle, être indifférente pour la signification du principe [de causalité]. L'exigence classique de parvenir à mettre immédiatement à l'épreuve, dans chaque cas, l'existence d'enchaînements causaux grâce à la prévision par le calcul de l'effet, présuppose à l'évidence davantage, quant aux rapports légaux qui régissent la nature, que la loi de causalité qui, elle, requiert une cause pour tout événement. Car cette loi est également compatible, comme le montre la mécanique quantique, avec la circonstance que des enchaînements causaux ne peuvent le cas échéant être vérifiés que de façon médiate, par l'observation des processus de mesure. Or, quel présupposé avait contraint la physique classique à faire l'hypothèse d'un critère dont les exigences s'avèrent excessives ? D'après ce qui précède, la réponse est claire : les bornes de principe imposées à la prévision par le calcul se comprennent à partir du fait, et à partir de là seulement, que la description quantique de la nature s'avère être relative, relative aux rapports à l'observation respectifs dans lesquels se trouve le chercheur vis-à-vis de son objet. Ce caractère relatif de la description de la nature est étranger à la physique classique ; pour cette dernière, la caractérisation de n'importe quel système est univoque et indépendante de la manière dont l'observateur en prend connaissance. C'est pourquoi elle en arrive impérativement à l'hypothèse que si la précision des observations et la connaissance des rapports légaux naturels sont suffisantes, l'examen des systèmes physiques permet de déterminer avec une précision quelconque les causes de leur évolution ultérieure, et ainsi de prévoir cette évolution ultérieure par le calcul.

Les difficultés dans lesquelles les découvertes de la mécanique quantique plongent le représentant de la loi de causalité proviennent, quand on les examine de plus près, de ce que des principes distincts ont été confondus entre eux : le principe de causalité au sens strict, selon lequel tout événement dans la nature a des causes dont il suit nécessairement, a été confondu avec l'hypothèse d'après laquelle la connaissance physique appréhende les événements naturels de façon adéquate et indépendamment du rapport à l'observation. Néanmoins, cette dernière hypothèse n'a pas été introduite explicitement : elle s'est au contraire immiscée dans le critère de l'applicabilité du principe de causalité comme prémisse n'ayant pas été nommée et semblant aller de soi. Elle s'exprime dans le présupposé selon lequel tout enchaînement causal entre des processus est susceptible de donner lieu à une prévision par le calcul de l'effet à partir de la cause, voire selon lequel l'enchaînement causal est en général identique avec la possibilité de cette prévision par le calcul.

La mécanique quantique contraint à dissiper cette confusion entre des principes distincts de la philosophie de la nature, à abandonner l'hypothèse du caractère absolu de la connaissance de la nature, et à utiliser le principe de causalité indépendamment de cette hypothèse. Elle n'a donc pas réfuté la loi de causalité, mais l'a éclaircie et libérée d'autres principes qui ne lui sont pas liés de manière nécessaire.

La polémique déclenchée par la mécanique quantique entre déterminisme et indéterminisme se résout du même coup de façon tout à fait analogue. Sa solution réside dans un éclaircissement de la terminologie, devenu nécessaire compte tenu de la distinction opérée entre certains principes de philosophie de la nature : on décide pour ou contre le déterminisme selon que l'on identifie celui-ci à la conception qui dit que tout processus naturel est rigoureusement déterminé [*bestimmt*] de façon causale par des états précédents (il est 'déterminé' [*determiniert*], ou selon que l'on exprime par la doctrine du déterminisme l'assurance de pouvoir prédire le cours futur de la nature avec une précision quelconque, pourvu que cette nature ait été suffisamment explorée. Les investigations menées jusqu'à présent montrent justement que s'est révélée erronée la conception, d'ailleurs plausible, qui a partout dominé la physique classique – celle de la liaison inextricable de la causalité sans lacune et de la possibilité de prévisions par le calcul par principe non bornées. Une telle conception a été réfutée par la démonstration du caractère seulement relatif de la description de la nature, démonstration qui continue à postuler une causalité universelle [*durchängig*], mais qui a définitivement rompu avec l'espoir de prévoir par le calcul avec une précision quelconque.

§ 13. Correspondance et complémentarité

Bien que ce ne soit pas au niveau du principe de causalité que s'est opéré le bouleversement décisif qui a marqué le développement de la théorie physique, l'éloignement par rapport aux représentations classiques n'en reste pas moins un fait prodigieux. L'effort des recherches classiques pour obtenir une représentation adéquate des processus naturels au moyen de constructions intuitives a échoué : à la description intuitive des événements naturels se substitue l'attribution formelle d'une fonction d'onde ; une telle attribution rend difficile, sinon impossible, toute interprétation intuitive, ne serait-ce que du fait qu'elle s'effectue non pas dans l'espace tridimensionnel habituel, mais dans un espace des phases multidimensionnel. Plus profonde encore est la rupture avec la conception classique selon laquelle les systèmes physiques et leurs interactions peuvent être appréhendés objectivement, autrement dit indépendamment de la manière dont l'observateur en prend connaissance. A une telle description de la nature, homogène et objective, se substituent des représentations qui ne valent que relativement au rapport à l'observation considéré, qui ne peuvent plus être appliquées à de nouvelles observations, et qui sont alors remplacées par de nouvelles descriptions.

La question de savoir si l'expérience, au cours du développement de la mécanique quantique, a défendu ses droits contre des prétentions philosophiques démesurées ayant fait passer après coup et trop hâtivement certaines maximes physiques – jusqu'alors corroborées – pour des vérités de raison inébranlables, cette question revêt maintenant une forme précise.

Pour la trancher, il faudra focaliser notre attention non seulement sur la ligne de jonction entre physique classique et mécanique quantique, mais aussi sur les points de rupture entre celles-ci. Pour ce faire, les présentations qu'ont fournies Bohr et Heisenberg[1] des principes de la description quantique de la nature contiennent tous les arguments essentiels.

Ce qui caractérise la relation de la physique classique à la mécanique quantique, c'est la coexistence de deux faits : si l'on considère l'évolution spécifique de la mécanique quantique, les représentations classiques d'un côté font leurs preuves, de l'autre échouent. Dans les présentations de Bohr, ces deux côtés trouvent leur expression la plus prégnante d'une part dans le principe de correspondance, d'autre part dans les rapports de complémentarité inhérents à toute la mécanique quantique.

D'après le *principe de correspondance*, les représentations intuitives et classiques constituent le pont entre les données de la perception et les formules de la théorie. Sans elles on ne peut tirer d'aucune mesure un schéma théorique utilisable en vue de conclusions théoriques ; ce sont ces représentations intuitives qui livrent la clef pour interpréter les formules non intuitives de la mécanique quantique,

1. N. Bohr, *Atomtheorie und Naturbeschreibung* [traduction française : *Théorie atomique et description des phénomènes*, voir bibliographie. N. d. T.], Berlin, 1931 ; W. Heisenberg, 'Zur Geschichte der physikalischen Naturerklärung' [De l'histoire de l'explication physique de la nature. N. d. T.], *Berichte der Mathematisch-Physikalischen Klasse der Sächsischen Akademie der Wissenschaften zu Leipzig* , tome 85, Leipzig, 1933.

et qui rendent par là possible l'application de ces dernières à l'expérience.

Mais ces représentations, comme le montrent les expériences de dualité, rencontrent des bornes dans leur application à l'expérience. Ces bornes se dévoilent dans le *caractère complémentaire* de la description quantique de la nature, mis en évidence par Bohr. Sous le concept de complémentarité, Bohr comprend essentiellement trois types de rapports, certes distincts les uns des autres mais liés quant au fond.

a) Sont tout d'abord dans un rapport de complémentarité les images corpusculaire et ondulatoire, ces deux constructions classiques et intuitives des processus qui se déroulent dans l'espace et dans le temps. Etant donnée l'opposition insurmontable qui existe entre ces deux images, leur lien, que les expériences de dualité obligent à construire lorsqu'il s'agit de décrire un seul et même processus physique, n'est possible que parce que chacune d'entre elles indique les limites jusqu'auxquelles l'autre peut être appliquée.

b) Ces limites apparaissent d'autre part lorsque l'on considère, à l'intérieur de chacune des deux images, un second rapport de complémentarité, mettant en jeu *les propriétés caractériques de chacune de ces images*. Ainsi dans l'image corpusculaire, les caractéristiques 'position' et 'impulsion', dont la détermination exacte est requise pour une utilisation complète de cette image, sont dans un rapport complémentaire : la détermination exacte de l'une exclut celle de l'autre.

c) En vue d'obtenir une description homogène de la nature, l'exigence de tendre vers un formalisme qui rende justice à ces formations de concepts distincts et complémentaires tout en indiquant les limites de leurs domaines respectifs d'application, conduit au troisième type – décisif – de rapport complémentaire intervenant dans la mécanique quantique. A la description intuitive classique, qui conserve ses droits dans le cadre des limitations indiquées, se juxtapose le formalisme quantique qui embrasse dans de nouveaux symboles les représentations distinctes mutuellement bornées. Ces symboles, les fonctions d'onde de la mécanique quantique et le calcul des opérateurs des observables physiques, se dérobent à l'interprétation intuitive immédiate ; ils réunissent en eux certains aspects contradictoires des images intuitives, et se rapportent à un pseudo-espace dont les dimensions sont déterminées par les degrés de liberté du système physique considéré. Par cet éloignement de l'intuition, le formalisme de la mécanique quantique réussit à accomplir un pas dont la physique classique était incapable : unifier les déterminations intuitives et apparemment antagonistes d'un système en une unique description d'état, et ce faisant, appréhender pour les états ainsi caractérisés *les rapports légaux naturels qui se déroulent de façon strictement causale.* D'un autre côté, un tel formalisme, justement parce qu'il s'éloigne de l'intuition, se barre l'accès immédiat aux données de l'expérience et à l'interprétation du résultat – relevé sur l'instrument de mesure – de n'importe quelle mesure. Du point de vue du formalisme, cet accès ne peut être assuré que de façon médiate, par le fait qu'à l'ancien mode de description classique, doit se juxtaposer de façon complémentaire cette manière, propre à la mécanique quantique, de former les concepts. Celle-là possède le *caractère intuitif* qui fait défaut à celle-ci. Par contre, il manque à la physique classique – puisque, après son échec, elle n'est plus applicable que par fragments – la complétude de la caractérisation quantique et avec elle la possibilité d'interpréter les événements naturels selon une causalité universelle [*durchgängig*].

La démonstration selon laquelle ces deux modes si distincts de description s'apparient sans lacune et se complètent mutuellement lorsqu'il s'agit de la maîtrise physique de la nature, est l'un des résultats les plus extraordinaires de la mécanique quantique. Pour l'interprétation de *l'expérience*, elle s'appuie sur la constatation suivante : toute observation s'accompagne d'une *perturbation du système observé* qui repose sur une interaction à un certain degré *incontrôlable* – étant donnée les bornes auxquelles est soumise l'applicabilité des concepts classiques – entre le système et l'appareil de mesure. Dans l'exemple, précédemment étudié, de l'éclairage d'un électron : l'interaction entre l'électron et la lumière conduit, du fait des caractéristiques corpusculaires du quantum de lumière, à un transfert d'impulsion entre les deux ; la nature ondulatoire de la lumière contraint le physicien, selon la manière dont il observe le quantum [après la mesure], à interpréter le mouvement ultérieur du quantum de lumière soit comme la propagation d'une onde sphérique, soit comme la progression d'un faisceau parallèle de lumière ; étant donnée cette nature ondulatoire de la lumière, l'échange d'impulsion ne peut être déterminé à partir du lieu où il se produit et de la valeur de l'impulsion échangée. Cet état de choses s'exprime expérimentalement : toute détermination de position barre les voies d'accès qui pourraient conduire à la mesure de l'impulsion échangée, et réciproquement.

Du point de vue de la *théorie*, les descriptions classique et quantique se rejoignent au niveau de la 'coupure' qui intervient inéluctablement dans le traitement théorique de chaque processus de mesure. Le calcul qui décrit un tel processus doit – pour éviter de se perdre dans des formules empiriquement inapplicables, et en outre sans rapport avec le résultat de mesure donné dans une intuition – limiter [l'application du] schéma quantique, autrement dit l'emploi de fonctions d'onde, à l'état du système observé. Pour l'instrument de mesure, pour l'état de son propre corps qui entre également en interaction avec le système observé lors de la mesure, le physicien est tributaire du schéma formel classique et intuitif qui lui permet de comprendre la signification du résultat de mesure relevé. Ce qu'il met, dans ce découpage, au compte d'une part du système observé, d'autre part de l'appareillage, et en conséquence jusqu'à quel point il suit au niveau du formalisme quantique l'évolution strictement causale du changement d'état en quoi consiste le processus de mesure, est dans une large mesure abandonné à sa volonté. Il peut accomplir le passage à l'intuition soit plus tôt, soit plus tard ; mais il doit le réaliser quelque part s'il veut pouvoir intégrer les nouvelles observations. Et à l'endroit où il le réalise, il quitte nécessairement la description strictement causale des états quantiques au profit de l'interprétation – certes classique et intuitive, mais fragmentaire et de ce fait imprécise eu égard à certains éléments de détermination – de l'interaction entre l'appareil de mesure et le système.

§ 14. La nécessité de la représentation complémentaire

Mais tous ces exposés du caractère complémentaire inhérent au mode de description de la mécanique quantique ne suffisent pas encore à déterminer avec une précision suffisante si par eux un nouvel aspect caractéristique des événements naturels (ayant échappé à la physique classique) a été effectivement révélé, et si oui, lequel ?

Pourquoi, après l'échec des images corpusculaire et ondulatoire, la construction d'un nouveau modèle de la nature, homogène et intuitif, ne pourrait-elle pas s'accomplir – modèle qui unifierait en son sein, comme les processus naturels eux-mêmes, des traits de la propagation ondulatoire et du mouvement corpusculaire ?

Pourquoi ne serait-il pas possible d'éliminer totalement les représentations classiques de l'observation physique ? Même si, dans un tel cas, on perd – du moins provisoirement – l'avantage d'une compréhension intuitive des observations, la mise en correspondance univoque de la description classique d'un système physique avec sa fonction d'onde associée (ou, quand la précision d'observation n'est pas maximale, avec une pluralité de telles fonctions d'ondes), permet néanmoins de remplacer partout (et en particulier au niveau du jugement relatif à l'appareil de mesure) la description classique incomplète par le formalisme de la mécanique quantique.

En quoi consiste le critère selon lequel la perturbation qui survient lors de l'observation est *par principe* incontrôlable ? Ne l'est-elle pas seulement tant qu'on reste attaché aux images classiques d'onde et de corpuscule qui, comme on peut le montrer, ont cependant échoué ?

De quel droit la mécanique quantique interdit-elle au physicien d'ignorer la 'coupure', d'exprimer et d'introduire dans le formalisme de la mécanique quantique tout ce qu'il connaît des systèmes physiques étudiés, de l'appareil de mesure, et de son propre corps pour autant que celui-ci entre en interaction avec l'objet lors de la mesure ?

Toutes ces questions sont étroitement liées à la vieille question suivante : les bornes imposées par la mécanique quantique à la prévisibilité par le calcul sont-elles par principe infranchissables, ou présentent-elles une tâche à la physique, celle de compléter la mécanique quantique par de nouvelles découvertes physiques ? La réponse qui a été fournie à cette question livre aussi du même coup la clef d'une juste compréhension de la doctrine de la complémentarité : d'un côté, le formalisme de la mécanique quantique est *physiquement clos*, au sens où il nomme de façon exhaustive les rapports légaux naturels régissant les événements – abstraction faite de certains problèmes physiques non encore résolus, comme celui de la structure du noyau, à la solution desquels travaillent les physiciens ; dans cette mesure, ce formalisme n'est pas susceptible d'être *complété* à partir de découvertes nouvelles, abstraction faite, encore une fois, des quelques problèmes ouverts précédemment mentionnés. D'un autre côté, il ne caractérise les systèmes physiques que *relativement à un rapport à l'observation* – celui dans lequel se trouve le physicien vis-à-vis de son objet ; c'est pourquoi il se dérobe à l'interprétation intuitive, qui n'est possible que là où l'on peut construire de façon univoque les processus physiques comme des mouvements dans l'espace et dans le temps. Il n'y a donc aucun espoir de pouvoir sauver, au sein des théories classiques, certains piliers fondamentaux sur lesquels la construction d'une nouvelle image intuitive de la nature pourrait reposer. Malgré ce caractère non intuitif, le formalisme de la mécanique quantique ne signifie pas en définitive un *détachement de l'intuition* ; pour l'interprétation de toute perception, pour tout passage d'un rapport à l'observation à un autre, il assure, comme le montre le principe de correspondance, le raccordement sans lacune aux constructions intuitives spatio-temporelles de la physique classique. Vouloir éliminer ces constructions reviendrait alors à se barrer l'accès à l'intuition, et du même coup l'accès à une mise en correspondance significative entre les données de la perception et les schémas formels d'une théorie physique.

§ 15. Descriptions classique et quantique de la nature

Toute explication de la nature procède de l'observation et, confrontée à celle-ci, doit faire ses preuves. Mais l'observation à elle seule, à savoir ce qui s'offre immédiatement à la perception, ne suffit pas à expliquer la nature ; à elle seule, elle ne suffit même pas à fonder le jugement le plus simple sur les choses qui nous entourent quotidiennement. L'observation ne devient connaissance de la nature qu'après avoir trouvé sa place dans le domaine déjà acquis de l'expérience, et après avoir été interprétée et transformée, consciemment ou inconsciemment, du point de vue de certains schémas théoriques. Cette interprétation du pur savoir perceptif fonde le maniement pratique des chaises et des tables aussi bien que l'exploitation physique des résultats de mesure.

Lors de cette exploitation du contenu de la perception, les expériences de la vie quotidienne, tout comme les explications de la physique classique, visent à comprendre les données présentes de l'observation en tant que parties d'un processus naturel se déroulant selon des rapports spatio-temporels intuitifs et selon un enchaînement causal strict. Toute explication classique de la nature vise corrélativement un modèle construit selon les formes de l'espace et du temps, modèle qui prétend reproduire les relations réelles de la nature, et indiquer pour chacune d'elles les rapports légaux naturels qui y interviennent.

Malgré tous les échecs des théories classiques, la mécanique quantique a préservé la voie qui consiste, à partir de l'observation, à avancer vers l'explication de la nature grâce à la construction de tels modèles et aux légalités causales qui valent en eux. Seulement, contrainte par des expériences contradictoires, elle a rompu avec l'hypothèse que ces modèles décrivent *objectivement* les événements naturels – autrement dit : indépendamment de l'observateur et de sa manière d'observer. Les modèles physiques intuitifs, à savoir précisément ceux de la physique classique, semblent toujours indispensables à l'explication de la nature, même s'ils ne lui servent plus qu'en tant qu'*analogies*.

Les expériences de dualité montrent tout d'abord qu'un seul modèle ne suffit plus à caractériser complètement un système physique. Les images ondulatoire et corpusculaire se recoupent et se limitent l'une l'autre dans leur application aux objets observés. Mais la limite que rencontre l'emploi de l'un ou l'autre des deux modèles n'est pas quant à elle une propriété objective de l'objet ; elle dépend plutôt des procédures d'observation respectives. Dans l'exemple de l'électron éclairé : selon la manière dont on observe la lumière déviée, la description corpusculaire de l'électron trouve sa limite dans une détermination incomplète soit de la position, soit de l'impulsion.

Ce caractère relatif de la connaissance de la nature est imputable au fait qu'une nouvelle observation induit dans le cas général une rupture par rapport au mode de description employé jusqu'alors. Car, en déterminant l'objet à partir des données obtenues lors de cette observation, on entre dans un nouveau rapport à l'observation vis-à-vis de cet objet, et on modifie de ce fait les limites jusqu'auxquelles les différentes images classiques peuvent être employées. Cela entraîne que le processus d'une telle observation, ainsi que n'importe quel processus partiel de celle-ci, peut intervenir dans les considérations physiques selon deux voies fondamentalement distinctes[1] : comme n'importe quel processus naturel, il peut d'une part être suivi par voie de calcul pour le rapport à l'observation actuellement présent. Il peut d'autre part être considéré comme un composant de la *mesure*, et ainsi comme un élément qui rend possible et compréhensible la transition vers un nouveau rapport à l'observation.

Dans le premier cas, nous avons seulement affaire à une application du formalisme de la mécanique quantique. Ce dernier englobe formellement les différentes descriptions classiques – employées de façon complémentaire – qui caractérisent le système à partir des observations antérieures ; il offre ainsi un aperçu sur l'évolution strictement causale à laquelle le système concerné s'est jusqu'alors plié et à laquelle il continuera d'obéir à partir de son état présent.

C'est ainsi que, dans l'approche de la mécanique quantique, on peut suivre de manière complète et prédire par voie de calcul l'interaction entre l'objet et l'appareil utilisé pour sa mesure, pour autant que l'on se contente seulement des indications relatives au rapport à l'observation ayant cours avant la mesure. Pour ce faire, le formalisme de la mécanique quantique prescrit de multiplier entre elles les deux

1. W. Heisenberg, *Die physikalischen Prinzipien der Quantentheorie*, p. 44 [traduction française: *Les principes physiques de la théorie des quanta*, voir bibliographie. N. d. T.].

fonctions d'onde attribuées, avant l'interaction, à l'objet et à l'appareil de mesure, puis de déterminer l'opérateur coordonné à cette interaction et d'appliquer cet opérateur au produit des fonctions d'onde. Le résultat sera en général une combinaison linéaire dont les termes individuels connectent chaque état de l'objet avec chaque état de l'appareil de mesure. Ces différentes possibilités entre lesquelles l'observation tranchera, sont associées comme égales en droit dans une sommation symbolique qui parcourt un espace des phases déterminé par les degrés de liberté des deux systèmes. Or, cela revient à renoncer à suivre intuitivement, *pour ce rapport à l'observation*, chacun des deux systèmes considéré isolément pour lui-même.

Il en est tout autrement lorsqu'un tel processus est considéré comme une procédure de mesure, et qu'il est utilisé afin de représenter l'objet observé pour lui-même selon un nouveau rapport à l'observation. Il s'agit ici de passer à nouveau des données de l'observation à l'explication de la nature ; et ce passage présuppose, dans la mécanique quantique comme dans la physique classique, les images classiques et intuitives des processus se déroulant dans l'espace et dans le temps. Tant que les processus [qui ont lieu] au niveau de l'instrument de mesure exigent d'être pris en compte pour l'exploitation du résultat de l'observation, ils doivent eux aussi être compris classiquement et intuitivement comme transformations d'un objet situé dans l'espace. Conformément à la nature, les limites imposées par les relations d'indétermination à une telle représentation apparaissent réellement comme des indéterminations. Elles doivent être interprétées selon l'image intuitive qui ne les rend compréhensibles que parce que la connaissance de la valeur exacte de certaines grandeurs physiques – qui appartiennent à cette image de façon nécessaire, comme par exemple la position ou l'impulsion d'une particule – fait défaut à l'observateur. De ce dernier point il résulte donc que, *pour cette manière de considérer les choses*, l'interaction entre l'instrument de mesure et l'objet reste incontrôlable dans le cadre des relations d'indétermination.

La constatation que les représentations classiques et intuitives des événements naturels se déroulant dans l'espace et dans le temps ne sont plus utilisées en mécanique quantique pour la description de la nature qu'en tant qu'analogies, que ces analogies sont, en fonction du rapport dans lequel se trouve celui qui observe, restreintes de telle ou telle façon, mais, qu'en tant qu'analogies, elles restent tout comme auparavant indispensables pour exploiter les observations, cette constatation suffit ainsi à rendre compréhensibles les particularités du schéma formel de la mécanique quantique. En résulte la nécessité :

d'employer parallèlement la légalité caractéristique du formalisme quantique et celle des théories classiques ; d'effectuer, avant la mesure, la 'coupure' qui met un terme à la poursuite des processus par la mécanique quantique, au profit de l'interprétation classique des processus survenant au niveau de l'appareil de mesure. Cette constatation montre en quoi le caractère non intuitif du formalisme quantique est compatible avec le maintien des images classiques intuitives, et en quoi le caractère incontrôlable de la perturbation [induite] au niveau de l'appareil de mesure est compatible avec la causalité sans lacunes des événements naturels, qui attribue, de manière par principe contrôlable, à tout processus une cause à laquelle il succède nécessairement.

CHAPITRE III

L'IDÉALISME TRANSCENDANTAL

§ 16. *Les antinomies et leurs conséquences*

La question demeure de savoir si et comment ce résultat peut trouver sa place dans des considérations philosophiques relatives à la nature ; plus particulièrement, comment doit être jugée, à partir de ce résultat, l'affirmation philosophique selon laquelle il existe des principes *a priori* de la connaissance de la nature ? J'examinerai cette question à partir des fondements de la philosophie critique.

Les principes déterminants de philosphie de la nature, que Kant a mis en évidence en tant que jugements *a priori*, sont ceux de la permanence de la substance, de la causalité, et de l'action réciproque. Kant a étroitement lié l'introduction de ces principes avec la doctrine de l'idéalisme transcendantal, selon laquelle de tels principes ne garantissent pas une connaissance adéquate de la réalité 'en soi', mais seulement une connaissance bornée de la nature, qui en reste à l'appréhension de 'phénomènes'.

Kant lui-même, en laissant subsister des obscurités dans la justification de cette doctrine, a rendu sa compréhension difficile. Parallèlement à la démonstration de la doctrine des antinomies – qui dit que dans les formes intuitives de l'espace et du temps, est seulement possible une application limitée des catégories et de la représentation philosophique générale d'unité et de légalité qui est au fondement de ces catégories – on rencontre l'hypothèse, erronée, selon laquelle le caractère *a priori* de ces représentations les prive de leur signification objective qui consisterait à déterminer la réalité en soi. Cette seconde justification de l'idéalisme transcendantal, la doctrine de l'idéalisme formel, revient en fait à contester que les principes *a priori* possèdent le caractère de connaissance au sens strict du terme. Elle a souvent détourné l'attention de la portée des antinomies. Seul Fries, en réfutant l'idéalisme formel[1], a mis en évidence les conséquences des antinomies ; ce faisant, il a attiré l'attention sur la question de savoir en quel sens les principes de philosophie de la nature énoncés par Kant ne peuvent être employés qu'en tant qu'*analogies.*

Prenons par exemple le principe de l'enchaînement causal des processus naturels[2], soit la représentation suivante : on peut assigner à tout événement une cause à laquelle il succède nécessairement. A y regarder de plus près, le physicien, lorsqu'il applique ce concept d'enchaînement causal aux processus naturels, ne dispose que d'un schéma étrangement vide et formel. Il en résulte en premier lieu que, pour obtenir une vue d'ensemble complète des rapports causaux, il doit rechercher les relations de cause à effet, même pour le processus temporel le plus bref, dans l'enchaînement de l'antérieur avec le postérieur. La description physique des rapports légaux naturels doit donc, pour concevoir réellement des événements naturels, progresser jusqu'au point où elle parvient à lier causalement l'état d'un système à un instant donné avec l'évolution des processus qui l'ont précédé et qui le suivront. Or, une telle tentative révèle qu'une application stricte du couple de concepts 'cause-effet' est impossible ; car il n'existe pas d'états chronologiquement voisins ; il est donc impossible de désigner, pour l'état d'un système, un autre état qui l'aurait immédiatement engendré ou qui en serait immédiatement l'effet.

Le formalisme physique rend compte de cette situation en reproduisant les rapports légaux naturels sous forme d'équations différentielles. Dans ces dernières, les grandeurs d'état ne sont pas, pour différents instants, présentées comme dépendantes les unes des autres, mais ces équations mettent en relation, au moyen de fonctions, les dérivées par rapport au temps de ces grandeurs et ces grandeurs elles-mêmes. Considérons par exemple la force d'attraction exercée par une grosse masse sur des corps plus petits, et la loi de la chute des corps qui détermine par là le mouvement de ces corps. Cette loi coordonne la distance à laquelle se trouve à n'importe quel moment du temps le corps en chute par rapport à la masse attractive, et

1. F. Fries, *Neue oder anthropologische Kritik der Vernunft*: [*Critique de la raison nouvelle ou anthropologique*. N. d. T.], deuxième édition, page XXIV et suivantes, Heidelberg, 1828 – nouvellement édité chez 'Öffentliches Leben', Berlin, 1935.

2. Pour les remarques suivantes, cf: L. Nelson: *Kritik der praktischen Vernunft* [*Critique de la raison pratique*. N. d. T.], Leipzig, 1917, p. 324 et suivantes.

l'accélération qu'il subit à cet endroit. Elle lie ainsi causalement la survenue du corps en chute à cet endroit avec l'accélération qu'il aura subi en ce même endroit. Qu'est-ce maintenant que cette accélération (en admettant qu'elle soit quelque chose) engendrée en tant qu'effet immédiat par l'état instantané du corps en chute et par celui de la masse attractive ? Elle est définie par un quotient différentiel – la dérivée de la vitesse de chute par rapport au temps – et décrit donc la variation de cette vitesse à l'endroit considéré. Mais cette variation de vitesse n'est manifestement pas un processus physique autonome qui, en tant qu'effet, pourrait être confronté à un autre processus identifié à sa cause. Elle n'indique bien plutôt que le *rapport* qui existe entre la vitesse instantanée et celle du processus naturel suivant. Et en outre, il s'agit d'un rapport dont les fondements ne se laissent pas univoquement fixer. Car où et quand cette variation de vitesse se produit-elle en fait ? A l'instant considéré lui-même – où le corps est à l'endroit indiqué et précisément à cet endroit – ni la vitesse, ni *a fortiori* sa variation, ne peuvent en tout cas être déterminées, et ce, quelle que soit l'exactitude de l'observation. Il faudrait disposer d'un domaine spatio-temporel plus étendu pour pouvoir les appréhender toutes deux. Mais tout domaine susceptible d'être choisi pour remplir cette fonction, tout environnement spatio-temporel de l'état considéré du corps en chute, excède déjà le domaine qui serait nécessaire pour déterminer l'accélération ; il comprend d'autres variations de vitesse qui, d'après l'équation différentielle, procèdent de la force d'attraction s'exerçant sur le corps, dans le cours ultérieur du mouvement de chute, en fonction de la distance parcourue. Il est donc absolument impossible d'isoler l'effet de la force d'attraction en un point déterminé du corps en chute, en parvenant, au sein des événements naturels, à délimiter les uns par rapport aux autres, de façon univoque, des processus qui entretiendraient immédiatement entre eux un rapport de cause à effet.

On se heurte précisément à la même difficulté lorsque l'on se propose de déterminer exactement l'état physique d'un système. D'un côté, les éléments qui entrent nécessairement en compte dans cette détermination, comme celui de la densité de masse d'un corps ou celui de la vitesse d'un processus, doivent être fixés pour tout point singulier de l'espace ou du temps ; mais d'un autre côté, ils ne se laissent déterminer que par des passages à la limite dont le résultat inclut un domaine spatial ou temporel fini autour de ces points. La question : 'à quelle partie du système physique se rapportent en fait la densité de masse ou la vitesse ?' reste encore une fois sans réponse et échappe ainsi aux considérations physiques : le point de l'espace et du temps auquel on fait formellement correspondre ces caractéristiques ne contient pas le porteur de ces propriétés ; sans quoi, ces dernières devraient se laisser déterminer à partir de lui seul. Mais aucune des parties, étendue et subsistant dans le temps, du système examiné, ne peut d'autre part prétendre [être le porteur de ces propriétés] – en tout cas pas en tant que totalité – puisque, quelle que soit la distance finie par rapport au point considéré, elle présente des densités de masse et des vitesses indépendantes des grandeurs recherchées et inutiles à leur détermination. Le passage à la limite ayant conduit à la détermination de la densité de masse et de la vitesse aurait pu être opéré sur une quelconque plus petite partie et aurait néanmoins conduit au résultat juste. Il ne saurait donc être question d'accéder aux propriétés des objets physiques ou des processus qui les déterminent comme ils sont constitués en eux-mêmes ; en fait, les prétendues propriétés des systèmes physiques n'établissent bien plutôt que certaines relations entre les parties du système, sans que ces parties, quant à elles, puissent être univoquement déterminées.

Ces relations singulières, qui interviennent sous de multiples formes dans toute description exacte de la nature, montrent que des bornes sont imposées à l'applicabilité de la représentation selon laquelle il y aurait des choses dans l'espace dont les états changeants se trouvent les uns avec les autres dans des rapports causaux sans lacune au cours du temps. La connaissance de la nature ne nous présente pas une réalité complètement déterminée selon ses propres propriétés internes, mais seulement des structures de relations, irréductibles dans la mesure où les fondements univoques et en eux-mêmes déterminés de ces relations ne peuvent être indiqués.

Le concept de substance et celui de causalité – et du même coup celui de choses situées dans l'espace et celui de leurs états évoluant conformément aux lois de la nature – ne sont pas pour autant éliminés des considérations physiques. Il apparaît seulement qu'ils ne décrivent pas adéquatement les événements naturels, mais qu'ils sont appliqués en tant que simples analogies. Or, en tant qu'analogies, ils trouvent à s'employer, voire sont indispensables au développement de la connaissance physique. Il suffit d'effectuer, quelque part dans l'analyse de la structure de relations, une 'coupure' au delà de laquelle [l'étude] du réseau de relations n'est pas poursuivie, pour appréhender à travers ces considérations bornées des choses situées dans l'espace et des liaisons causales entre divers processus. Tant que l'on n'a affaire qu'à des systèmes physiques finis et étendus dans l'espace et dans le temps, et que l'on n'a pas besoin d'examiner en détail, au delà d'une certaine limite, leur propre constitution interne, les difficultés relatives au passage à la limite, qui empêchent d'employer de manière complète les concepts de causalité et de substance, s'évanouissent. Or, de fait, toute observation commence en effet ainsi avec des systèmes finis, étendus, et se laissant appréhender comme des choses situées dans l'espace et comme des processus causaux se déroulant dans le temps. Par ailleurs, l'interprétation de la perception présentée plus haut conduit elle-même à la tâche d'aller plus loin, au delà de la frontière arbitraire qu'est la 'coupure', dans la détermination de ces choses et de ces processus ; elle conduit de ce fait à l'intelligence des bornes que l'on rencontre lorsque l'on progresse dans l'application adéquate de ces concepts ayant trait à la nature.

§ 17. Philosophie critique et mécanique quantique

Une parenté évidente rapproche ces raisonnements et les caractères philosophiques propres à la mécanique quantique. Si l'on oppose aux principes de la mécanique quantique les prétentions précédemment développées de la philosophie critique, on parvient au bilan suivant.

La philosophie critique affirme :

a) Que dans la formation de la connaissance de la nature, l'ordre est conféré au divers de la perception par le fait, et par le fait seulement, que les catégories, appliquées à des processus déterminés intuitivement dans l'espace et dans le temps, livrent le schéma théorique requis pour l'interprétation de la perception.

b) Que cet ordre est complet, dans la mesure où toute donnée empirique trouve sa place au sein des rapports légaux caractéristiques des processus naturels, et s'explique à partir de ces rapports. Dans les cas où, en présence de n'importe quelle observation, on n'a pas encore réussi à fournir cette explication – notamment en ce qui concerne la liaison des processus selon une causalité universelle – un problème significatif, non encore résolu, subsiste pour les recherches physiques.

c) Que les catégories elles-mêmes ne trouvent cependant pas d'application complète, dans la mesure où la mise en ordre du contenu de la perception, précisément quand elle aspire, au delà de toute borne arbitrairement fixée, au but d'une maîtrise universelle de la nature, en reste nécessairement à l'exploration de certaines structures de relations, et n'atteint pas l'unité d'une réalité déterminée en elle-même. Les catégories, qui sont fondées par la représentation de cette unité de la réalité, fournissent dans cette mesure, en tant que simples *analogies*, le fil conducteur de l'interprétation de la perception.

De façon surprenante, ces trois exigences se retrouvent au niveau des découvertes de la mécanique quantique.

Concernant a) : Bohr insiste en permanence sur le fait que les représentations classiques sont également indispensables aux recherches de la mécanique quantique ; ce qui montre que la rupture profonde avec les théories classiques n'a pas atteint ces concepts dont l'application assure la mise en correspondance du divers de la perception avec l'expérience physique. Certes, les 'concepts classiques' de Bohr présentent une série de traits empiriques et physiques étrangers aux catégories kantiennes ; en outre, jusqu'à aujourd'hui, il n'a nullement été démontré jusqu'à quel point les images classiques tiennent compte des conséquences philosophiques des catégories. Mais ces différences mettent en jeu des problèmes ayant trait à l'interprétation des théories classiques par la philosophie de la nature ; dans cette mesure, ces problèmes dépassent le domaine des présentes investigations. Le point décisif, c'est que la mécanique quantique se comporte de façon conservatrice justement là où elle a été si souvent louée de dépasser les anciennes représentations : les concepts fondamentaux qui médiatisent le passage de la perception à la connaissance de la nature ne sont pas remis en cause par la mécanique quantique, malgré les bouleversements révolutionnaires qu'elle a provoqués. Pour le schéma philosophique qui considère ces concepts comme l'expression de connaissances rationnelles *a priori*, cela signifie, sinon une justification, en tout cas une corroboration empirique très importante ; celle-ci a d'autant plus de poids que même les créateurs de la mécanique quantique à ses premiers stades d'évolution croyaient avoir complètement perdu le lien aux représentations classiques et la *compréhension* des processus naturels associée à ces dernières.

Concernant b) : Malgré les bornes – infranchissables, comme on peut le prouver – que déduit la mécanique quantique pour la prévision par le calcul de certaines observations futures, ce second postulat de la philosophie critique, et plus particulièrement l'exigence d'une applicabilité universelle de la loi de causalité, n'entre pas non plus en conflit avec la mécanique quantique. Il s'est plutôt avéré que le caractère inéluctable des bornes considérées ne pouvait être rendu certain qu'avec la preuve selon laquelle le formalisme de la mécanique quantique a déjà atteint la clôture causale ici exigée – en tout cas quant aux aspects des relations d'indétermination qui nous intéressent ici – et que *pour cette raison* ce formalisme n'est plus susceptible d'aucune extension.

Concernant c) : Par rapport à la physique classique, la mécanique quantique signifie une radicalisation des bornes mentionnées en c). Tandis que les antinomies démontrent que les représentations classiques de systèmes intuitifs construits dans l'espace et dans le temps, quand on les examine de plus près, perdent leur apparente indépendance et se dissolvent en une structure de relations dont les fondements demeurent en fin de compte indéterminés, la mécanique quantique accentue sensiblement ce caractère relatif de la description de la nature. Elle abandonne la représentation selon laquelle ces structures de relations sont univoquement déterminées par certains rapports objectifs des choses situées dans l'espace et dans le temps, et montre la dépendance [de ces structures] par rapport à la manière dont l'observateur prend connaissance du système. Or, même si cette démonstration dépasse largement le résultat de la doctrine des antinomies, elle devient pourtant compréhensible à partir de celui-ci, et permet réciproquement de rendre plus claire cette affirmation de moindre portée. Car la raison de toutes les difficultés qui entravent la compréhension de la mécanique quantique réside, nous l'avons vu, dans la représentation suivante : toute description de la nature (au sens strict du terme) appréhende des choses objectivement situées dans l'espace et se modifiant dans le temps, et doit décrire univoquement les choses d'après les propriétés qu'elles possèdent. Cette représentation tombe d'elle même quand on considère que la description physique atteint dans le meilleur des cas la caractérisation formelle d'une structure de relations dont les fondements restent indéterminés, mais non pas la représentation de substances en elles-mêmes déterminées. Même quand il s'agit de la description physique d'une telle structure de relations, il serait certes concevable et possible que les recherches empiriques déterminent aussi, *univoquement*, ce système de rapports. Mais ce n'est nullement nécessaire. Car la représentation de cette structure de relations n'est en aucun cas la reproduction adéquate d'une réalité homogène déterminée en elle-même ; elle ne présente dans le meilleur des cas, pour autant qu'elle fait ses preuves en tant que connaissance, qu'un aspect de la réalité, lequel ne permet pas d'appréhender complètement cette dernière. Et ainsi, il est tout à fait possible que cette représentation incomplète, même si elle est une connaissance, ne soit pas univoquement déterminée, mais révèle, en fonction des procédures d'observation, en fonction des questions dont partent les recherches, tels ou tels rapports. Seules les recherches physiques trancheront la question de savoir si la description de la nature est équivoque au sens précédent, ou si elle possède l'univocité présupposée par la physique classique.

§ 18. L'éclatement[1] *de la vérité*

Ces réflexions révèlent l'existence d'un lien encore plus profond entre les résultats de la mécanique quantique et les raisonnements de la philosophie critique. L'idéalisme transcendantal prouve que la connaissance de la nature n'est pas une appréhension adéquate de la réalité, mais ne fait qu'isoler de manière incomplète, au sein de cette réalité, des structures de relations dont les fondements demeurent indéterminés dans le cadre de cette connaissance ; une telle preuve laisse entrevoir la possibilité de connaître la réalité selon différentes approches, indépendantes les unes des autres et pourtant conciliables entre elles. C'est seulement avec l'intelligence de cette possibilité que s'ouvre la compréhension de la structure effective de la connaissance humaine, laquelle, quel que soit l'angle sous lequel on l'examine, n'est pas conforme au postulat d'une science universelle embrassant tous les domaines de la connaissance. La connaissance de la nature psychique côtoie, en tant que science indépendante et égale en droit, la connaissance physique ; ces deux sciences côtoient à leur tour d'autres types de considérations – axiologiques, éthiques, esthétiques – dont les prétentions à l'objectivité n'ont pas leur place dans les sciences de la nature, sans pour autant pouvoir être exclues par ces dernières du domaine de la connaissance.

Cet éclatement de la vérité en différentes perspectives sur le monde – ainsi qu'Apelt désigne la séparation, mise en évidence par Fries, entre les divers domaines de la connaissance[2] – a été admis et développé

1. [Nous avons traduit *Spaltung* par 'éclatement' bien que ce ne soit pas le sens ordinaire du terme allemand (scission, division), pour évoquer l'idée d'une connaissance non unifiée qui se réduirait à une multitude de perspectives. N. d. T.].

2. E. F. Apelt , 'Über Begriff und Aufgabe der Naturphilosophie' ['Sur le concept et la tâche de la philosophie de la nature'. N. d. T.], *Abhandlungen der Fries'schen Schule, neue Folge*, tome 1, fascicule 1, p. 104, Göttingen, 1906. La parenté des réflexions d'Apelt avec les arguments de la mécanique quantique est clairement mise en évidence par les images au moyen desquelles est décrite la variété des domaines possibles de la connaissance. Apelt écrit : « La connaissance humaine ne ressemble pas à une surface plane qu'on pourrait embrasser complètement d'un seul regard à partir d'un point élevé ; mais elle ressemble plutôt à un paysage vallonné dont l'image complète ne se laisse reconstituer qu'au fur et à mesure à partir de vues partielles. Plusieurs points de vue d'altitudes diverses existent, présentant chacun une perspective différente, et d'où certaines choses tantôt s'offrent, tantôt se dérobent à la vue ». Et de Broglie présente comme suit la complémentarité des mesures de position et d'impulsion : « Nous avons en quelque sorte affaire à deux plans que nous ne pouvons voir simultanément avec précision. Procédons à une comparaison : soit une figure, dont les différentes parties sont

d'une façon spécifique par les recherches physiques au cours de leur progression. Du caractère relatif de la description quantique de la nature, il résulte que même au niveau des considérations purement physiques qui traitent des systèmes naturels, différentes représentations se côtoient simultanément : aucune ne prétend à une validité absolue, mais toutes ne valent que relativement au rapport à l'observation considéré et peuvent par conséquent être conciliées les unes avec les autres en dépit de leur différence. De ce point de vue, la nouveauté qu'introduit, pour la philosophie de la nature, la mécanique quantique, peut être décrite ainsi : l'éclatement de la vérité va plus loin que ne le supposaient auparavant la philosophie et les sciences de la nature. Il gagne la connaissance physique de la nature elle-même ; au lieu de se contenter d'établir une frontière entre cette dernière et d'autres possibilités d'appréhension de la réalité, il isole de surcroît, à l'intérieur du mode physique de description, des représentations différentes et égales en droit, qui ne se laissent pas réunir en une image unique de la nature.

Dans les exposés fondamentaux de la mécanique quantique fournis par Heisenberg[1], les raisonnements caractéristiques de cette doctrine de l'éclatement de la vérité apparaissent clairement. Marqué par les progrès et les conquêtes des recherches physiques qui ont tranché des questions posées depuis des millénaires et ont satisfait les prétentions à connaître la nature, Heisenberg a également su prendre en compte l'autre caractère, souvent méconnu, de la connaissance de la nature ; il

dessinées sur deux plans parallèles π et π' situés à une faible distance l'un de l'autre. Si nous observons la figure à travers un instrument d'optique pas trop précis, nous pouvons le régler sur un plan situé entre π et π', et obtenir une image encore assez fidèle à la figure. Nous avons alors l'impression que la figure est plane. Mais si nous utilisons un très bon instrument, il ne pourra en même temps représenter précisément π et π'. Plus nous le réglons sur π, plus nous distinguons mal les parties dessinées sur π', et réciproquement ; ainsi, nous sommes obligés de prendre connaissance du fait que la figure ne se trouve pas dans un seul plan. La mécanique classique correspond à l'instrument imprécis : elle nous donne l'impression de pouvoir déterminer simultanément et avec exactitude la position et la vitesse de la particule. Mais avec la nouvelle mécanique, qui correspond à l'instrument précis, nous devons constater que la localisation spatio-temporelle et la description de l'énergie sont deux plans différents de la réalité qu'on ne peut voir simultanément avec précision ». (L. de Broglie, *Wellenmechanik* [*Mécanique ondulatoire*. N. d. T.], Leipzig, 1929, p. 7 et suivantes).

1. W. Heisenberg, 'Zur Geschichte der physikalischen Naturerklärung' ['De l'histoire de l'explication physique de la nature'. N. d. T.], *Berichte der Mathematisch-Physikalischen Klasse der Sächsischen Akademie der Wissenschaften zu Leipzig*, Leipzig, 1933, tome 85, p. 29-40.

a ainsi souligné qu'en dépit de tels succès, tout progrès dans l'explication de la nature s'accompagne d'un renoncement : le renoncement « à une compréhension du monde au sens originel ». A cette compréhension, se substitue en physique une appréhension seulement formelle des rapports naturels, laquelle laisse également place, parallèlement à la connaissance physique, à d'autres manières de connaître, empruntant d'autres chemins.

L'existence d'un lien entre les raisonnements de l'idéalisme transcendantal et les fondements philosophiques de la mécanique quantique ne contredit absolument pas le fait que le progrès de la physique, de la théorie classique à la mécanique quantique, repose manifestement sur les enseignements de l'expérience et est indépendant de toute spéculation philosophique. L'*expérience* a décidé contre le schéma, généralement admis et jamais remis en cause auparavant, selon lequel on pourrait s'approcher d'une description objective de la nature avec une quelconque précision et indépendamment du rapport à l'observation. Et les découvertes de la mécanique quantique – ne serait-ce que parce qu'elles sont le résultat du progrès de recherches *empiriques* – se distinguent essentiellement des antinomies qui fondent l'idéalisme transcendantal et qui reposent intégralement sur des réflexions mathématiques et philosophiques.

Même les fondateurs de la philosophie critique qui ont découvert la doctrine de l'idéalisme transcendental et en ont développé les conséquences, étaient bien loin de prévoir l'évolution qui allait mener de la physique classique à la mécanique quantique. Il est compréhensible qu'il ne l'aient pas prévue, mais qu'en dépit de l'intelligence de la diversité des rapports possibles de connaissance, ils se soient arrêtés aux considérations physiques de la nature et y aient vu une connaissance homogène, en elle-même close, indépendante du rapport à l'observateur ainsi que de la manière dont il observe. Car étant donné que toutes les connaissances se fondent sur la conviction de l'unité du monde, ce n'est pas l'unité et le caractère clos d'une conception du monde qui est étrange et appelle une explication, mais justement l'éclatement de la vérité en différentes conceptions du monde. Et jusqu'au développement de la mécanique quantique, il n'y avait pas de raison de considérer que, dans le domaine des sciences de la nature, cet éclatement était encore plus profond que celui que donnent à connaître les antinomies. C'est la physique qui semblait jusque-là être sur la meilleure voie pour réaliser, sinon parfaitement, du moins en s'en approchant indéfiniment, le programme d'une conception objective de la nature, indépendante du rapport à l'observation considéré.

S'il revient incontestablement aux recherches physiques le mérite d'avoir permis que soit franchi un pas décisif dans la compréhension des fondements philosophiques de notre connaissance de la nature, ce progrès ne signifie pas pour autant l'introduction d'une rupture par rapport à l'évolution de la philosophie antérieure ; de même, on ne doit pas présenter la mécanique quantique comme introduisant une rupture par rapport à la physique classique. Un examen approfondi montre plutôt que les découvertes décisives de la mécanique quantique, malgré toutes les divergences, qui sautent d'abord aux yeux, avec les conséquences supposées de la philosophie critique, se connectent sans contradiction aux principes de cette philosophie, et que leur signification pour la connaissance de la nature devient compréhensible à partir de ces principes.

POSTFACE

INTRODUCTION

L'écrit de Grete Hermann a le mérite d'être l'un des premiers à s'attaquer aux fondements philosophiques de la physique quantique. Il donne à voir de manière particulièrement flagrante toute la complexité du concept de causalité. Son intérêt ne tient pas tant aux solutions adoptées *in fine* – qui, pour un certain nombre d'entre elles, comme on va le voir, résistent mal à la critique – qu'aux voies novatrices de résolution dans lesquelles il tente de s'engager. Qu'on y adhère ou non, les développements de Grete Hermann offrent un lieu a partir duquel on peut déplacer la manière de poser certaines questions philosophiques anciennes et en renouveller le traitement.

Ainsi, qu'à des prédictions statistiques puissent être superposées des explications strictement déterministes, que l'explication physique valable dans chaque expérience singulière ne puisse être donnée qu'après avoir réalisé l'expérience, mais qu'elle soit néanmoins susceptible d'être testée dans un second temps à partir de ses conséquences ultérieures, voilà matière à reconsidérer la liaison entre prédiction, explication et vérification et à mettre en relief toute sa complexité.

Par ailleurs, la tentative de Grete Hermann pour restaurer la causalité stricte en superposant aux prédictions quantiques statistiques des explications classiques, parce qu'elle entreprend de faire cohabiter de manière encore plus radicale que celle de Bohr deux descriptions du monde au premier abord conceptuellement incompatibles, engage à rediscuter l'essence du lien qui unit toute théorie physique restreinte (formalisme mathématique mis en correspondance avec des phénomènes observables) à une interprétation globalisante chargée de définir la nature des entités physiques considérées, la nature de leurs relations, et le rapport de ces objets à la connaissance humaine. Quel statut conférer à de telles interprétations ? Ne sont-elles que de belles histoires superflues que le physicien greffe après coup sur un outil prédictif autonome ? Ou ont-elles une fonction heuristique dans l'élaboration de cet outil ? Quelle valeur ontologique leur accorder, dès lors que plusieurs scénarios apparaissent compatibles avec la théorie restreinte la plus générale ? Doit-on définir les modalités qui permettraient de maintenir ensemble ces divers scénarios, ou bien n'en conserver qu'un seul, ou bien encore les éliminer tous en bloc ? De telles questions rejoignent celles qui concernent la nature de la connexion entre prédictions (niveau de la théorie restreinte) et explications (niveau interprétatif supérieur). Elles exigent de reconsidérer et de préciser la notion de complétude d'une théorie, de différencier complétude du formalisme et complétude des explications associées.

La confrontation hermannienne entre philosophie kantienne et physique quantique incite en outre à interroger plus généralement la démarche philosophique qui entreprend de soumettre un système de pensée au tribunal de l'histoire. Quelles limites rencontre une telle démarche ? Quels bénéfices peut en attendre la philosophie ? Questions qui débouchent sur cette autre : quels critères permettent de conclure à l'identité des concepts, lorsque le réseau des signifiants qui les repère évolue ?

Bref, le texte de Grete Hermann est un puissant stimulant pour la réflexion. Dans un premier temps, nous nous sommes avant tout attachés à soumettre ses raisonnements à la critique, ainsi qu'à indiquer leurs conséquences philosophiques sans toutefois pouvoir chaque fois les développer systématiquement ici. Certaines objections auraient pu être (et ont parfois été) adressées à Grete Hermann par ses contemporains, d'autres s'appuient au contraire sur les enseignements de l'histoire et de la philosophie des sciences post-hermanniennes. Dans tous les cas, ce n'est qu'en gardant présent à l'esprit le fait que Grete Hermann entreprend là un véritable travail de pionnier que le lecteur pourra estimer à sa juste valeur l'apport de cette philosophe. Dans un second temps, consacré à une réflexion plus personnelle, nous avons cherché à déterminer jusqu'où le parallèle entre les conceptions de Kant et de Bohr pouvait être poursuivi. Ce faisant, nous avons été amenés à nous interroger d'une manière plus générale sur ce que la philosophie peut attendre d'une confrontation entre philosophie critique et physique quantique.

I. CRITIQUE DES THÈSES HERMANNIENNES : GRETE HERMANN RÉUSSIT-ELLE À 'SAUVER' LA CAUSALITÉ ?

Le noyau de la thèse de Grete Hermann peut se résumer en trois points :

(A) La physique quantique est une description objective mais relative à une situation d'observation.

(a_1) Objective, au sens où elle constitue ses objets de connaissance par l'application de règles constantes et universelles à une matière empirique ;

(a_2) relative, car elle traite, non plus des objets en eux-mêmes, mais d'objets en interaction avec des dispositifs de mesure.

(B) Pour toute situation d'observation définie, on peut, après avoir concrètement effectué une mesure et pris connaissance de son résultat, reconstituer, à rebours et de manière complète, l'enchaînement causal ayant nécessairement produit un tel résultat.

(b_1) La reconstitution causale est complète, au sens où tous les paramètres qui conditionnent le résultat final obtenu y sont identifiés et caractérisés ;

(b_2) La reconstitution causale met en œuvre les concepts fondamentaux de la physique classique (comme ceux d'onde et de corpuscule), mais, dans la nouvelle situation, les expériences de dualité montrent que de tels concepts s'appliquent seulement de manière limitée ;

(b_3) La reconstitution est nécessaire, puisque, confrontée à l'expérience, elle s'avère validée : en effet, la reconstitution *a posteriori* permet des prévisions médiates (et non plus, comme en physique classique, immédiates au sens où elles peuvent être énoncées avant l'effectuation de la première mesure) qui, elles, peuvent être vérifiées.

(C) Puisque l'on possède déjà l'ensemble des causes qui déterminent tout résultat de mesure obtenu dans des conditions définies, l'hypothèse d'éventuelles variables cachées perd tout crédit : rechercher des paramètres supplémentaires supposés mettre un terme au caractère statistique de la description quantique devient en principe inutile.

Avant de soumettre à une critique détaillée le contenu des conclusions de Grete Hermann, considérons le point d'où s'élaborent de telles conclusions. Toutes procèdent de l'application d'une théorie de la mesure *dite* classique *aux phénomènes quantiques*. Or, la théorie classique n'a été corroborée que dans un certain domaine d'application dont la théorie quantique révèle justement le caractère borné. Le principe de correspondance, cher à Grete Hermann, a précisément pour fonction de spécifier ces limites. Dans ces conditions, on peut regretter que Grete Hermann n'entreprenne pas davantage de légitimer le recours à une théorie classique de la mesure[1].

1. Cette critique n'est pas de celle qu'une époque plus avancée dans la réflexion sur un problème surgi de l'histoire adresse à une époque fraîchement confrontée à ce même problème. Schrödinger et d'autres contemporains de Grete Hermann avaient déjà, dès la fin des années vingt, explicitement critiqué l'emploi illégitime des conceptions classiques pour l'interprétation des mesures : « *n'est-il pas plutôt hardi d'interpréter les mesures d'après une représentation que nous savons fausse* ? », écrit E. Schrödinger (voir présentation introductive, section II-4). En fait, si Grete Hermann n'entreprend pas de justifier davantage le recours à la théorie de la mesure qui sous-tend ses explications, c'est qu'elle croit en avoir prouvé la légitimité (voir plus bas, section I-3-2).

I-1. Les reconstitutions proposées par Grete Hermann sont-elles nécessaires ? Critique de leur procédure de vérification

I-1-1. Nature des vérifications médiates

La grande majorité des penseurs classiques et Kant lui-même[1] admettent que le type de liaison mis en jeu par le concept de causalité consiste en une succession *nécessaire* d'événements. De même, la nécessité est pour Grete Hermann inhérente au concept de causalité. Quel critère permet de garantir que les reconstitutions causales *a posteriori* présentent l'enchaînement *nécessaire* des phénomènes ? C'est, selon Grete Hermann, la possibilité de formuler des prédictions médiates susceptibles d'être confrontées à l'expérience.

> Dans tous les cas d'événements par principe imprévisibles par le calcul, la mécanique quantique propose une explication causale qui ne se laisse contrôler que par [la procédure suivante] : de ces événements, on conclut, à rebours et médiatement, à leurs causes ; ensuite, à partir de la supposition qu'il y avait cette cause, on déduit des prédictions sur les événements futurs, dont l'avènement peut être contrôlé empiriquement. Ainsi, dans l'exemple traité, le noircissement de la plaque est imputé aux processus qui se sont déroulés lors du choc de l'électron et du quantum de lumière ; à partir d'eux, on peut inférer, selon un cheminement inverse, l'état, encore accessible à l'observation, de l'électron (p. 99).

Mais l'auteur ne précise pas davantage. En particulier, il ne détaille pas du tout la procédure de vérification médiate. Certes, l'électron reste accessible à l'observation ; mais puisque les expériences vérificatrices doivent avoir lieu *après* l'obtention du résultat à partir duquel l'hypothèse causale à tester peut être formulée, comment peuvent-elles prétendre mettre à l'épreuve une explication qui vise des processus ayant eu lieu *avant* l'obtention d'un tel résultat ?

La situation est la suivante (voir le schéma 1) : après avoir mesuré une première fois l'impulsion avec le microscope M_1 (mesure I), le physicien obtient un phénomène O_1. Il en déduit la valeur q_1, par un raisonnement qui part des effets et remonte à leurs causes C successives, du type : 'O_1 (effet), parce que C_n, parce que C_{n-1}, ..., parce que C_2, parce que q_1 (= C_1)' Quelles nouvelles prédictions pourrait-il formuler, qui, soumises à l'expérience, valideraient en cas de succès l'enchaînement causal considéré ? Ces prédictions médiates ne peuvent concerner la variable conjuguée de celle pour laquelle la reconstitution à tester fournit une hypothétique valeur. Car

1. « Tout ce qui arrive (commence d'être) suppose quelque chose à quoi il succède, d'après une règle » (E. Kant, *Critique de la raison pure*, PUF, 1990, p. 182). « Suivant une telle règle, il faut donc que ce qui en général précède un événement renferme la condition selon laquelle cet événement suit toujours et d'une manière nécessaire » (*op. cit.*, p. 185).

aucune théorie connue ne permet de pronostiquer de manière certaine la valeur de la première à partir de celle de la seconde.

Cette réflexion et la citation précédente suggèrent que la prévision médiate sera du type : 'si l'expérimentateur procède, après la première mesure, à une seconde mesure d'impulsion, il retrouvera la valeur q_1[1]. Mais étant donné que cette valeur q_1 ne lui est pas directement accessible, puisqu'elle constitue justement le terme de la déduction causale à tester, les étapes de la procédure de vérification médiate – supposée corroborer rétroactivement les chaînes causales proposées – doivent être spécifiées.

Supposons (voir schéma 1) que le physicien envisage de procéder, après la première mesure (I), à une seconde mesure d'impulsion, à l'aide du *même* dispositif expérimental M_1. A partir de l'hypothèse que l'électron possède q_1 après la première mesure, il peut prévoir le résultat de cette nouvelle mesure. Il lui suffit de réeffectuer en sens inverse le raisonnement causal précédent : 'si q_1, alors C_1, ..., C_n, alors O_1'. Il réalise l'expérience (mesure II) et observe le phénomène O_1 attendu. Une telle procédure peut-elle être considérée comme une mise à l'épreuve rétrospective de la reconstitution causale postulée ? En aucun cas, puisque n'importe quel autre scénario ayant O_1 pour terme final aurait conduit exactement à la même prévision que celle qui s'avère corroborée. Tout ce que la procédure permet à la rigueur de conclure, c'est que si les mesures I et II sont bien identiques, et si elles nous renseignent bien sur une caractéristique de l'électron, alors cette caractéristique est constante.

1. Notons que les conditions auxquelles doit se soumettre la procédure de vérification médiate ne sont pas identiques selon que les mesures portent soit sur la variable de quantité de mouvement, soit sur celle de position. Car dans l'expérience de von Weizsäcker, la quantité de mouvement reste constante, tandis que la position évolue avec le temps. Dès lors, si l'on avait raisonné à partir de l'exemple d'une mesure de position, il aurait fallu – en plus de la condition selon laquelle les mesures destinées à étayer la vérification médiate doivent porter sur la *même* variable que celle sur laquelle portait la mesure du résultat imprévisible – qu'une seconde condition soit également réalisée. Précisons laquelle.

Si p n'est pas constante, connaître uniquement, à un instant donné, la valeur $p_1(t_0)$, ne permet pas de prédire univoquement la valeur $p_2(t_1)$ de la même variable à un temps ultérieur, tant que l'on ignore celle de sa variable conjuguée q. Par conséquent, aucune prévision certaine ne peut être mise à l'épreuve de l'expérience à un temps t_1 éloigné de t_0. Bref, si la reconstitution causale a déduit du résultat de la première mesure de position – imprévisible mais obtenu – la valeur $p_1(t)$, et si les prévisions médiates doivent porter sur cette même variable p, les expériences vérificatrices s'effectueront forcément *à un temps t' très proche de t*. Du coup, la seule prévision médiate possible sera : 'si l'expérimentateur procède, *immédiatement* après la première mesure, à une seconde mesure de position, il retrouvera la valeur p_1'.

Schéma 1

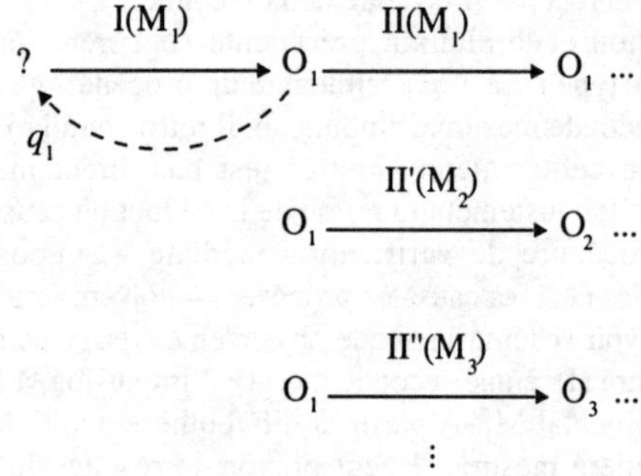

Supposons maintenant (voir schéma 1) que le physicien réalise, à la suite de la mesure I, une seconde mesure (II') d'impulsion, au moyen d'un instrument de mesure *différent* (M_2). Par exemple, il fait appel à un dispositif utilisant l'effet Doppler, et formule une nouvelle prévision, du type : 'si q_1, alors la fréquence ν_1 du photon incident deviendra ν_2 après le choc avec l'électron, et, étant données les caractéristiques internes du spectromètre, c'est le phénomène O_2 qui sera observé'. Cette fois, il y a bien prédiction d'un phénomène *nouveau* (O_2). La prédiction n'est certes pas l'exacte réplique en sens inverse de l'explication causale que l'on cherche à tester, mais les mêmes principes sous-tendent sa construction, à savoir les concepts et les lois 'classiques'. Si l'on adopte une conception holiste de la théorie classique, autrement dit si l'on considère cette théorie comme un tout organique dont les éléments constitutifs sont intrinsèquement solidaires ; si en outre l'on réalise, à la suite de la première mesure d'impulsion (I), au moyen de dispositifs chaque fois différents (M_3, M_4, etc.), un très grand nombre de mesures de la même variable (II", II'", etc.), et que l'on obtient chaque fois le phénomène anticipé par les explications causales classiques, alors une telle convergence de résultats peut amener à conclure, dans la perspective vérificationniste que semble adopter Grete Hermann, à la nécessité des enchaînements considérés.

Est-ce là le raisonnement implicite de Grete Hermann ? Comment expliquer dans ce cas qu'elle reste aussi allusive sur la procédure de vérification, alors même que la nouveauté radicale du caractère médiat introduit appelle au contraire une légitimation ? Sans doute considère-t-elle que *la méthode* de cette procédure de validation reste globalement conforme à celle qui sous-tend la procédure classique habituelle, et que cette dernière a, quant à elle, déjà suffisamment fait ses preuves pour que puisse être faite l'économie d'une discussion de ses fondements. Soumettre les vérifications médiates de Grete Hermann à la critique exigerait d'examiner en détail la méthode par laquelle les physiciens confrontent leurs hypothèses à l'expérience. Il faudrait en particulier se demander si, comme Grete Hermann semble l'admettre sans plus de discussion, une chose telle que la vérification existe[1]. Mais il suffit ici d'affronter une question plus modeste : les prétendues 'vérifications médiates' obéissent-t-elles aux mêmes règles que celles qui sous-tendent la procédure classique de mise à l'épreuve des hypothèses causales ? Autrement dit, le procès qui amène à accepter un ensemble d'hypothèses (sans préjuger de sa nature : vérification, falsification...), est-il similaire en physique classique et dans le cas des reconstitutions *a posteriori* de Grete Hermann ?

I-1-2. Nécessité des explications fournies *a posteriori*

Au premier abord, on pourrait être tenté de répondre positivement. Car une fois le résultat q_1 obtenu, la physique quantique permet de prévoir avec certitude le résultat ultérieur d'une mesure de la variable q. En effet, le physicien a alors affaire à un cas particulier : le système se trouve dans un

1. Les termes auxquels Grete Hermann fait appel pour qualifier la confrontation des hypothèses physiques à l'expérience sont 'contrôler' (*Kontrollieren*) et 'vérifier' (*nachprüfen*). D'une manière générale, Grete Hermann semble se placer d'emblée dans un cadre vérificationniste de raisonnement, ce qui peut paraître étonnant si l'on considère le fait qu'elle cite par ailleurs les travaux de Karl Popper (sur un point, il est vrai, qui ne met pas directement en jeu la thèse falsificationniste de ce dernier, voir p. 101 note 1). En fait, le point de vue de Grete Hermann sur la question peut être esquissé à partir du compte rendu critique qu'elle propose de la *Logik der Forschung* de Karl Popper, l'année même de la parution du livre (*Physikalische Zeitschrift*, 1935, 36, p. 481-482). Dans cet article, elle commence par résumer – assez fidèlement nous semble-t-il – ce qu'elle considère comme le noyau essentiel des thèses de Popper : la substitution de la réfutabilité à la vérifiabilité – les théories les plus résistantes subsistant mais restant toujours susceptibles d'une réfutation ultérieure ; l'idée que toute proposition (y compris celles dont le contenu semble au premier abord devoir être assimilé à un simple constat empirique) met déjà en œuvre une théorie, et s'identifie de ce fait au mieux à une hypothèse ayant *jusque-là* fait ses preuves. L'avantage qu'il y a à définir la science à partir de ces deux prémisses, remarque Grete Hermann, c'est de débarrasser la philosophie des sciences de toutes les difficultés liées aux tentatives pour trouver un fondement absolu aux hypothèses physiques : puisqu'il s'agit seulement de déduire, à partir d'énoncés universels, des énoncés singuliers réfutables qui seront, après confrontation à l'expérience, acceptés ou refusés par décision *méthodologique*, le problème de l'induction, comme celui de la causalité, disparaissent. Mais c'est, poursuit-elle, un avantage purement conceptuel, pour lequel le prix à payer est en contrepartie extrêmement coûteux. La conception popperienne de la science suppose en effet de renoncer à rendre compte de la prétention à la connaissance qui caractérise la physique, puisqu'accepter ou refuser les énoncés de base par décision méthodologique revient, selon Grete Hermann, à faire reposer la physique sur des décisions qui, d'un point de vue logique, restent purement arbitraires. Or, la tonalité de l'article indique que la jeune néo-kantienne n'est nullement prête à payer un tel prix. Telle que nous comprenons sa position, la physique semble à ses yeux étroitement liée à la connaissance authentique, et la vérité des énoncés de la physique paraît reposer sur la possibilité d'une vérification digne de ce nom (autrement dit d'un verdict de l'expérience qui, sans forcément être définitivement irréfutable, reste intimement lié aux caractères intrinsèques de cette expérience), même si Grete Hermann n'explicite pas les modalités de la procédure de vérification. Bref, l'auteur n'entend pas renoncer à fonder positivement la vérité de la physique.

état propre de l'observable considérée (ici celle de quantité de mouvement). Si, après la mesure I, les prévisions *de la théorie quantique* deviennent, comme celles de la physique classique, certaines (leur probabilité est égale à l'unité), n'est-on pas ramené à la situation classique de mise à l'épreuve ?

Deux remarques montrent qu'il n'en est rien. La première insiste sur le fait qu'après la mesure I, la théorie quantique restreinte prévoit certes que le résultat q_1 d'une mesure de la variable q a 100% de chances d'advenir, mais – contrairement aux reconstitutions de Grete Hermann – ne spécifie aucunement le lien entre cette valeur et les phénomènes susceptibles d'être obtenus au terme d'une mesure. Dès lors, s'accorder sur le fait que c'est effectivement la valeur q_1 qui correspond au phénomène obtenu par la mesure ne saurait valider les étapes intermédiaires qui connectent, dans les reconstitutions causales de Grete Hermann, les phénomènes O_1, O_2, etc. résultant de chaque mesure, à la valeur q_1 de la variable considérée. Tout au plus établit-on ainsi une corrélation entre ces phénomènes et cette valeur, mais en aucun cas le scénario qui les coordonne. Car toute autre histoire cohérente ayant même début et même fin déboucherait sur les mêmes prédictions. Or, le formalisme quantique lui-même n'impose ni ne privilégie aucune de celles qui peuvent être imaginées.

Soit par exemple la théorie à variables cachées de David Bohm[1]. En 1952, ce dernier parvient à rendre compatible l'ancienne théorie de l'onde pilote, conçue puis finalement abandonnée par de Broglie, avec les prédictions de toutes les théories quantiques connues. Dans ce modèle mathématisé, les particules apparaissent guidées par une onde dont la forme dépend de la configuration *d'ensemble* de l'univers. On conserve le concept de particules[2], mais c'est de manière *non locale* que la trajectoire de ces particules est désormais pilotée. Le caractère statistique de la description s'explique alors par un défaut de connaissance : le physicien ne peut embrasser la totalité des paramètres qui déterminent la structure de l'univers et celle des appareils de mesure. Une telle conception permet de rendre compte de la connexion entre les phénomènes O_1, O_2, etc., et la valeur q_1 correspondante, autrement qu'en invoquant avec Grete Hermann la complémentarité des représentations classiques. Deux corpuscules, l'électron et le photon, interagissent, puis le photon, piloté par son onde associée, se dirige vers la plaque photographique selon une trajectoire déterminée par la configuration totale de l'univers.

1. D. Bohm, *Wholeness and the implicate order*, Routledge, 1990.

2. D'après les récentes recherches d'Harvey Brown (Oxford), le modèle de Bohm impliquerait la non-localité de la masse et de la charge des particules, celles-ci conservant une position déterminée à tout instant. Si c'est le cas, les particules qui interviennent dans la théorie de Bohm ne sauraient être assimilées aux objets classiques du même nom. Harvey Brown a évoqué ces résultats lors d'une scéance du Séminaire 1994/1995 du Groupe de Recherche en Histoire et en Philosophie des Sciences Physiques, en décembre 1994, à l'Institut d'Histoire et de Philosophie des Sciences et des Techniques.

Pourtant, le nouveau scénario invoqué diffère de celui de Grete Hermann, dans la mesure où, avant *comme après* la mesure, la théorie de Bohm reste incapable de spécifier la trajectoire particulière empruntée par le corpuscule. Le principe causal est exposé, mais les causes ne peuvent être *spécifiées* à chaque instant. C'est là un argument pragmatique non négligeable en faveur des reconstitutions de Grete Hermann. Néanmoins, *en principe*, rien n'interdit de supposer qu'un jour le physicien disposera de scénarios concurrents capables de spécifier les causes et de prévoir les phénomènes O_1, O_2, etc. à partir de q_1, selon d'autres chaînes que celles auxquelles Grete Hermann a recours.

La seconde remarque atténue la portée de l'argument pragmatique précédent. Car comme le fait apparaître clairement le schéma 1, l'explication proposée pour rendre compte de l'expérience I n'est jamais testée sur une expérience identique à I, et ne peut l'être. Elle doit forcément être étayée par des expériences qui succèdent à I, et qui sont *supposées* soit lui être identiques (c'est le cas de II), soit être du même type (comme II', II", etc.). Bref, conclure, à partir des procédures II, II', II", etc., que les explications causales mises en jeu pour prévoir les phénomènes O_1, O_2, O_3, etc., peuvent être également appliquées à la situation I dont le résultat ne saurait être prédit, revient à accepter l'hypothèse (H) suivante : l'expérience I est *essentiellement similaire* aux expériences II, III, ... , N effectuées ensuite. Ce qui signifie que les paramètres fondamentaux qui ont déterminé la mesure I – à savoir, selon Grete Hermann, les variables classiques – déterminent de même les mesures II, II', II", etc. Mais admettre cela, c'est exprimer sous une autre forme la non-existence de variables cachées qui viendraient s'ajouter aux variables classiques. *En postulant implicitement (H), Grete Hermann présuppose donc ce qu'elle désire démontrer.*

Certes, un principe d'économie incite tout naturellement à accepter (H). Mais en toute rigueur, d'autres hypothèses peuvent lui être substituées. Par exemple :

(H_1) : l'opération de mesure produit le phénomène O_1 à partir de q_1, en fonction de variables inconnues qui n'interviennent plus ensuite dans les situations II, II', II", etc.

(H_2) : c'est seulement au moment où le phénomène O_1 apparaît, voire au moment où le physicien en prend connaissance, que l'électron acquiert la valeur q_1, par un type d'action en retour restant à préciser.

(H_3) : Les phénomènes naturels sont dans certains cas (I) fondamentalement indéterminés (ou plus exactement statistiquement déterminés), tandis qu'ils obéissent dans d'autres configurations (II, II', etc.) à une causalité stricte, sans que les raisons de cette partition puissent, tout au moins à l'heure actuelle, être énoncées.

Or, il est impossible de trancher entre les hypothèses (H), (H_1), (H_2) et (H_3) au moyen du processus de vérification médiate tel que le conçoit Grete Hermann – ou du moins tel que le lecteur peut se le représenter à partir des quelques indices dont il dispose. Bref, les chaînes causales classiques proposées après la mesure ne sont *pas nécessaires*. Tout au plus peut-on leur conférer le statut d'*histoires possibles* permettant de connecter les variables intervenant dans le formalisme quantique aux phénomènes obtenus par des opérations de mesure spécifiées.

Max Jammer énonce une conclusion analogue sans en fournir de justification détaillée. Il renvoie à deux articles écrits respectivement en 1940 et 1952 :

> De l'avis des auteurs, (...) [Grete Hermann] ne prouve pas, comme elle le prétend, qu'une reconstruction conceptuelle rétrodictive du processus de mesure fournit une explication complète du résultat particulier obtenu. Bien qu'une telle reconstruction puisse prouver la possibilité du résultat obtenu, elle ne prouve pas sa *nécessité*[1].

L'article de 1940[2], écrit par M. Strauss dans *The journal of unified science* édité par Carnap et Reichenbach, commence par féliciter Grete Hermann d'avoir énoncé avec une extrême rigueur les réquisits que devrait satisfaire toute démarche visant à démontrer la validité de la causalité en physique quantique. Mais il reproche ensuite à Grete Hermann de ne pas s'être conformée elle-même aux exigences annoncées, en particulier de s'être contentée d'une formulation vague du critère causal promis. Il récuse finalement la validité des explications *a posteriori* de Grete Hermann à partir de deux arguments :

> Premièrement, l'hypothèse causale mentionnée n'est pas vérifiable au sens précédemment défini [au sens où la cause proposée après coup doit être vérifiable par d'autres mesures] ; puisque la position de l'électron (cause) est inférée *rétrospectivement* à partir de la position du point de noircissement (effet), on ne peut déduire davantage de prévisions à partir de la cause qu'antérieurement à partir de l'effet. Deuxièmement, en raison de la complémentarité, nécessaire pour que la théorie ne soit pas contradictoire, on n'a même pas le droit d'attribuer de réalité (au sens habituel de la physique) à la 'cause'[3].

Pour M. Strauss, qui semble s'inscrire dans le cadre vérificationniste des positivistes logiques du Cercle de Vienne, si le physicien n'est pas autorisé à accorder, comme le fait selon lui Grete Hermann, la moindre réalité à la position ou à la vitesse de l'électron *avant* le choc[4], c'est qu'une interpré-

1. M. Jammer, *The philosophy of quantum mechanics*, Wiley-Interscience Publication, 1974, p. 209.

2. M. Strauss, *Journal of United Science (Erkenntnis)*, 8, p. 379-383, 1940.

3. M. Strauss, *op. cit.*, p. 381.

4. Qu'une telle affirmation soit fidèle à la thèse de Grete Hermann reste pour le moins discutable. La lettre du texte permet de conclure avec certitude que pour l'auteur, la valeur q_1 de la variable fournie par la déduction *a posteriori* vaut à l'instant de la mesure (au moment précis du choc entre l'électron et le photon). Quant au statut de cette valeur *avant* le choc, il est plus délicat de déterminer la position de Grete Hermann. Pour rester cohérente avec l'assertion selon laquelle le résultat est relatif à une situation d'interaction et non aux propriétés d'un objet indépendant, Grete Hermann devrait refuser d'attribuer à

tation objective des relations de Heisenberg montre qu'un emploi légitime des dispositifs expérimentaux ne fournit aucun moyen de vérifier une telle hypothèse.

L'article de W. Büchel de 1952[1] accorde à Grete Hermann la vérifiabilité de ses reconstitutions causales, sans en préciser davantage qu'elle-même les modalités. Mais il estime que l'exemple sur lequel elle s'appuie n'est qu'un cas particulier, et que, dans la grande majorité des situations, les explications proposées ne peuvent être soumises à l'épreuve de l'expérience.

Grete Hermann reconnaît l'absolue nécessité, en physique quantique comme en physique classique, d'un critère de causalité qui garantisse la validité des enchaînements causaux postulés. Mais le nouveau critère qu'elle propose pour s'adapter à la situation quantique s'avère impuissant à remplir la fonction pour laquelle il avait été convoqué. Or, c'est sur un tel critère que repose la dissociation hermannienne entre causalité et prévisibilité. Récuser ce critère revient donc à rejeter les arguments sur lesquels s'est édifiée une telle dissociation. Il faut donc soit refuser la conclusion que des chaînes causales proposées après coup, du type 'C cause E', puissent être validées indépendamment de la possibilité de les traduire directement en prévisions immédiates du type 'si C, alors E', soit produire de nouveaux arguments en faveur de cette même conclusion[2].

Bien que les reconstitutions *a posteriori* de Grete Hermann ne soient pas nécessaires, le fait que leur auteur tente de s'en saisir pour sauver la causalité permet de mettre en évidence un point important : dans leur application à l'expérience, la physique classique comme la physique quantique reposent toutes deux sur l'établissement d'un lien *univoque* entre d'une

l'électron la valeur q_1 avant le choc, puisqu'alors la situation d'interaction n'est pas encore effective.

1. W. Büchel, 'Zur philosophischen Deutung des Quantenmechanischen Indeterminismus', *Scholastik*, 27, p. 225-240, 1952.

2. Nous ne faisons ici qu'indiquer une possible direction de recherche. Rediscuter la question des rapports entre explication et prédiction en tenant compte des pistes nouvelles ouvertes par le présent écrit, mais aussi des travaux post-hermanniens en épistémologie, exigerait de longs développements. Grete Hermann adopte apparemment une perspective vérificationniste, qui demanderait à être soumise à examen. La critique falsificationniste, quelle que soit son degré de sophistication, a en effet démontré l'impossibilité d'éliminer toute décision conventionnelle de la science physique, autrement dit de fournir une preuve absolue de la validité d'une hypothèse ou d'une théorie. Il faudrait donc rediscuter, à la lumière de ces nouvelles perspectives, la nature des rapports entre théorie physique et phénomènes, puis adopter une position tranchée sur cette question, enfin redébattre la question d'une dissociation possible entre explications et prédictions, comme celle de la possibilité d'éventuelles vérifications médiates. Pour les nouvelles orientations de l'épistémologie après Grete Hermann, voir par exemple les ouvrages classiques suivants : un recueil de textes présentés par P. Jacob, *De Vienne à Cambridge (l'héritage du positivisme logique de 1950 à nos jours)*, Gallimard, 1980 ; K. Popper, *La logique de la découverte scientifique*, Payot, 1973 ; T. S. Kuhn, *La structure des révolutions scientifiques*, Flammarion, 1983 ; I. Lakatos, *Philosophical Papers*, Cambridge University Press, volume 1 : 1992, volume 2 : 1993 ; P. Feyerabend, *Contre la méthode*, Seuil, 1979 ; A. Chalmers, *Qu'est-ce que la science ?*, Le livre de Poche, 1987.

part les phénomènes très divers qui constituent les résultats de mesure (impacts sur des écrans, déviations d'aiguilles...), et d'autre part les valeurs d'un nombre restreint de variables intervenant dans le formalisme de la théorie (p, q, ...). C'est la condition de possibilité pour que chaque phénomène résultant de la mesure puisse être interprété de manière certaine comme 'telle valeur de telle variable'.

Or, ce lien univoque peut être conçu de différentes manières. Si on le charge d'un minimum d'assomptions ontologiques, il se réduit à une pure corrélation univoque associant à chaque phénomène résultant de la mesure la valeur d'une variable de la théorie. Si au contraire on cherche à travers lui à satisfaire un besoin de compréhension, on tentera d'expliciter le mode de la corrélation, en proposant par exemple, comme le fait Grete Hermann, des *scénarios causaux* destinés à rendre compte des processus selon lesquels la valeur de telle variable produit tel phénomène observable lorsque tel dispositif est mis en œuvre. L'analyse des explications hermanniennes, effectuée d'un point de vue contemporain, montre que d'autres scénarios que ceux de Grete Hermann sont susceptibles de rendre compte de la même corrélation. Mais en 1935, le type de scénario consistant à utiliser des représentations classiques de manière complémentaire s'était imposé avec la domination de l'interprétation de Bohr. C'est pourquoi, replacée dans son contexte, la tentative de Grete Hermann pour sauver la causalité kantienne apparaît extrêmement judicieuse. Elle consiste finalement à mettre l'accent sur la seule connexion univoque qui subsiste entre formalisme quantique et événements singuliers concrètement obtenus, à l'interpréter comme une connexion causale, puis à déclarer que la mécanique quantique, comme la physique classique, continue à présupposer la causalité. Cette dernière affirmation, qui pouvait sembler au premier abord difficilement acceptable, se justifie dès lors que l'on admet le caractère causal de la connexion entre phénomènes et valeurs des variables théoriques.

I-2. Reconstitutions de Grete Hermann et explications causales classiques

Les explications par lesquelles Grete Hermann prétend rendre compte des résultats de mesure sont-elles de même type que les explications classiques, autrement dit sont-elles sous-tendues par les mêmes concepts ? A propos de l'interprétation des résultats de mesure, Grete Hermann maintient ensemble deux assertions qui, du moins dans une perspective saussurienne de la signification, apparaissent contradictoires : d'un côté, les concepts classiques ne s'appliquent plus de la même manière ; de l'autre, la théorie de la mesure qui explique les résultats « (...) repose uniquement sur les concepts classiques » (p. 87). La question procède d'un problème philosophique plus général concernant les rapports entre signifiants et signification au sein d'un langage constitué : lorsque le système des signifiants évolue, au nom de quel critère est-on autorisé à affirmer l'identité des concepts correspondants ? A-t-on par exemple le droit de rapprocher atomisme antique et atomisme moderne[1] ? Ou bien le même signifiant recouvre-t-il au contraire des conceptions toutes différentes, voire incommensurables ?

Les reconstitutions *a posteriori* de Grete Hermann, comme les explications classiques, mettent en œuvre les mêmes termes d'onde, de corpuscule, de vitesse, de position, d'objet physique, etc. Mais persister à utiliser les mêmes signifiants n'implique pas l'identité de ce qui est pensé sous eux. Car la théorie ordonne ces signifiants en un réseau complexe et évolutif, au sein duquel la position d'un symbole détermine sa signification. On sait en effet, depuis que Ferdinand de Saussure l'a le premier mis en évidence, que « la langue est un système dont tous les termes sont solidaires et où la valeur de l'un ne résulte que de la présence simultanée des autres »[2]. Le signifiant « symbolise la signification ; mais il est bien entendu que ce concept n'a rien d'initial, qu'il n'est qu'une valeur déterminée dans ses rapports avec d'autres valeurs similaires, et que sans elles la signification n'existerait pas »[3]. En ce qui concerne les théories physiques, le système comprend : les relations mathématiques du formalisme ; les règles de correspondance entre certaines entités de ce formalisme et des phénomènes spatio-temporels observables ; enfin, une pléthore d'hypothèses supplémentaires, plus ou moins implicites et étroitement articulées entre elles, qui sous-tendent une certaine conception du monde et constituent le cadre des présupposés d'une époque (par exemple : il existe des objets qui possédent des propriétés indépendantes des opérations de mesure destinées à en prendre connaissance ; ou encore : entre deux mesures successives, l'instrument de mesure évolue suffisamment peu pour qu'il puisse être considéré comme le même appareil, ...). Etant donnée l'imbrication très intime des éléments constitutifs du système, toute modification en un point de cet enchevêtrement complexe de relations se propage automatiquement à d'autres points, induisant des déplacements plus ou moins conséquents au niveau de la signification, et transformant du même coup la conception du monde associée à la théorie.

C'est ce qui se produit lors du passage de la physique classique à la physique quantique. Ne serait-ce que par l'introduction des relations de Heisenberg, soit d'une relation nouvelle entre les variables qui définissaient auparavant l'état classique, la signification des termes de 'position' ou de

1. E. Schrödinger aborde cette question dans un cycle de conférences données en 1948, et passe en revue la position d'un certain nombre d'auteurs (*La nature et les Grecs*, Seuil, 1992, p. 187). G. Holton fournit des éléments intéressants pour penser en général une telle question, dans l'article 'Les thémata dans la pensée scientifique' de son ouvrage *L'imagination scientifique*, Gallimard, 1981.

2. F. de Saussure, *Cours de linguistique générale*, Payot, 1972, p. 159.

3. F. de Saussure, *op. cit.*, p. 162.

'vitesse' ne coïncide plus désormais avec leur signification classique[1]. Certes, les reconstitutions causales de Grete Hermann, si elles restent compatibles avec le formalisme quantique, n'en découlent pourtant pas nécessairement et en sont dans une certaine mesure indépendantes. Sont-elles pour autant des explications causales *classiques*, et préservent-elles l'acception classique des concepts mis en jeu ? Développons cette question davantage que Grete Hermann ne le fait elle-même.

I-2-1. Causalité et continuité

En se restreignant à ne considérer que la *relation* de causalité – et non les entités entre lesquelles elle s'exerce –, et en en adoptant l'une des acceptions kantiennes les plus minimalistes (succession nécessaire de divers contenus de temps), on peut à la rigueur admettre que la liaison qui sous-tend les reconstitutions *a posteriori* reste causale au sens classique du terme. Sous cette liaison, Grete Hermann pense en effet une succession nécessaire d'événements[2].

Mais l'idée de succession nécessaire ne saurait épuiser le concept classique de causalité. La *continuité* est, tout comme la nécessité, *essentiellement* inhérente au type de liaison qui sous-tend la description causale classique. De ce point de vue, Kant ne fait pas exception : si la continuité ne figure pas explicitement au nombre des formes *a priori*, elle constitue néanmoins une propriété essentielle des deux formes de la sensibilité : « L'espace et le temps sont des *quanta continua* (...). Les points et les moments ne sont que des limites »[3]. La connaissance n'émergeant que d'une application des concepts circonscrite aux formes continues de la sensibilité, l'expérience quotidienne, qui est le niveau le plus bas de la connaissance, comme la science physique qui prolonge et raffine cette expérience grossière, produiront nécessairement une description continue des phénomènes[4].

1. T. S. Kuhn développe la même idée à propos des théories de Newton et de la relativité : « Les réalités physiques auxquelles renvoient ces concepts d'Einstein ne sont absolument pas celles auxquelles renvoient les concepts newtoniens du même nom (la masse newtonienne est conservée ; celle d'Einstein est convertible en énergie...) (...). En passant au cas limite, ce ne sont pas seulement les formes des lois qui ont changé. Nous avons dû simultanément modifier les éléments structuraux fondamentaux dont se compose l'univers auquel elles s'appliquent » (*La structure des révolutions scientifiques*, Flammarion, 1983, p. 146). Dans un article de 1963, Paul Feyerabend identifie la condition de l'invariance de la signification des termes qui interviennent dans différents systèmes théoriques à l'une des deux exigences fondamentales de l'empirisme contemporain qu'il critique, et s'intéresse à différents exemples relatifs à la physique quantique et à la théorie de la relativité ('Comment être un bon empiriste, plaidoyer en faveur de la tolérance en matière épistémologique', dans : *De Vienne à Cambridge*, Gallimard, 1980).

2. La nécessité de la succession proposée repose en fait sur l'acceptation d'une hypothèse implicite (H), voir section I-1.

3. E. Kant, *Critique de la raison pure*, PUF, 1990, p. 169-170.

4. Notre mémoire de DEA développe ce point plus en détail (*Philosophie kantienne et physique moderne : catégorie de causalité et prédictions statistiques*), mémoire de DEA

Or, les reconstitutions causales que propose Grete Hermann ne semblent pas satisfaire au réquisit de continuité. Car elles mettent en œuvre des chaînes bornées, dont chacune des deux extrémités rencontre un terme défini (dans notre exemple : d'un côté l'impulsion q_1 de l'électron au moment du choc ; de l'autre le phénomène O_1, soit le point d'impact du photon). Au contraire, dans les représentations classique et kantienne de la nature, les chaînes causales peuvent être partout et toujours continûment prolongées. Certes, la finitude humaine contraint en pratique à se limiter à des intervalles spatio-temporels d'étude circonscrits, et la série totale des conditions n'est chez Kant qu'une idée de la raison, comme le montre la résolution de la première antinomie. Mais *les phénomènes eux-mêmes* n'imposent aucune rupture à la description.

Est-ce pourtant si sûr ? Un examen plus attentif montre que la fragmentation de *certaines* chaînes causales n'est pas étrangère à la physique classique. Elle se manifeste justement lorsque le physicien entreprend d'interpréter les résultats de mesure. Il met alors en œuvre une chaîne causale dont les extrémités sont bornées d'un côté par le phénomène observé, de l'autre par les valeurs des variables supposées caractériser l'objet d'étude. Par exemple, il interprète l'événement 'déviation de l'aiguille d'une balance à plateaux' comme 'l'objet pesé possède telle masse', par une inférence causale qui prend pour point de départ la déviation observée, puis remonte à l'agencement des éléments constitutifs de la balance, enfin conclut au poids de l'objet[1].

Les deux types de chaînes causales de la physique classique, celles qui sont indéfiniment étendues et celles qui sont bornées, diffèrent en outre par le statut que leur confère le physicien. Les premières présentent le déroulement des événements naturels indépendamment de toute intervention humaine, par exemple la trajectoire d'un mobile. Elles seront ici dites *horizontales*. Les secondes, qualifiées par opposition de *verticales*, concernent non plus l'évolution des événements naturels eux-mêmes, mais *l'accès à ces événements par le physicien*. Cet accès résulte de la mise en œuvre de mesures, effectuées au moyen d'instruments plus ou moins complexes (voir le schéma 2). L'explication du déplacement d'une aiguille en termes de masse pesée, comme les reconstitutions de Grete Hermann, offrent des exemples de chaînes causales verticales.

Ce critère de la division en deux classes d'énoncés est subjectif au sens où il repose sur l'absence ou la présence d'une décision humaine : le physicien différencie les processus naturels 'spontanés' de ceux qu'il déclenche et contrôle volontairement dans le but de connaître certains paramètres. Ce qui n'empêche évidemment pas de considérer que l'exé-

soutenu en 1993 ; une version remaniée est en préparation et doit paraître aux éditions Frontières.

1. Seule différence entre ces explications et celles de Grete Hermann : les premières permettent la prédiction des résultats, contrairement aux secondes. Par rapport aux considérations relatives à la continuité des chaînes, ce point est indifférent.

cution concrète de la décision, soit l'intervention humaine qui initie physiquement la mesure, tout comme les processus physiques qui la réalisent ensuite, sont soumis aux *mêmes* lois physiques que celles qui gouvernent le déroulement autonome des événements passivements contemplés.

Schéma 2

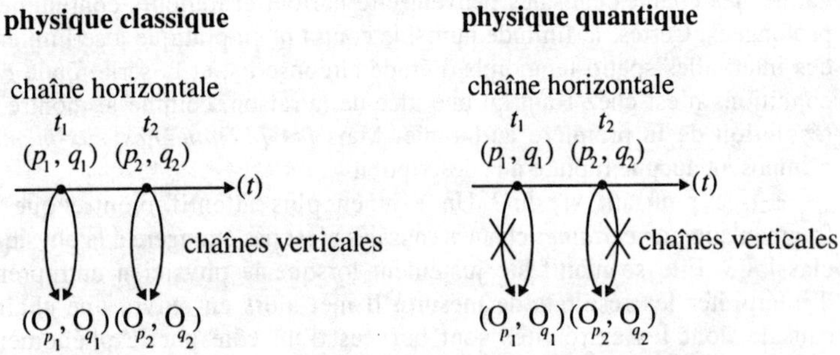

Quoi qu'il en soit, l'analyse révèle que même en physique classique, seules les chaînes horizontales peuvent être prolongées indéfiniment, tandis que les explications verticales, tout comme les reconstitutions *a posteriori* de Grete Hermann, restent bornées. Ce qui distingue radicalement les situations classique et quantique, ce n'est donc pas en lui-même le caractère borné des chaînes causales verticales, mais le fait que les relations de Heisenberg interdisent *à un même instant* la superposition de deux chaînes verticales aboutissant l'une à p_1, l'autre à q_1, dès lors que p_1 et q_1 correspondent à la valeur asymptotiquement précise des deux variables conjuguées. Autrement dit, *ces relations interdisent l'ancien mode de constitution des chaînes horizontales* : par exemple, aucun des points singuliers (p_1, q_1) d'une supposée trajectoire ne peut plus être construit. Ce que Bohr exprime par l'exclusion mutuelle des dispositifs destinés à mesurer les variables complémentaires. Conséquence de cette interdiction : la théorie quantique prévoit l'évolution continue des probabilités de tout résultat de mesure, mais ne peut plus désormais être interprétée en termes de chaînes horizontales supposées représenter la succession continue des états d'un objet indépendant évoluant dans un monde unique.

Or, les reconstitutions de Grete Hermann ne restaurent aucunement cette possibilité. Les chaînes verticales qui les sous-tendent substituent seulement à la correspondance statistique formelle de la théorie quantique quelque chose qui ressemble davantage à une explication, mais elles ne connectent à un instant donné le phénomène résultant de la mesure qu'à la valeur précise *d'une seule* des deux variables conjuguées. Elles ne permettent donc pas de rétablir la dynamique continue des événements qui caractérisait la description causale classique. C'est pourtant à cette dynamique, et non aux raisonnements verticaux qui permettent d'en rendre compte, que se référait la pensée classique lorsqu'elle invoquait la causalité. Les reconstitutions *a posteriori* de Grete Hermann ne sauraient par conséquent être, *au sens classique du terme*, qualifiées de causales. En témoigne d'ailleurs le fait que ce n'est pas à ce type de reconstitutions que se sont essayés les nostalgiques de la causalité classique. Ceux qui ne pouvaient se résoudre au déterminisme statistique ont cherché à conserver les chaînes *horizontales* en se raccrochant par exemple à la possibilité de reconstituer des *trajectoires* passées[1].

Grete Hermann condamne la tentative visant à reconstituer des trajectoires passées[2], qui outrepasse selon elle la dualité essentielle des représentations classiques, et ne peut être confrontée à l'expérience. La jeune philosophe se montre ainsi parfaitement consciente que ses reconstitutions *a posteriori* ne restaurent pas la possibilité de décrire l'évolution continue d'objets séparés. Elle y insiste du reste à plusieurs reprises. Si elle continue par ailleurs à proclamer que 'la mécanique quantique' conserve la causalité et la catégorie kantienne qui en constitue le fondement, c'est au prix d'un important déplacement de l'ancienne acception des concepts considérés. Elle ne l'ignore pas, puisqu'elle exprime la nécessité de dépouiller le principe de causalité de ses présupposés classiques erronés et de ne comprendre les catégories qu'en tant qu'analogies. Son analyse met l'accent d'un côté sur la nécessité de dissocier prévisibilité et possibilité d'expliquer les résultat des mesures, de l'autre sur l'impossibilité d'accéder à l'évolution indépendante d'un objet en lui-même. Mais elle n'insiste pas suffisamment sur le fait que ces deux nouveaux aspects rompent radicalement avec les modes de pensée classiques. Bien qu'elle le signale parfois, elle conclut pourtant finalement que

> s'il revient incontestablement aux recherches physiques le mérite d'avoir permis que soit franchi un pas décisif dans la compréhension des fondements philosophiques de notre connaissance de la nature, ce progrès ne signifie pas pour autant l'introduction d'une rupture par rapport à l'évolution de la philosophie antérieure ; de même, on ne doit pas présenter la mécanique quantique comme introduisant une rupture par rapport à la physique classique (p. 123).

Une telle conclusion ne nous paraît pas tenable. Car admettre avec Bohr que la perturbation introduite par l'opération de mesure reste *à jamais* incontrôlable et oblige à concevoir les résultats d'expériences mutuellement exclusives comme complémentaires, revient à reconnaître que tout changement de dispositif expérimental destiné à mesurer la variable conjuguée s'accompagne *inévitablement* d'une rupture dans la continuité de la

1. Voir en particulier K. Popper, *La logique de la découverte scientifique*, Payot, 1973, chapitre IX : 'Observations relatives à la théorie quantique'.

2. Voir le § 12 de l'écrit de Grete Hermann et la section VIII de la présentation introductive.

description intuitive classique. Du coup, les chaînes horizontales, réduites à une série de points disjoints, se dissolvent, tandis que subsistent seules des chaînes verticales fragmentaires et bornées. La fragmentation des chaînes causales devient alors une caractéristique *essentielle et indépassable* de la nouvelle physique, conséquence de la structure des phénomènes eux-mêmes. Il y a donc là, entre le concept classique et kantien de causalité et celui qui sous-tend les reconstitutions *a posteriori*, une différence *majeure* qui fait rupture. Grete Hermann reconnaît cette différence mais en minimise selon nous les conséquences dans le but de 'sauver' la catégorie de causalité, ainsi qu'en témoignent des affirmations du genre : « la causalité sans lacune, sans borne, n'est pas seulement compatible avec la mécanique quantique mais, comme on peut le prouver, (...) est même présupposée par cette dernière » (p. 99).

I-2-2. Causalité et objet physique

En définissant la causalité comme succession nécessaire et continue, on n'épuise pas encore l'acception classique du concept. Car pour la grande majorité des locuteurs de l'époque classique et en particulier kantienne, si la causalité est avant tout un type de liaison, elle ne se réduit pourtant pas à cela. En effet, la liaison considérée ne porte pas indifféremment *sur* n'importe quoi. Ce qui évolue causalement, ce sont des propriétés d'objets indépendantes de toute procédure destinée à en prendre connaissance. La physique classique n'oblige pas à remettre en question cette représentation du 'sens commun'. Elle est même tellement compatible avec une telle représentation qu'on a pu croire qu'elle l'imposait et garantissait sa validité.

La notion de réalité indépendante et séparable semble indispensable au physicien classique pour penser la nature dite inanimée et son rapport à elle. En témoigne la distinction entre chaînes causales horizontales et verticales que notre objet nous a incité à opérer lorsque nous avons voulu saisir en quoi les reconstitutions de Grete Hermann échouaient à restaurer la causalité classique. Cette distinction repose en effet sur la notion d'un référent physique indépendant de toute intervention humaine (mais néanmoins susceptible d'y réagir) et gouverné par des lois propres.

Le concept de succession nécessaire et continue n'apparaît donc que comme l'une des composantes essentielles de l'explication causale classique ; la nature particulière du sujet de la connection temporelle considérée en constitue une seconde. Or, comme on a affaire à un *système* conceptuel, la coexistence de ces diverses composantes et leurs relations mutuelles se répercutent inévitablement sur leur signification respective. Il devient dès lors presque impossible de les dissocier sans dénaturer leur acception classique. Car les termes et la relation n'existent classiquement que l'un par l'autre et peuvent difficilement être définis indépendamment l'un de l'autre.

La construction du système kantien en témoigne. Par exemple, la définition du concept pur de communauté répertorié sous la rubrique des catégories de *relation*, n'élimine pas pour autant toute référence *aux sujets* de la relation. Kant invoque en effet l'action réciproque *entre l'agent et le patient*. Il ne peut différencier la relation considérée de la simple causalité qu'en précisant *ce qu'*elle met en rapport : en l'occurrence, deux substances séparées. Ce qui apparaît encore plus nettement lorsque les trois relations logiques deviennent schèmes en se temporalisant. Les trois types de rapports temporels possibles, la permanence, la succession et la simultanéité, ne s'appliquent alors manifestement qu'entre des éléments bien spécifiques de l'intuition empirique. Par exemple, le sujet de toute relation d'inhérence ne peut être que le permanent, et on l'appelle la substance. Ce qui est inhérent ne peut être que transitoire, et se nomme détermination de la substance (ou encore accident). Tout transitoire est référé en tant qu'inhérent à quelque chose qui demeure, et réciproquement, tout ce qui demeure possède en propre des déterminations variables. Donc, la relation d'inhérence s'applique nécessairement dès que l'un des deux termes est donné : tout ce qui est variable appelle un permanent comme son support nécessaire, et, réciproquement, tout perdurable appelle des déterminations variables. Les deux termes se définissent l'un par l'autre et par la relation qu'ils entretiennent. La physique kantienne *a priori*[1] met encore plus manifestement en évidence le fait que la nature des termes conditionne la signification des relations qui les unissent, et réciproquement. La relation de causalité, loin de se réduire à une succession nécessaire, y apparaît comme l'action exercée *par une substance sur une autre substance* dont elle modifie continûment les déterminations. La signification kantienne du concept de causalité ne peut se passer de la référence à des entités autonomes, indépendantes de l'observateur quant à leur matière, et nommées substances. Réciproquement, le concept kantien de substance, défini comme sujet de l'action ou comme lieu permanent de déterminations variables, exige une référence à la possibilité de suivre l'évolution causale et continue de telles déterminations variables. On dénaturerait donc forcément l'acception kantienne du concept de causalité en dissociant les différentes composantes qui constituent la signification de ce concept au sein du système critique.

Mais si l'on part de *cette* acception de la causalité, les reconstitutions *a posteriori* de Grete Hermann ne sauraient être qualifiées de causales. On y accède seulement aux valeurs instantanées de l'une *ou* de l'autre des deux variables qui définissaient l'état classique, tandis qu'il faudrait connaître simultanément l'une *et* l'autre pour pouvoir se représenter l'évolution dynamique continue des systèmes étudiés. On y considère en outre un supposé même objet, au cours de la même expérience, successivement comme une onde et comme un corpuscule, lui attribuant ainsi des déterminations classiquement incompatibles. Bref, le concept d'objet qui sous-tend

1. Voir E. Kant, *Premiers principes métaphysiques de la science de la nature*, Vrin, 1982.

ces reconstitutions, inspiré des analyses de l'interprétation de Copenhague, diffère radicalement de celui qui était à l'œuvre dans la physique classique.

C'est d'ailleurs au niveau du concept d'objet physique que de nombreux auteurs situent la rupture entre les théories classique et quantique. Ernst Cassirer écrit par exemple :

> Le problème essentiel que pose la mécanique quantique à l'épistémologie (...) concerne avant tout, non le concept de la cause et de l'effet, mais la catégorie de la chose et des attributs, de la substance et des accidents. (...) L'essence du concept de causalité reste inchangée tant que cette essence (...) est définie seulement par l'exigence d'une stricte dépendance fonctionnelle[1].

Mais comme l'acception classique de la causalité ne saurait se réduire à une telle définition fonctionnelle, du fait que la relation causale est classiquement indissociable du type d'objet sur lequel elle porte, et comme les reconstitutions de Grete Hermann ne traitent plus de l'objet classique, on ne saurait conclure que ces reconstitutions 'sauvent' la causalité *au sens classique et kantien du terme*. Ce que Grete Hermann nomme 'enchaînements *causaux*' ne peut être identifié avec ce que concevaient Kant ou les physiciens de l'époque classique[2] sous le même signifiant[3]. Certes, il y a sous certains rapports recouvrement de ce qui est pensé dans les deux cas ; mais sous d'autres rapports, des divergences radicales peuvent être relevées. Dès lors, plutôt que de conclure, comme Grete Hermann après Bohr, à l'applicabilité limitée des concepts classiques que fait intervenir le contenu de l'explication causale (b_2), n'est-il pas plus adéquat de considérer tout simplement que l'on n'a plus affaire aux mêmes concepts ?

1. E. Cassirer, *Determinism and indeterminism in modern physics*, Yale University Press, 1956, p. 188.

2. Evidemment, ce genre d'affirmation générale est forcément simplificatrice. L' 'époque classique' est une notion commode mais vague, à laquelle on peut associer une grande diversité de points de vue. Il ne serait pas difficile d'y trouver des penseurs ayant défini la causalité comme légalité, indépendamment du type d'objet mis en jeu. On peut d'ailleurs considérer que Kant lui-même fait un pas dans ce sens, même s'il reste d'autre part très tributaire de la métaphysique aristotélicienne. Néanmoins, nous cherchons ici avant tout à mettre en évidence, au risque d'apparaître excessivement schématique, que contrairement aux conclusions de Grete Hermann, l'interprétation de la physique quantique, et particulièrement celle de Bohr, introduit une rupture radicale dans les modes de pensée classiques.

3. Les enseignements de l'histoire de la physique permettent en outre d'adresser aux thèses de Grete Hermann une question que leur auteur ne pouvait pas se poser en 1935, et qui nous a été suggérée par Michel Bitbol : quelles chaînes 'causales classiques' pourraient être proposées pour des variables quantiques n'ayant aucun équivalent classique, comme par exemple le 'charme' ?

I-2-3. Brève comparaison des thèses de Grete Hermann et de Carl Friedrich von Weizsäcker

Les thèses de von Weizsäcker rejoignent dans leurs conclusions, à bien des égards, celles de Grete Hermann. Leur auteur prend soin d'adopter une définition de la causalité plus minimaliste que celle qui prévalait chez les locuteurs de l'époque classique. Il écrit en effet, dans un ouvrage regroupant diverses conférences rédigées entre 1938 et 1942 : « Si nous disons que la physique classique est causale, nous restreignons le concept de causalité (...). Causalité ne signifie rien d'autre dans la physique classique, que l'existence d'une relation fonctionnelle, définie sans équivoque, entre des états considérés à des temps différents »[1]. D'après von Weizsäcker, il faut dissocier cette relation fonctionnelle, identifiée au principe de causalité, des formes particulières qu'elle peut revêtir selon les domaines et les époques, comme de la possibilité empirique de déterminer la valeur des variables mathématiques qui la composent. Sans quoi, même la physique classique ne pourrait plus être dite causale. Car le physicien qui se représente le monde à partir des équations classiques n'accède toujours *en pratique* qu'à une connaissance limitée de l'état des systèmes. La physique quantique reconduit une telle limitation en l'accentuant drastiquement, mais n'invalide pas pour autant la définition généralisée, précédemment adoptée, du principe de causalité :

> Si quelques éléments de l'état d'un système sont connus, on peut calculer tous les éléments d'états passés ou futurs qui sont, d'après la physique classique, en relation univoque avec les éléments connus. (...) Ceci est exactement le principe de causalité de la physique classique. La différence entre la physique classique et la mécanique quantique, (...) réside donc (...) seulement dans les limites jusqu'où on peut pousser la détermination objective d'un état[2].

Lorsque von Weizsäcker applique de telles conclusions au processus de mesure, il fait intervenir des reconstitutions causales analogues à celles qui fondent pour Grete Hermann l'affirmation du maintien de la causalité en physique quantique.

> La persistance du principe de causalité classique n'est pas un hasard. Un appareil n'est apte à faire des expériences que dans la mesure où le principe de causalité lui est applicable. On peut, dans le cas du microscope, déduire la position et la forme de l'objet, de la position et de la forme de l'image, seulement si une chaîne de relations univoques conduit de l'objet à l'image[3].

1. C. F. von Weizsäcker, *Le Monde vu par la physique*, Flammarion, 1956, p. 121.
2. C. F. von Weizsäcker, *op. cit.*, p. 122.
3. C. F. von Weizsäcker, *op. cit.*, p. 122-123.

Selon quels principes sont construites de telles chaînes univoques ? Contrairement à Grete Hermann, von Weizsäcker ne le précise pas. Mais la connexion univoque invoquée fait très probablement appel aux concepts et aux lois classiques. Car pour von Weizsäcker, c'est l'ensemble de la physique classique qui doit être considérée comme une condition *a priori* de la physique quantique[1]. Mais si von Weizsäcker, comme Grete Hermann, qualifie de 'causales' les séquences connectant résultats de mesure et variables de la théorie, le premier spécifie plus précisément que la seconde en quoi cette acception de la causalité s'éloigne de celle qui prévalait classiquement.

> Chaque observation suppose une chaîne causale et donne un résultat perceptible et représentable. Mais une chose ne nous est maintenant plus possible : rassembler les fragments de la représentation et les chaînes causales isolées, pour en former un modèle de la nature existant effectivement[2].

Le physicien ne peut plus désormais connaître que celui des deux aspects complémentaires auquel il a choisi de s'intéresser.

Le fait que les thèses de von Weizsäcker et de Grete Hermann proviennent d'une réflexion commune est manifeste. Le premier reconnaît d'ailleurs que « la philosophie de la théorie quantique de Grete Hermann est une étape intéressante dans la tentative inachevée qui entreprend de mener à son terme une telle philosophie »[3]. Il consacre comme elle une partie de son ouvrage à confronter la philosophie kantienne à la physique quantique[4].

1. C. F. von Weizsäcker, *op. cit.*, p. 152. Ce faisant, von Weizsäcker déplace en l'affaiblissant le sens de l'*a priori*, comme il le reconnaît d'ailleurs lui-même. L'*a priori* s'identifie pour lui aux conditions *méthodologiques* actuelles de possibilité d'une connaissance. « On ne devrait pas dire : 'chaque expérience possible doit être décrite classiquement', mais : 'chaque expérience réelle qui nous est connue, est décrite classiquement ; et nous ne savons pas comment nous pourrions le faire autrement'. Cet énoncé ne suffit pas à prouver que le théorème est *a priori*, pour chaque acquisition de connaissance possible de l'avenir. Mais ceci n'est pas non plus exigé pour la situation scientifique concrète. Il nous suffit de savoir qu'il est *a priori*, pour la mécanique quantique. Ceci signifie qu'il est valable, indépendamment de chacune des expériences considérées dans la mécanique quantique, et ceci, parce qu'il indique la condition de la possibilité de telles expériences. (...) Rien ne s'oppose à désigner sous un autre aspect, comme empirique, une connaissance qui est *a priori*, par rapport à une deuxième. (...) La mécanique est l'*a priori* méthodique de l'électrodynamique ; et toute la physique classique, celui de la théorie quantique » (*Le Monde vu par la physique*, Flammarion, 1956, p. 161-162).

2. C. F. von Weizsäcker, *op. cit.*, p. 123.

3. Lettre de C. F. von Weizsäcker à Michel Bitbol du 14 décembre 1994.

4. C. F. von Weizsäcker, *op. cit.*, p. 143 à 171.

I-2-4. Comparaison des démarches de Grete Hermann et d'Ernst Cassirer

Ernst Cassirer, tout comme Grete Hermann, entreprend de soumettre Kant au tribunal de l'histoire, et s'inspire en outre des principes kantiens fondamentaux pour construire une nouvelle philosophie. Dans *Determinismus und indeterminismus in der modernen Physik*[1], publié un an après l'écrit de Grete Hermann, il étudie l'impact de la physique quantique sur une philosophie désireuse de se situer dans la perspective kantienne de l'existence de formes *a priori*. Lorsqu'il traite du principe de causalité, il conserve certes l'ancien signifiant, mais prend soin d'en définir le nouveau contenu, en spécifiant ce qui s'inspire directement du kantisme et ce qui rompt au contraire radicalement avec lui[2]. Comme Grete Hermann, il met en évidence d'importantes ruptures entre l'ancien et le nouveau système, et reconnaît par ailleurs certains points de convergence. Mais il ne s'appuie pas pour autant sur ces derniers pour conclure qu'en dépit des différences constatées, l'essentiel de la philosophie critique, en particulier les catégories kantiennes, est fondamentalement conservé.

Il ne s'agit pas seulement, entre Ernst Cassirer et Grete Hermann, d'une divergence concernant la réponse à apporter à une même question. C'est, plus profondément, la manière dont ils conçoivent leur projet qui les oppose et les amène, au terme d'analyses parfois convergentes, à des conclusions distinctes. Grete Hermann désire avant tout 'sauver' la philosophie critique des nouvelles attaques dont elle est l'objet. Son exposé découvre certains points de rupture majeurs entre les conceptions de Kant et de Bohr, indique la nécessité d'un certain nombre de remaniements, mais maintient la thèse d'une continuité entre les assertions principales des deux systèmes. Cassirer paraît moins 'militant' que la fervente admiratrice de Nelson. Son objectif : déduire de la confrontation entre système kantien et nouvelle philosophie des sciences les présupposés du premier que la seconde juge erronés, puis bâtir sur ces prémisses une nouvelle conception de l'*a priori*, sans se préoccuper ni de 'sauver' Kant, ni même de rester fidèle aux principes fondamentaux de la philosophie critique. Il revendique d'ailleurs explicitement l'autonomie de sa philosophie par rapport au système kantien. Etre néo-kantien ne signifie pas devoir allégeance au kantisme, mais plutôt travailler au développement et à la transformation de ses apports philosophiques majeurs :

1. E. Cassirer, *Determinismus und indeterminismus in der modernen Physik*, Göteborgs Högskolas Arsskrift, XLII, 1937.

2. Nous nous contentons ici de comparer les *démarches* de G. Hermann et de E. Cassirer, sans entrer dans les détails du contenu de la conception de la causalité de Cassirer, mais en indiquant le rapport que cette conception entretient avec la philosophie kantienne. Un bref aperçu de cette conception elle-même est esquissée à la fin de la section II-4 de la postface.

> (...) Beaucoup de critiques ont été d'accord avec les conclusions que j'avais tirées des développements de la nouvelle physique, mais, parallèlement à cet accord, se sont demandés si en tant que 'néo-kantien' j'avais le droit de tirer de telles conclusions. (...) Je crois que des critiques de ce type procèdent d'une conception erronée de l'essence et de l'orientation historique du 'néo-kantisme' telles que les ont conçues les fondateurs de l'Ecole de Marbourg, Herman Cohen et Paul Natorp. « Parler d'un kantisme orthodoxe », souligne [Natorp], « n'a jamais été justifié. (...) La seule raison pour laquelle on pourrait souhaiter opérer un retour à Kant, serait de vouloir réexaminer les éternels problèmes de la philosophie selon l'orientation des perspectives fondamentales que la philosophie a définitivement gagnées à travers lui »[1].

Ce qui nous paraît problématique dans l'exposé de Grete Hermann, ce n'est pas sa conclusion en elle-même, selon laquelle la mécanique quantique prolonge et radicalise les thèses de la philosophie critique, mais plutôt le fait qu'elle tire cette conclusion sans élaborer les principes philosophiques sous-jacents qui lui confèreraient consistance et légitimité ; autrement dit, sans se demander au préalable ce que peut signifier l'affirmation selon laquelle deux systèmes de pensée défendent globalement des thèses similaires, alors même qu'ils émergent de contextes historiques fort lointains, qu'ils ne sont pas émis du même point de vue, qu'ils ne poursuivent pas les mêmes buts, et surtout que l'analyse réconnaît au niveau de leur contenu des points de rupture tout à fait importants.

I-3. Les explications causales de Grete Hermann sont-elles complètes ?

Qu'est-ce qui permet à Grete Hermann de soutenir que ses reconstitutions causales sont complètes (b_1) ? Certes, la série des événements mentionnés ne semble pas laisser place à la moindre lacune. L'explication de l'effet (le phénomène résultant de la mesure) par la cause (la valeur déduite de la variable considérée) ne suscite pas la moindre question supplémentaire. Mais Grete Hermann fait ici l'économie d'une réflexion de fond concernant la nature de l'explication complète en physique. Ce qui est d'autant plus regrettable que la situation radicalement nouvelle de la physique du début du siècle appelait d'urgence une telle réflexion.

I-3-1. La complétude de la description physique avant l'avènement de la théorie quantique

L'époque classique n'ignorait pas la possibilité pour la représentation physique de se situer à diverses échelles. Elle aurait déjà pu interroger la notion de complétude à partir de la remarque que les caractères essentiels de

1. E. Cassirer, *op. cit.*, p. xxiii.

toute description peuvent en principe toujours être expliqués à partir de paramètres distincts intervenant à un niveau plus fin d'analyse. La complétude serait alors apparue *relative à l'échelle considérée*, la représentation la plus fine étant comprise comme la plus exacte, et la traduction d'un niveau de description en un autre restant toujours possible. Cette simple considération montre que la complétude de l'explication à une échelle donnée, comprise comme la suffisance des raisons invoquées, n'interdit absolument pas la possibilité de rendre compte ultérieurement, à échelle inférieure, des mêmes phénomènes à partir d'autres causes encore inconnues.

En outre, même à échelle fixée, différentes versions d'un même événement peuvent être données. Pour reprendre l'exemple kantien de la *seconde analogie*, dans lequel une boule provoque l'enfoncement d'un coussin : quelle est la cause du creux ? La boule ? Le poids de la boule ? Une autre force à identifier, s'exerçant de la boule sur le coussin ? Les conditions initiales à connaître pour pouvoir prévoir la dynamique de formation du creux et sa configuration finale ? Dieu ? Quels critères permettent d'en décider ? Selon les époques et les traditions, à la question 'pourquoi tel phénomène ?', le type de réponse qui satisfait les locuteurs varie manifestement[1]. Kant se situe à un moment de transition entre le temps où « toute vraie explication devait être de nature mécanique »[2], et celui où « c'était une équation différentielle, c'est-à-dire une forme, qui fournissait une explication de ce qui s'était passé »[3]. Grete Hermann semble hériter de cette dernière tendance. C'est en effet à partir de la forme des équations différentielles qu'elle analyse la causalité, et qu'elle conclut, après Nelson et bien d'autres, que le physicien dispose seulement de structures de relations au sein desquelles rien ne désigne quoi que ce soit qui ressemble à une cause ou à un effet (voir le § 16). Pour illustrer cette idée dans les termes de T. S. Kuhn :

> Considérons, par exemple, la question de savoir pourquoi Mars a une orbite elliptique. La réponse montre les lois de Newton appliquées à un système isolé de deux corps massifs en interaction selon une attraction inversement proportionnelle au carré. Chacun de ces éléments est essentiel à l'explication, mais aucun n'est la cause du phénomène. Aucun élément n'est antérieur, plutôt que simultané ou postérieur. (...) Si les conditions limites [qui, elles correspondent à quelque chose

1. Dans 'Les notions de causalité' (*La tension essentielle*, Gallimard, 1990, p. 56), T. S. Kuhn s'intéresse aux changements auxquels sont soumis les principes qui structurent l'explication en physique. Après avoir proposé une histoire schématique de ces changements, il tente de rendre compte de leur existence.

2. T. S. Kuhn, *op. cit.*, p. 61.

3. T. S. Kuhn, *op. cit.*, p. 62.

> d'antérieur] fournissent la cause, alors les causes cessent d'être explicatives[1].

Une telle analyse inciterait plutôt, comme le préconisait déjà Auguste Comte, à débarrasser la pensée physique du concept de causalité et à lui substituer celui de loi. Si Grete Hermann, qui adhère pourtant à cette analyse, entend néanmoins conserver le vocable associé à la pensée causaliste, c'est parce que Kant l'utilise lui-même et pose la relation causale au fondement de toute connaissance. Mais tout en conservant le lexique kantien, elle reconnaît d'autre part que les notions de cause et d'effet ne doivent pas être prises en un sens littéral et ne peuvent être employées qu'analogiquement. Malgré cela, c'est bien dans un sens littéral qu'elle semble faire usage de telles notions, lorsqu'elle soutient corrélativement l'idée que les causes étant déjà connues, il devient inutile d'en rechercher d'autres. Cette dernière conclusion ignore la possibilité que les mêmes phénomènes puissent être expliqués par des causes différentes. Autrement dit, elle ne tient pas compte du fait que, comme l'écrit T. S. Kuhn : « (...) il y a d'autres contextes dans lesquels des questions vraiment semblables pourraient être posées, et où la structure de la réponse serait différente »[2].

I-3-2. La complétude de la description physique après l'avènement de la théorie quantique

L'avènement de la physique quantique complexifie encore le schéma précédent. Plusieurs descriptions qualitativement très différentes, voire contradictoires, peuvent cette fois valoir à une *même* échelle pour une *même* époque[3]. Car si les équations de la physique quantique permettent à la limite de retrouver celles de la physique classique, la nouvelle conception du monde qui peut leur être associée semble au contraire incompatible avec l'ancienne. Le passage continu du niveau microscopique au niveau macroscopique reste désormais circonscrit au plan des mathématiques, tandis qu'il y a rupture complète sur le plan conceptuel. Dès lors, surgit la question du statut des diverses interprétations possibles de la même théorie restreinte (formalisme mathématique muni de ses règles de correspondance), autrement dit du statut des explications qui lui sont associées.

Si les mêmes équations peuvent recevoir des significations divergentes, il devient possible d'imaginer que le formalisme quantique soit associé à des explications qui, comme celles de Grete Hermann, rendent compte de tous les résultats de mesure, mais qui mettent en jeu des enchaînements qualitativement différents et néanmoins complets dans le même sens du

1. T. S. Kuhn, *op. cit.*, p. 62-63.
2. T. S. Kuhn, *op. cit.*, p. 63.
3. Voir par exemple M. Bitbol, *Mécanique quantique : une introduction philosophique*, Flammarion, 1996. Dans les chapitres 4 et 5 en particulier, M. Bitbol présente un répertoire des diverses interprétations possibles de la physique quantique et discute le prix à payer pour l'adoption de chacune d'elles.

terme. Rien ne s'oppose en principe à une telle éventualité. Or, celle-ci met en évidence la faiblesse de l'argument hermannien invoquant l'inutilité de rechercher les causes dès lors que ces causes sont connues. Car que signifie connaître les causes, si différents scénarios 'causaux' sont susceptibles de rendre compte des mêmes prédictions phénoménales ?

La possibilité de tels scénarios alternatifs, simple fiction en 1934, s'est par la suite concrétisée, avec l'élaboration, en 1952, de la théorie de David Bohm[1]. Un tel modèle met en œuvre des principes explicatifs différents de ceux qui sous-tendent les reconstitutions 'causales' de Grete Hermann. Comme nous l'avons vu (voir section I-1-2), dans l'expérience de pensée de von Weizsäcker, ce modèle rend compte du résultat d'une mesure d'impulsion en postulant qu'après le choc avec l'électron, le photon, guidé par une onde pilote dépendant de la configuration entière de l'univers, suit une trajectoire tout à fait déterminée jusqu'à la plaque photographique. La complémentarité des représentations se trouve ainsi éliminée, tandis que d'autres causes sont invoquées. Certes, comme nous l'avons déjà signalé, de telles causes ne peuvent être à chaque instant spécifiées, la configuration totale de l'univers mettant en jeu un nombre infini de paramètres. Néanmoins, l'exemple permet d'illustrer la possibilité que soient substitués d'autres scénarios *explicatifs* à ceux que propose Grete Hermann, scénarios que les vérifications médiates invoquées s'avèrent incapables de départager[2].

En fait, si, pour Grete Hermann, un tel scénario reste interdit, si les explications *a posteriori* qu'elle propose ne lui paraissent pas pouvoir être un jour détrônées par d'autres, c'est qu'elle semble considérer que *ces* explications *causales, relatives et complémentaires*, sont en quelque sorte imposées par la matière empirique, étant données les formes humaines *a priori*. Elle prétend par exemple avoir démontré le caractère nécessairement relatif de toute description physique. Mais pour cela, il faudrait avoir prouvé que la perturbation du mesuré par le mesurant est *définitivement* incontrôlable. Or, il nous semble que Grete Hermann ne fait que l'affirmer[3]. Elle paraît considérer que c'est 'la mécanique quantique' qui dit cela. Que les faits imposent de telles conclusions, en particulier les expériences de dualité, comme si de telles expériences ne pouvaient être autrement interprétées qu'à partir de la complémentarité. Elle invoque l'applicabilité limitée des concepts classiques, comme si celle-ci était imposée par les

1. D. Bohm, *Wholeness and the implicate order*, Routledge, 1990.

2. A. Landé a construit un modèle qui peut également servir à illustrer une telle possibilité. Le type d'explication qu'il met en œuvre permet d'éliminer la dualité onde-corpuscule. Le modèle, qui, contrairement à celui de Bohm, n'a été mathématisé que pour quelques situations expérimentales, invoque l'influence sur des corpuscules 'libres' des oscillations quantifiées d'un milieu oscillant en phase (*New fondations of quantum mechanics*, Cambridge University Press, 1965).

3. Elle invoque même « la *constatation* (...) [que] toute observation s'accompagne d'une *perturbation du système observé* qui repose sur une interaction à un certain degré *incontrôlable* » (p. 106, c'est nous qui soulignons 'constatation'), comme si la perturbation incontrôlable était un simple donné.

phénomènes[1] (autrement dit par la nature particulière du donné empirique ordonné par les formes *a priori*), et comme si le caractère incontrôlable de la perturbation en découlait nécessairement, devenant de ce fait irrécusable (§ 9 ; p. 106). Or, le donné empirique ne saurait être assimilé à la cause de l'adoption de tel ou tel mode de pensée, du moins quant à son contenu. Certes, admettre les formes kantiennes *a priori* impose à la pensée certaines contraintes structurales. Certes, les physiciens ne parviennent de fait pas à faire opérer le modèle classique conformément à son usage habituel. Mais rien, ni dans la matière empirique des phénomènes ni dans les formes *a priori* qui les structurent, ne contraint absolument à conserver les représentations classiques et à les penser comme complémentaires[2]. Bohr invoque la nécessité de raccorder le formalisme mathématique à l'expérience quotidienne décrite par les concepts classiques. Mais cette affirmation repose sur l'assomption tout à fait discutable que les concepts de la physique classique prolongent et raffinent sans rupture ceux du langage quotidien. Le formalisme de toute théorie physique doit évidemment être raccordé aux observations et aux actions diverses du physicien, même si la correspondance s'avère très indirecte comme c'est le cas pour la physique quantique. Mais rien n'oblige à en déduire que les modèles classiques et la vision du monde qui leur est associée doivent nécessairement être conservés. Même dans une perspective kantienne désireuse de ne pas remanier la table des catégories, rien n'oblige à admettre que les concepts classiques sont les seuls à pouvoir découler de l'application des concepts purs à toute matière empirique[3]. Bref, il reste difficile d'accepter la conclusion (C) de Grete Hermann selon laquelle les chaînes causales proposées *a posteriori* identifient toutes les causes et interdisent dès lors toute possibilité d'en découvrir de nouvelles.

La critique précédente, si l'on en soustrait ce qui vise spécifiquement les reconstitutions causales *a posteriori*, s'adresse tout autant à Grete Hermann qu'à Bohr ou à Heisenberg. D'autres points problématiques, inhérents à l'interprétation de Copenhague adoptée par Grete Hermann, pourraient également être mis en évidence. Soit un exemple parmi d'autres : si l'on veut, comme Grete Hermann, soutenir que la théorie quantique est complète, on doit supposer que les systèmes ne possèdent pas en même temps des valeurs précises de p et de q. Grete Hermann, très logiquement,

1. C'est pourquoi, lorsqu'elle entreprend au § 11 de réfuter les thèses de Schrödinger et de von Laue, selon lesquelles un renoncement aux modèles classiques laisserait ouverte la possibilité future de l'émergence d'une description déterministe injustement condamnée par l'appel dogmatique à la dualité des représentations, Grete Hermann ne fournit à proprement parler aucun argument : elle se contente de répéter que la description quantique est relative à un rapport d'observation, comme s'il s'agissait d'une vérité irrécusable.

2. La simple existence du modèle de Bohm montre que la complémentarité des représentations classiques peut être bannie de la description.

3. Kant semble au contraire persuadé de la nécessité des concepts classiques, tout au moins en ce qui concerne les concepts fondamentaux de la physique de son temps.

adhère à une telle supposition. Mais comme le physicien a le choix de mesurer précisément soit p, soit q, il faut admettre en outre que c'est la situation expérimentale qui *produit* la valeur q_1 obtenue[1], et qui rend simultanément la valeur de p réellement indéterminée. Il est plus difficile de s'assurer de la position de Grete Hermann sur ce point. Quoi qu'il en soit, si les résultats des mesures traduisent seulement des résultats d'interaction, s'ils renseignent seulement sur un type d'association appareil-objet, de quel droit continue-t-on par ailleurs à rapporter *à un même référent* les différentes valeurs obtenues par des dispositifs mutuellement exclusifs ? C'est pourtant l'une des raisons d'être majeure de la complémentarité de préserver cette fonction référentielle.

I-3-3. Complétude chez Grete Hermann et chez Albert Einstein

Il serait injuste de reprocher à Grete Hermann l'adoption d'une position qui était à l'époque tout à fait dominante chez les plus grands physiciens et constituait une sorte de dogme. Il aurait été presque impossible de s'y attaquer autrement que de l'intérieur, à savoir d'un point de vue de physicien, comme s'y est par exemple essayé Einstein à plusieurs reprises, en particulier avec son fameux argument EPR[2]. Sa tentative pour démontrer l'incomplétude de la nouvelle physique s'établit d'ailleurs à partir de prémisses très différentes de celles dont part Grete Hermann. Car Einstein prend pour point de départ les prédictions statistiques de la théorie quantique et vise à démontrer qu'elles ne disent pas tout sur ce qui devrait pouvoir être connu, tandis que Grete Hermann juxtapose de prétendues explications causales au formalisme et aux règles de correspondance statistique, puis prétend que la théorie quantique ainsi comprise fournit les causes de n'importe quel résultat de mesure. Les deux parties ne se réfèrent donc pas à la même chose sous le terme de mécanique quantique, et conçoivent différemment la complétude.

C'est pourquoi même si Einstein avait admis la nécessité des reconstitutions 'causales' de Grete Hermann, il est plus que probable que les chaînes proposées n'auraient pas satisfait ses attentes. Car pour lui, atteindre la complétude signifie restaurer la description causale des objets microscopiques dans l'espace et dans le temps (restaurer la possibilité de construire chaque couple (p, q) composant la trajectoire)[3]. Or, du point de vue de Grete Hermann, la perturbation incontrôlable introduite par la

1. Ce qui est obtenu est en fait le phénomène O_1, dont le physicien prend connaissance et qui sert de point de départ à la déduction de la valeur q_1.

2. A. Einstein, *Œuvres choisies*, 1 : Quanta, Seuil/CNRS, 1989, p. 224.

3. Dans le récit que propose Bohr du Congrès Solvay de 1927, il écrit : « Einstein se montra extrêmement préoccupé : dans quelle mesure la mécanique quantique n'était-elle pas en train d'abandonner l'explication causale dans l'espace et le temps ? » (cité dans : A. Einstein, *Œuvres choisies*, *op. cit.*, p. 209). Diverses expériences imaginées ensuite par Einstein, dont le paradoxe EPR constitue la forme la plus achevée, témoignent en effet de l'attachement profond d'Einstein à une telle représentation des phénomènes.

mesure voue définitivement à l'échec une telle entreprise. Plutôt que d'entretenir un espoir dont l'expérience condamne désormais toute possibilité de réalisation, la raison incite, selon elle, à renoncer à cet objectif et à se contenter d'expliquer complètement, après coup, les divers résultats de mesure imprévisibles et disjoints. A ses yeux, la mécanique quantique est complète, bien qu'elle interdise désormais la description spatio-temporelle continue de l'évolution des systèmes. Car relativement à chaque situation expérimentale, elle fournit tous les renseignements susceptibles d'être obtenus, à savoir, avant la mesure le catalogue des résultats possibles associés à leur probabilité d'apparition, et après la mesure l'ensemble des causes ayant produit l'effet.

Enfin, Einstein et Grete Hermann ne parlent évidemment pas du même lieu et ne poursuivent pas le même but : le légendaire physicien rêve de construire une nouvelle théorie physique unifiée préservant la représentation spatio-temporelle causale des systèmes individuels, tandis que la jeune philosophe désire avant tout 'sauver' la philosophie critique des violentes attaques dont elle fait l'objet depuis que certaines théories physiques paraissent rompre avec les formes *a priori* répertoriées par Kant.

Ces divergences de perspective expliquent sans doute partiellement le peu de place qu'accorde le texte de Grete Hermann aux arguments einsteiniens visant à démontrer l'incomplétude de la physique quantique, comme par exemple celui de la boîte à photons, exposé au Congrès Solvay de 1930[1]. Sans doute Grete Hermann considérait-elle en outre que de tels arguments avaient déjà été réfutés par les partisans de l'interprétation de Copenhague.

II. CONCLUSION : LES ENSEIGNEMENTS DE LA PHYSIQUE QUANTIQUE POUR LA PHILOSOPHIE CRITIQUE

L'écrit de Grete Hermann incite à une réflexion approfondie sur les rapports entre physique quantique et philosophie kantienne ; plus généralement, il amène à s'interroger sur le type de démarche confrontant des systèmes de pensée qui, tant au niveau du propos que de l'éloignement temporel, semblent au premier abord fort hétérogènes, bien qu'un certain nombre de similitudes ne puissent par ailleurs manquer d'attirer l'attention. Tout en considérant les pistes ouvertes par Grete Hermann, nous proposons dans ce qui suit un point de vue plus personnel sur ces questions.

1. A. Einstein, *Œuvres choisies*, 1 : Quanta, Seuil/CNRS, 1989, p. 209 et p. 215.

II-1. La relativité de la connaissance chez Kant

L'un des points de comparaison possibles entre les conceptions de Kant et de Bohr concerne l'idée du caractère relatif de la connaissance. Selon Grete Hermann, pour qui l'avènement de la mécanique quantique, loin de réfuter les principes fondamentaux de la philosophie critique, les conforte au contraire, la nouvelle physique radicalise le caractère relatif, mis en évidence par Fries, de la description kantienne.

Déjà dans la *Critique de la raison pure*, Kant écrit : « La seule chose que nous connaissions dans la matière, ce sont de purs rapports (...) ; mais parmi ces rapports, il en est d'indépendants et de permanents par lesquels un objet déterminé nous est donné »[1]. Indépendamment des analyses de Fries et de Nelson, la lettre même du texte kantien autorise donc Grete Hermann à affirmer que la connaissance se résout chez Kant en une structure de relations, et que de telles relations ne sont pas quant à elles relatives à quoi que ce soit d'autre, mais s'avèrent au contraire absolument objectives.

L'examen de la physique kantienne *a priori*[2] permet de préciser en quel sens la connaissance peut chez Kant être dite relative, indépendamment de la réponse, reproduite par Grete Hermann, que Nelson fournit à cette question (§ 16). La confrontation avec le point de vue de Bohr pourra ensuite être effectuée. Dans la *Critique de la raison pure*, Kant fait figurer le concept pur de substance dans la rubrique des catégories de relation. Quel destin subit ce concept dans les *Premiers principes métaphysiques de la science de la nature*, qui visent à construire la physique *a priori*[3] en appliquant les douze catégories au concept empirique de mouvement ? Ce qui, dans la *Critique*, était défini comme substrat permanent, comme « perdurable modifiable »[4] – et dont la définition ne pouvait, dans ce contexte, être davantage précisée – reçoit dans les *Principes* un contenu empirique : *la substance est la quantité de matière totale du monde*[5]. Mais le monde comme totalité n'est qu'une idée régulatrice de la raison. Il en est alors de même pour *la* substance comme quantité de matière totale. Néanmoins, Kant admet l'existence de multiples substances réelles ne se réduisant pas à des idées.

En vertu des conclusions de l'esthétique transcendantale qui font de l'espace la forme de tous les phénomènes externes, la matière existe dans l'espace, et elle est de ce fait, comme l'espace, divisible à l'infini. La

1. E. Kant, *Critique de la raison pure*, PUF, 1990, p. 245.

2. Concernant ce que l'on peut thématiser après coup comme une philosophie kantienne des sciences, on pourra consulter le recueil d'articles d'auteurs divers : R. Butts, *Kant's philosophy of physical science*, D. Reidel Publishing Company, 1986. Voir aussi M. Friedman, *Kant and the exact sciences*, Harvard University Press, 1992.

3. L'analyse suivante reproduit en les modifiant succintement quelques paragraphes de notre précédent travail de DEA, *Philosophie kantienne et physique moderne : catégorie de causalité et prédictions statistiques*, 1993.

4. M. Puech, *Kant et la causalité*, Vrin, 1990, p. 387.

5. E. Kant, *Premiers principes métaphysiques de la science de la nature*, Vrin, 1982, p. 61.

division de la substance ne détruit pas la substance. Elle ne fait qu'en modifier la répartition dans l'espace : « (...) la matière, élément mobile dans l'espace, est la substance en cet espace. De même toutes les parties de la matière devront s'appeler des substances (...) »[1]. Mais existe-t-il un découpage spatial privilégié selon lequel on devrait séparer des quantités finies de matière (qui restent des substances) ? Le découpage traditionnel en entités appelées corps est-il totalement arbitraire ? Aurait-on pu tout aussi légitimement identifier à une substance une boule de billard (ou tout autre objet pensé comme une unité) que l'une quelconque de ses parties ? Non, car intervient en ce point une distinction entre quantité de matière et masse.

Une quantité de matière, « dans la mesure où toutes ses parties sont considérées dans leur mouvement comme agissant (motrices) en même temps s'appelle la masse (...). Une masse de forme déterminée s'appelle un corps (au sens mécanique) »[2]. La masse est donc définie comme la quantité de matière dont toutes les parties agissent ensemble, c'est-à-dire dont les parties sont solidaires dans le mouvement, du fait que Kant construit sa physique *a priori* en appliquant les catégories au concept empirique de mouvement. Elle doit être soigneusement distinguée de la simple quantité finie de matière[3]. La substance *en général* était le permanent, mais également le sujet dernier de toutes les déterminations changeantes[4] ; la substance *matérielle*, c'est-à-dire la masse, est donc le sujet dernier des changements de l'état *du mouvement* des corps[5].

Avec l'application des catégories de relation au réquisit empirique minimum qu'est le mouvement, la division de la matière spatiale n'est plus arbitraire, comme le serait la simple division d'un espace géométrique. Le physicien n'a pas le choix du découpage en substances. Pour que la constitution de la physique soit possible, la division doit être opérée selon une règle contraignante prescrite par les catégories de relation : seules les quantités de matière se mouvant ensemble peuvent être considérées comme réellement séparées les unes des autres.

Mais si la division n'est pas arbitraire, elle est néanmoins *relative*.

> Toute connaissance physique consiste à rapporter suivant des règles une suite de changements à un invariant (...). La difficulté n'est que dans la constitution de systèmes relativement clos, c'est-à-dire tels que les éléments invariants choisis soient réellement permanents à une décimale choisie près. A la rigueur (...) aucun de ces systèmes n'est véritablement clos ; (...) la véritable substance, c'est donc le monde comme totalité. Mais cette totalité n'étant qu'une idée de la raison et le but d'un progrès indéfini, le caractère actuel de la notion de substance exige son émiettement. (...) L'invariant choisi est relatif, en physique, au système

1. E. Kant, *op. cit.*, p. 61.
2. E. Kant, *op. cit.*, p. 119-120.
3. E. Kant, *op. cit.*, p. 124.
4. E. Kant, *op. cit.*, p. 61.
5. E. Kant, *op. cit.*, p. 125.

qu'on se propose d'étudier, et comme le monde en sa totalité n'est qu'une idée de la Dialectique, toute substance phénoménale est par définition relative[1].

Si, au cours du déplacement d'un mobile dit isolé, la quantité de matière qui le constitue est supposée invariante, il ne s'agit en fait que d'une approximation : le physicien ignore délibérément un certain nombre de relations : par exemple les variations pondérales dues à des pertes ou des gains atomiques, jugées négligeables, dans les échanges avec l'atmosphère. La substance absolue (qui n'est qu'une idée) étant divisible et ne pouvant être appréhendée comme substance phénoménale que sous une forme divisée, l'identification empirique des substances (les masses) par l'application des catégories de relation exige la délimitation d'un certain domaine spatio-temporel de relations. C'est pourquoi, en fin de compte, le physicien accède seulement à des permanents *relatifs au choix d'un découpage de relations au sein de la totalité des phénomènes.* Il s'autorise à admettre la partie considérée comme isolée des parties qui lui sont extérieures, *relativement à un certain degré d'approximation jugé acceptable eu égard aux buts poursuivis,* et il conçoit cette partie comme l'analogue d'une substance.

Si l'on souscrit à cette interprétation, on peut admettre avec Grete Hermann que la physique kantienne n'atteint que des « (...) structures de relations, et (...) [non] pas l'unité d'une réalité déterminée en elle-même » (p. 117). La physique quantique conforterait selon Grete Hermann cette conception, et la radicaliserait de surcroît en montrant que les structures de relations elles-mêmes ne sont pas, comme le postulait Kant, univoquement déterminées, mais dépendent de la manière dont l'observateur décide d'en prendre connaissance.

II-2. Le point de vue de l'observateur chez Kant et chez Bohr

Si formellement, à un niveau superficiel d'analyse, la conclusion précédente de Grete Hermann peut être adoptée, le parallèle entre les conceptions de Kant et de Bohr ne peut pourtant pas être poussé très loin. D'aucuns pourraient par exemple être tentés de soutenir que Kant, en rendant l'accès à certaines connaissances physiques tributaire du choix d'un découpage de relations par le physicien, a introduit, avant Bohr, quelque chose qui s'apparente au point de vue de l'observateur. Bohr ne répète-t-il pas inlassablement que le physicien opère nécessairement des choix préalables qui déterminent ensuite définitivement les informations physiques susceptibles d'être connues (l'une seulement des deux variables complémentaires) ?

1. J. Vuillemin, *Physique et métaphysique kantiennes*, PUF, 1955, p. 282-283.

Mais ces deux manières de concevoir l'intervention du 'point de vue de l'observateur' s'avèrent essentiellement distinctes. Car les multiples points de vue kantiens, contrairement à ceux de l'interprétation de Copenhague, peuvent toujours être raccordés les uns aux autres. Dans une perspective kantienne, si les chaînes causales isolées sont toujours en pratique bornées par ce que le physicien décide de considérer comme les conditions initiales et les conditions finales, rien dans les phénomènes n'empêche de continuer à remonter en amont la série des conditions antérieures, et de poursuivre en aval la série des conséquences. Si, à une échelle donnée, le physicien choisit de ne prendre en compte que le nombre restreint des relations jugées pertinentes par rapport au problème posé, rien dans les phénomènes ne s'oppose à étendre selon des échelles inférieures ou supérieures ce champ de relations, et à relier ainsi continûment entre elles les descriptions proposées à chacune des échelles considérées. Bref, extensivement comme intensivement, les successions nécessaires mises en évidence restent toujours susceptibles d'être connectées entre elles. Elles constituent à la limite (en tant qu'idée de la raison) l'ensemble complet et infini des relations qui composent le monde dans sa totalité et qui s'ordonnent en une description *causale spatio-temporelle continue* des phénomènes.

Au contraire, les différents points de vue de Bohr sont *par essence* mutuellement exclusifs. Les valeurs de chacune des deux variables conjuguées ne peuvent être simultanément définies par le formalisme quantique avec une précision indéfiniment améliorable, et leur mesure exige des dispositifs expérimentaux incompatibles. Ces variables sont liées par une fonction d'onde, définie dans un espace de configuration n'ayant plus grand rapport avec la représentation euclidienne de l'espace kantien, et ne permettant qu'une correspondance statistique avec les résultats singuliers des mesures. On perd donc la possibilité de réunir les différents points de vue en une description causale continue dans l'espace-temps classique dit intuitif.

II-3. Sujet transcendantal et instruments de mesure conçus comme conditions de possibilité de la connaissance

Toujours sous l'angle du caractère relatif de la physique, on pourrait être tenté d'opérer un second type de rapprochement entre les conceptions de Kant et celles de Bohr. N'y a-t-il pas une profonde similitude entre le rôle joué par le sujet transcendantal, en tant qu'il prescrit ses conditions subjectives sensibles et conceptuelles au donné empirique, et celui que Bohr assigne aux instruments de mesure, en tant que toute information relative aux phénomènes quantiques doit nécessairement être rapportée aux conditions expérimentales de son obtention pour acquérir une signification ?

En premier lieu, il peut paraître inadéquat de présenter la connaissance telle que la conçoit Kant comme *relative* aux formes *a priori* qui la rendent possible. En effet, ces formes constituent le cadre de *toute* connaissance humaine. On peut certes les répertorier, mais non pas les comparer à d'autres formes constitutives d'une connaissance *autre* dont le contenu pourrait être présentifié. De ce point de vue, les formes kantiennes *a priori* et la connaissance qui en émerge doivent être considérées comme un donné irréductible, soit comme un absolu. Car qu'est-ce qu'un absolu, sinon une perspective qui ne dispose d'aucun point extérieur d'où elle pourrait s'apparaître à elle-même comme l'une parmi d'autres ? Pourtant, d'un second point de vue, la connaissance humaine peut malgré tout être dite relative aux formes particulières qui la rendent possible : car rien n'empêche de penser la *possibilité logique* d'une connaissance autre, élaborée par d'autres êtres à partir du même donné empirique mais selon d'autres formes *a priori*, même si le contenu d'une telle connaissance ne peut être humainement produit.

En second lieu, si des considérations superficielles permettent de concéder que Bohr, comme Kant, pose le problème de la connaissance en termes de conditions de possibilité, une comparaison approfondie des deux conceptions en présence réduit le parallèle à une simple analogie formelle. En s'effectuant, cette comparaison présente en effet l'aspect artificiel et forcé propre à toute tentative visant à faire coïncider sous certains rapports deux systèmes incommensurables. Pour s'en persuader, examinons jusqu'à quel point le rapprochement peut être poursuivi.

Le parallèle incite au premier abord à mettre face à face les formes kantiennes *a priori* et certaines conditions expérimentales de possibilité de la connaissance physique. Comment concevoir ces dernières conditions afin qu'elles ne diffèrent pas essentiellement de celles qui définissent les formes *a priori* répertoriées par Kant, tout en se conformant globalement à celles qui caractérisent chez Bohr la possibilité des mesures ?

II-3-1. Conditions instrumentales de la possibilité de la connaissance et processus physiques caractéristiques d'un type d'appareil de mesure

Lorsque Bohr exhorte à rapporter tous les résultats de mesure à leurs conditions expérimentales d'obtention en invoquant l'exclusion mutuelle de certains dispositifs expérimentaux, il n'introduit aucune distinction essentielle entre des dispositifs M_1 et M_2 *de conception différente* (autrement dit mettant en œuvre des processus physiques distincts) appelés à mesurer une même variable, disons la variable q d'impulsion. Peu importe que la mesure de l'impulsion soit rapportée à $M_1(q)$ ou à $M_2(q)$. Le point décisif, c'est que l'emploi de $M_1(q)$ comme de $M_2(q)$ est incompatible avec celui d'appareils $M_3(p)$ ou $M_4(p)$ destinés à mesurer la variable conjuguée p de position.

Cette simple remarque permet d'écarter toutes les tentatives visant à identifier les conditions *expérimentales* de possibilité de la physique aux caractéristiques et aux processus physiques définissant une classe d'instruments de même type (la classe des microscopes, par exemple). Si l'on doutait encore de l'inadéquation d'un tel parallèle, on pourrait en outre remarquer que l'équivalent chez l'être humain de ces processus physiques ne peut être identifié aux formes *a priori*, mais correspond plutôt aux processus physiologiques dont la description reste elle-même tributaire des formes spatiales et temporelles de la sensibilité. L'une des raisons pour lesquelles on peut placer sur le même plan de tels processus physiques et physiologiques et les opposer aux formes *a priori*, c'est que les deux premiers, contrairement au secondes, s'incarnent d'une manière qui peut être explicitée. Kant ignore totalement la question de la liaison des formes *a priori* avec le corps humain, ainsi que celle du mode d'être et d'agir empiriques de ces formes. C'est indépendamment d'une telle question qu'il met ces formes en évidence, au terme d'une reconstruction logique qui prend pour point de départ la connaissance constituée puis remonte à ses conditions de possibilité.

En outre, tandis que les formes kantiennes sont irréductibles à quoi que ce soit d'autre, ce qui leur confère leur intérêt philosophique au sein de l'édifice critique en tant que fondement ultime de toute connaissance, les formes instrumentales, si on les identifiait aux processus physiques caractéristiques d'un type d'appareil de mesure, resteraient en principe toujours *convertibles* les unes dans les autres. En effet, quand on effectue, sur le même système dans le même état, une mesure de la même variable q à l'aide de deux dispositifs différents $M_1(q)$ et $M_2(q)$, les deux phénomènes distincts produits, qui résultent de processus physiques *distincts*, peuvent être corrélés, puisqu'ils sont chacun indépendamment interprétables comme 'telle valeur de la variable q' à partir des caractéristiques de chaque appareil. La convertibilité des formes expérimentales implique de surcroît leur contingence par rapport à la connaissance obtenue, tandis que les formes kantiennes, qui structurent d'ailleurs les précédentes, sont absolument nécessaires à l'obtention de n'importe quelle connaissance. Bref, d'un point de vue philosophique, il serait non seulement inintéressant, mais de plus illégitime, de comparer analogiquement aux formes kantiennes *a priori* les processus physiques responsables de la manière dont apparaissent en bout de chaîne les résultats de mesure.

II-3-2. Conditions instrumentales de la possibilité de la connaissance et fonction des dispositifs de mesure

Bohr affirme que les résultats des mesures doivent toujours être rapportés à leurs conditions expérimentales d'obtention. Pourtant, les caractéristiques physiques intrinsèques qui définissent un type d'appareil étant indifférentes, les instruments $M_1(q)$ et $M_2(q)$ correspondront à une seule et même forme. Plus généralement, une forme renverra à une classe d'équivalence de dispositifs expérimentaux destinés à mesurer la même variable (ou un ensemble de variables compatibles). Il semble alors que si l'on veut absolument identifier un analogue empirique des formes kantiennes *a priori*, ce doive être plutôt la *fonction* du dispositif de mesure, autrement dit le type de mesure (p ou q) auquel l'appareillage est destiné – une même fonction pouvant être réalisée par différents processus physiques. Une telle hypothèse présente l'avantage de désarrimer les conditions expérimentales de possibilité de la connaissance de tout ancrage corporel, ainsi que le sont les formes kantiennes *a priori*.

Mais de quoi cette fonction serait-elle condition de possibilité ? Choisir de mettre en œuvre telle ou telle fonction instrumentale, c'est, selon Bohr, sélectionner un certain type de connaissance *au détriment d'un autre à jamais inaccessible*. Si Bohr est amené à insister sur le fait qu'une classe d'instruments (une forme) est condition de possibilité de la définition et de l'accès expérimental à la valeur d'une variable considérée, s'il ne se lasse pas de répéter que tous les résultats doivent être rapportés à leurs conditions d'obtention, ce n'est évidemment pas pour reprendre à son compte l'idée classique selon laquelle les résultats de mesure n'ont de signification que rapportés au degré de précision de l'instrument. Il s'agit plutôt de caractériser une situation radicalement nouvelle : le choix d'un certain type de condition de possibilité instrumentale se révèle en même temps *condition de l'impossibilité* de la définition et de l'accès expérimental de la valeur simultanée de la variable conjuguée. L'introduction de cette double condition nous éloigne considérablement de l'esprit kantien ; par son existence même, puisque le système kantien ne fait place à rien qui ressemble à des conditions d'impossibilité ; par ses conséquences, puisqu'elle oblige à renoncer à la description continue, dans l'espace et dans le temps, de l'état des systèmes considérés. L'idée même de la possibilité d'un choix entre les formes de la connaissance constitue d'autre part une absurdité du point de vue de la conception kantienne (comment pourrait-on choisir ce qui constitue l'expérience possible ?).

II-3-3. La relation entre des déterminations mutuellement exclusives : une nouvelle condition de possibilité de la connaissance ?

Quoi qu'il en soit des développements précédents, n'est-il pas extrêmement discutable et pour tout dire illégitime de comparer les formes kantiennes, dont le statut *a priori* est absolument essentiel et confère tout son intérêt philosophique à l'édifice critique, aux conditions *empiriques* d'accès à certaines connaissances ? On peut tenter de contourner cette difficulté en remarquant que l'exclusion mutuelle des dispositifs expérimentaux semble chez Bohr pouvoir être considérée, non comme un fait empirique, mais comme une interprétation des relations de Heisenberg. Ces relations se déduisent logiquement du formalisme quantique. Elles indiquent qu'à un même instant, la précision avec laquelle on peut *définir* la valeur de l'une des deux variables conjuguées à l'intérieur de ce formalisme dépend de la précision avec laquelle on *définit* la valeur de la seconde. Lorsque Bohr invoque l'incompatibilité des dispositifs instrumentaux, il insiste toujours corrélativement sur l'impossibilité de *définir* simultanément avec la même précision les variables conjuguées[1]. Si l'on admet que seule une théorie donne sens aux mesures effectuées, c'est la limitation mutuelle de la possibilité de définition des deux variables conjuguées qui est première, et qui se répercute accessoirement sur les opérations concrètes par lesquelles les valeurs de ces variables peuvent être connues, en limitant, pour ces deux dernières, la précision mutuelle susceptible d'être obtenue expérimentalement. Ce que Bohr exprime par l'exclusion réciproque des dispositifs destinés à mesurer des variables conjuguées.

Mais alors, la forme chez Bohr doit plutôt être identifiée à la *relation* qui définit la possibilité d'une connaissance étant donnée une autre connaissance, soit à l'interprétation bohrienne des relations de Heisenberg. Dans une telle perspective, l'incompatibilité des fonctions instrumentales n'est qu'une conséquence empirique *contingente* de cette relation. Concrètement, il y a certes un choix à opérer entre l'un des deux types d'appareils incompatibles. Mais ce choix ne fait que traduire la marge de liberté dont dispose tout représentateur face à son objet. Il ne saurait être assimilé au choix entre deux formes de la connaissance mutuellement exclusives, puisque la forme désigne maintenant non plus une fonction instrumentale isolée, mais la relation entre deux d'entre elles. On élimine de cette manière l'absurdité précédemment signalée d'un choix entre les formes de la connaissance.

Ainsi comprise, cette nouvelle condition de possibilité de la connaissance s'apparente davantage aux formes de l'entendement qu'à celles de la sensibilité. Elle peut être conçue comme une catégorie de relation supplémentaire limitant l'application des autres concepts purs, en particulier du concept kantien de substance. Elle spécifierait alors les conditions réciproques de possibilité de certains types de déterminations. Le statut de concept *pur* lui serait conféré. De même que Kant, prenant pour point de départ la connaissance constituée de son époque (en particulier la physique de Newton)[2], a mis à jour, au terme d'une déduction transcendantale, un

1. Voir par exemple Bohr, *La théorie atomique et la description des phénomènes*, Gauthier-Villars, 1993, p. 51.

2. Nous ne pouvons faute de place justifier ici cette assertion concernant la démarche par laquelle nous supposons que Kant a identifié les catégories. Nombre d'auteurs s'accordent en tout cas avec avec elle. E. Meyerson écrit que Kant « (...) puisait l'ensemble de ses conceptions scientifiques chez Newton » (*La déduction relativiste*, Payot, 1925, p. 212). Et un peu plus loin : « H. Cohen a pu dire que Kant n'avait fait que réduire en système philosophique la science newtonienne » (E. Meyerson, *op. cit.*, p. 50). Sans aller aussi loin que Cohen, Gottfried Martin accorde à la science de Newton une place importante dans l'élaboration de l'édifice critique kantien : « La *Critique de la raison pure* est une mer qu'alimentent deux fleuves : la science moderne et l'ontologie

certain nombre de formes *a priori,* de même Bohr, partant de la toute jeune physique du XXème siècle, aurait permis de débusquer un nouveau concept pur. La démarche même par laquelle Kant a identifié les catégories semble impliquer qu'une transformation substantielle de la connaissance (inenvisagée par Kant) exige une transformation également substantielle de ses conditions de possibilité[1]. Jusqu'à la rédaction de la *Critique de la raison pure*, des concepts *a priori* ont structuré la connaissance sans être pour autant reconnus et explicités comme tels par les sujets empiriques de cette connaissance. N'est-il pas concevable qu'avec l'exploration de champs nouveaux et le progrès de la connaissance, de nouvelles catégories puissent être mises en évidence ?

Si, poussé jusqu'à ce point, le parallèle entre les conceptions de Kant et de Bohr peut paraître séduisant, il se heurte pourtant une nouvelle fois à de sérieux obstacles. Il réfute tout d'abord l'affirmation kantienne selon laquelle la table des douze catégories est complète. Or, rajouter un concept pur, c'est déstabiliser l'ensemble du système. Car la symétrie de la table des catégories reflétant son principe de construction à partir de la table des jugements, rompre cette symétrie revient à ébranler ce principe lui-même. En outre, le progrès de la connaissance future ne saurait chez Kant avoir la moindre répercussion sur les concepts purs : les mêmes opérations de liaison structurent depuis toujours et continueront de structurer à l'avenir toute connaissance possible. Ce progrès peut tout au plus révéler l'impossibilité d'appliquer les catégories à certains champs d'exploration nouveaux, dès lors définitivement inaccessibles à la connaissance humaine. Enfin, les principes kantiens ne permettent pas de rendre compte du fait que la soudaine 'mise en activité' d'une nouvelle catégorie, outre qu'elle produit de nouvelles connaissances, transforme *rétroactivement et radicalement* le contenu de la connaissance *passée*, amenant par exemple à réinterpréter les équations de la physique newtonienne.

traditionnelle. C'est le mérite des néo-kantiens d'avoir révélé l'importance des sciences (en particulier de la physique) dans l'œuvre de Kant ; à coup sûr la première critique est une épistémologie scientifique – théorie de l'expérience, comme le montre Cohen. Mais elle n'est pas cela seulement : elle est tout autant une ontologie, dans la continuation de la tradition » (G. Martin, *Science moderne et ontologie traditionnelle chez Kant*, PUF, 1963, p. 7). Les analyses de Jules Vuillemin vont dans le même sens (J. Vuillemin, *Physique et métaphysique kantiennes*, PUF, 1987).

1. Lorsque C. Chevalley entreprend de définir ce que la philosophie néo-kantienne de la physique quantique conserve du kantisme, elle exprime une idée qui va dans le même sens : « Le noyau dur de ce que l'on peut appeler le kantisme quantique est caché dans la présupposition qu'un renouvellement des premiers principes de la physique précède, dans l'ordre des choses et dans l'ordre de l'exposé, un renouvellement de la théorie de la connaissance ». Voir C. Chevalley, 'De Bohr et von Neumann à Kant : l'école allemande de logique quantique', *L'âge de la science*, 2, mars 1989, p. 151-176.

II-4. Mettre un système de pensée à l'épreuve de l'histoire

Arrêtons là la poursuite de cette analogie pour le moins discutable mais qui a pourtant le mérite de montrer que si, formellement, Kant et Bohr résolvent les problèmes de la théorie de la connaissance en termes de conditions de possibilité, la comparaison de leurs deux conceptions, dès que l'on tente de l'approfondir, devient très vite artificielle ou fantaisiste. Ce qui appelle quelques réflexions générales sur le type de démarche philosophique suivie par Grete Hermann et par bien d'autres avant et après elle. A savoir, entreprendre de soumettre au jugement de l'histoire la pensée d'un auteur ayant prétendu énoncer des vérités intemporelles. Quels fruits philosophiques peut-on attendre d'un tel procès ?

Lorsque l'on s'interroge, à partir de la connaissance postérieure à Kant, sur ce que les enseignements de l'histoire amènent à réfuter de la philosophie kantienne, il y a deux manières d'aborder la question. Soit on réduit l'apport kantien au postulat général de *l'existence* de formes *a priori* constituant les conditions de possibilité de la connaissance. Dans ce cas, cet apport ne saurait être infirmé par aucune situation empirique, si radicalement nouvelle soit-elle. Car il reste toujours possible, à partir de n'importe quel nouvel état de connaissance, de remonter à ses prétendues conditions de possibilité *a priori*, quitte à substituer de nouvelles formes à celles qu'avait répertoriées Kant, et à admettre qu'en dépit du génie de son intuition initiale, l'éminent philosophe a néanmoins failli dans la réalisation concrète de son projet. Soit on ne dissocie pas cette intuition initiale de son déploiement systématique et détaillé, et c'est alors l'édifice entier de la philosophie kantienne qui doit être confronté aux leçons de l'histoire afin de conserver les propositions qui y résistent et d'abandonner celles qui s'avèrent réfutées. Ainsi conçue, cette entreprise apparaît non seulement extrêmement difficile, voire impossible, mais surtout sans grand intérêt philosophique. Car s'il reste toujours possible, en disséquant le système kantien, d'en conserver certains morceaux jugés essentiels et d'en abandonner d'autres considérés comme accessoires, rien dans la nouvelle connaissance qui sert de référence n'indique *en quel point* du système les remaniements doivent être opérés. Mais surtout, on ne peut ignorer que le système kantien fonctionne comme un tout cohérent et rigide, et que c'est par la configuration du tout que les parties acquièrent leur signification. Dès lors, isoler une fraction du système, l'identifier au noyau du kantisme, décréter qu'elle résiste à la mise à l'épreuve de l'histoire, puis proclamer que la philosophie critique s'avère globalement corroborée par la connaissance nouvelle, ne constitue à nos yeux ni une démarche philosophiquement fructueuse, ni même une démarche méthodologiquement légitime. N'importe quel système de pensée peut en effet être 'sauvé' par une telle procédure.

La conclusion précédente ne revient pas pour autant à condamner en bloc l'ensemble des tentatives visant à mettre face à face différents systèmes de pensée. Tout dépend de la méthode employée, ainsi que du but poursuivi. Si l'on considère la philosophie kantienne comme une totalité organique dont les parties, bien que susceptibles d'être séparées par la pensée et exposées une à une, voient leur signification substantiellement transformée dès que l'on les isole de la structure qui les articulait initialement, si l'on étudie dans une telle perspective le fonctionnement interne de ce système, alors la confrontation permet, non pas de valider ou d'infirmer telle ou telle partie de l'édifice, mais seulement de mettre en évidence le réseau des présupposés plus ou moins implicites qui le sous-tend. Une telle mise en évidence ne s'effectue évidemment pas d'un point de vue absolu, mais à partir d'un *autre* réseau conceptuel constitué lui-même par un enchevêtrement de présupposés implicites *propres*. Confronter les conceptions de Kant et de Bohr permet ainsi de faire apparaître par différenciation les présupposés de la première, tout au moins ceux que la seconde ne perpétue pas.

Le cadre de la présente réflexion ne se prête guère à la réalisation détaillée d'un tel projet[1]. Esquissons-en néanmoins les grandes lignes.

Kant, contrairement à Bohr, s'est fort peu préoccupé des conditions de possibilité *empiriques* de la science. Il ne s'attache pas davantage à penser leur liaison avec les formes *a priori*[2]. Il admet certes que la nature particulière du donné empirique aurait pu s'opposer à toute application des catégories, autrement dit à l'émergence de toute connaissance humaine :

> S'il y avait, entre les phénomènes qui se présentent à nous, une diversité si grande – je ne dis pas quant à la forme (car en cela ils peuvent se ressembler), mais au contenu, c'est-à-dire quant à la diversité des êtres existant – que l'entendement humain le plus pénétrant ne pût trouver, en les comparant les uns aux autres, la moindre ressemblance entre eux (c'est là un cas qu'on peut bien concevoir), il n'y aurait (...) plus (...) de concepts empiriques, ni, par conséquent, d'expérience possible[3].

Mais sa conception *linéaire et cumulative* du progrès de la connaissance lui interdit d'envisager que le savoir actuel, qui existe de fait, puisse ultérieurement être remis en question. La physique ne pouvant régresser, ses acquis ne sauraient être invalidés par la suite.

Or, en ce qui concerne la mesure, quels sont pour Kant ces acquis ? Sans aucun doute ceux que présupposait implicitement l'époque classique : les appareils de mesure sont 'transparents', à savoir renseignent le physicien sur des caractéristiques possédées par les objets indépendamment des moyens mis en œuvre pour accéder à cette connaissance, même si l'imprécision des appareils oblige l'expérimentateur à se contenter d'une

1. Voir notre travail de DEA, *Philosophie kantienne et physique moderne : catégorie de causalité et prédictions statistiques,* 1993.

2. C. F. von Weizsäcker reproche à Kant son « (...) manque de clarté (...) sur la relation existant entre la connaissance *a priori* et la connaisance empirique » (*Le Monde vu par la physique*, Flammarion, 1956, p. 147).

3. E. Kant, *Critique de la raison pure*, PUF, 1990, p. 458.

approximation par rapport à *la* valeur théorique exacte supposée. Réaliser des dispositifs expérimentaux toujours plus précis constitue d'ailleurs l'un des buts essentiels de la physique empirique. Que la communauté scientifique rencontre un jour une limite dans une telle entreprise, au sens où elle ne parviendrait pas à améliorer davantage la précision des appareillages, n'est pas inenvisageable pour Kant. Mais que la théorie classique implicite de la mesure soit bouleversée au point d'invoquer une perturbation définitivement incontrôlable du mesuré par le mesurant et l'impossibilité corrélative d'accéder aux caractéristiques propres de l'objet, voilà une éventualité complètement étrangère aux possibles kantiens, car interdite par certains présupposés du système.

L'hypothèse du caractère cumulatif de la connaissance ne suffirait pas à elle seule à condamner totalement l'éventualité considérée. On pourrait à la rigueur prétendre que la nouvelle théorie de la mesure ne fait que préciser l'ancienne *en la prolongeant continûment* ; qu'elle découvre une perturbation jusqu'alors insoupçonnée car négligeable à échelle macroscopique, mais ayant néanmoins toujours existé ; qu'elle ne contredit donc aucunement le caractère cumulatif de la connaissance. Mais Kant semble admettre en outre que l'accumulation quantitative de connaissances nouvelles ne modifie pas qualitativement le contenu de la connaissance ancienne. Comme si les éléments constitutifs de la connaissance étaient indépendants les uns des autres. Comme s'ils possédaient une signification intrinsèque indifférente à la configuration d'ensemble du système de signifiants qui les articule. Comme si *conceptuellement*, le progrès de la connaissance était *linéaire*. Or, l'avènement de la physique quantique montre justement qu'il n'en est rien. La nouvelle théorie de la mesure débouche en effet sur une conception du monde qui rompt radicalement avec la précédente. Les assomptions qui contraignent la pensée kantienne lui interdisent de concevoir une telle possibilité, et en particulier celle d'une réinterprétation des *mêmes* opérations de mesure en termes de perturbation incontrôlable du mesuré par le mesurant.

Appliquée à une théorie physique mathématisée et non plus à une théorie qualitative comme l'est celle de la mesure, la question du caractère linéaire de la connaissance permet en outre de mettre l'accent sur un autre présupposé implicite du système kantien : chez Kant, la connaissance est non seulement linéaire et cumulative, mais aussi *parfaitement monolithique*, au sens où aucune dissociation n'est opérée entre le formalisme mathématique de la théorie et les diverses interprétations physiques susceptibles d'y être associées. De ce fait, le point de vue kantien ne peut concevoir que les équations de Newton puissent être ultérieurement réinterprétées, par exemple comme cas limite d'une situation statistiquement déterminée. Ces équations semblent pour Kant porteuses d'une signification unique, auto-engendrée et imposée, susceptible d'être exprimée soit grâce aux termes du langage de la vie quotidienne (comme c'est le cas dans les *Premiers principes métaphysiques de la science de la nature*), soit, de manière plus précise, en langage mathématique. Bref, la 'physique de Newton' désigne pour Kant l'interprétation classique du formalisme newtonien. Cette physique prolonge en la raffinant l'expérience quotidienne, car toutes deux sont le résultat de l'application des mêmes catégories au donné empirique. Comme cette physique a de plus été empiriquement confortée par de nombreux succès, son contenu, soit l'interprétation classique des équations qui y figurent, constitue pour Kant un acquis définitif. Le monde phénoménal se compose donc définitivement de corps matériels séparés bien qu'interactifs, possédant chacun des déterminations propres que les mesures ne font que recueillir. Or, la physique quantique est difficilement conciliable avec une telle conception. De manière plus générale, les hypothèses implicites de la pensée kantienne interdisent la possibilité que les mêmes catégories appliquées à la même matière empirique puissent produire deux systèmes différents, voire contradictoires, de connaissance. C'est pourtant une telle possibilité que réalise la physique quantique, du moins au niveau des interprétations de son formalisme.

En outre, Kant s'interroge très peu sur la pluralité des niveaux de description qui résultent de la multiplicité des échelles possibles. Comme l'écrit Jules Vuillemin : « (...) La philosophie kantienne ignore (...) que les phénomènes naturels sont relatifs à un certain ordre de mesure »[1]. Si Kant s'était intéressé à l'investigation physique du donné empirique à très grande ou très petite échelle, il aurait très probablement postulé l'applicabilité illimitée des mêmes formes *a priori*, garantissant ainsi la possibilité d'un passage continu d'un niveau de description à l'autre. Peut-être aurait-il à la rigueur admis l'éventualité que les catégories puissent cesser de s'appliquer à certaines échelles, stoppant net la marche de la connaissance. Rien en tout cas, au sein du système kantien, ne semble radicalement interdire une telle éventualité. L'affirmation de l'Appendice à la Dialectique transcendantale, selon laquelle on ne peut déterminer à l'avance jusqu'à quel point les concepts purs continueront de s'appliquer, incite plutôt à l'accepter. Mais il est clair que l'application des catégories au donné empirique s'effectue pour Kant en tout ou rien. L'idée que les formes *a priori* de l'entendement s'appliquent en se limitant *mutuellement* lui est totalement étrangère.

Le dernier axiome de la pensée kantienne qui sera présenté concerne le rapport entre intuition et concepts. Le caractère extrêmement intime du lien qui unit ces deux termes a souvent été jugé excessif. Déjà au niveau de l'élaboration des mathématiques, « (...) on a objecté (...) que le texte même de Kant ne met pas assez en valeur la liberté *a priori* des concepts mathématiques et leur émancipation possible à l'égard de toute réalisation intuitive sensible »[2]. Ce qui vaut pour les mathématiques se répercute sur la

1. J. Vuillemin, *Physique et métaphysique kantiennes*, PUF, 1987, p. 192.

2. E. Cassirer, *Substance et fonction*, Minuit, 1977, p. 129. Si une telle objection a été faite, précise E. Cassirer, c'est parce que « C'est l'aspect logique, non l'aspect empirique des concepts fondamentaux qui s'est trouvé renforcé par l'extension moderne du domaine mathématique (...) » (*op. cit.*, p. 130).

physique. En effet, la connaissance ne saurait pour Kant émerger que de l'application des catégories a la matière sensible empirique. Or, celle-ci est elle-même structurée par les formes *a priori* de l'intuition, à savoir le temps et l'espace géométrique euclidien. De ce fait, la description physique est forcément située dans un espace géométrique euclidien auquel on adjoint une dimension temporelle. Les catégories de quantité et de qualité découpent des unités, respectivement en extension et en intension, dans cette matière pure spatio-temporelle et continue. La géométrie et le calcul différentiel, qui récapitulent les propriétés de ces opérations, s'appliquent donc nécessairement aux phénomènes.

Comme en témoigne la construction de la physique kantienne *a priori*, les concepts et les principes fondamentaux de la physique résultent de l'application des douze catégories au concept empirique de mouvement. Ainsi, la description physique, seule connaissance véritablement digne d'être qualifiée de scientifique, ne peut être conçue que comme une sorte de décalque abstrait des phénomènes spatiaux et temporels. La description présente l'évolution spatio-temporelle *continue* de substances séparables, en perpétuelle interaction causale, et possédant en propre des déterminations changeantes. Kant semble identifier cette physique *a priori* au fondement immuable de toute physique future. Mais elle se révèle pourtant incapable de jouer un tel rôle vis-à-vis de la physique quantique. *Son mode de construction, comme ses résultats*, sont totalement remis en question par l'épistémologie post-kantienne, qui s'est précisément forgée en tenant compte des caractéristiques révolutionnaires de la science du début du siècle, et qui accorde au concept une très grande autonomie par rapport à l'intuition.

Bref, ne serait-ce qu'à partir des quelques assomptions contraignantes considérées (connaisance physique cumulative, linéaire, monolithique, et obligatoirement construite en appliquant les catégories *à l'espace euclidien et au temps*), il est déjà clair que le monde de Kant reste incompatible avec celui de Bohr. Globalement, la confrontation conclut très vite à leur incommensurabilité au sens kuhnien du terme. La lettre du système kantien ne peut ni rendre compte de la situation de la physique moderne, ni même, à bien des égards, être rendue compatible avec elle. La philosophie kantienne et l'interprétation de Copenhague se présentent comme deux systèmes complexes et ramifiés qui constituent deux cadres de pensée irréconciliables. S'il reste possible, en isolant certaines questions ou en consentant à certains remaniements, de forcer la coïncidence entre les deux conceptions, c'est toujours au prix de la création d'une nouvelle tension en un autre point de l'un des deux systèmes.

Peut-être objectera-t-on que ces présupposés n'ont pour la plupart rien de spécifiquement kantien[1], et que leur remise en cause n'atteint donc pas le

1. A part celui de la construction de la physique par l'application des catégories à une matière spatiale et temporelle, qui est en lui-même tout à fait original. Mais comme la

noyau essentiel du kantisme. Que la pensée kantienne, même si elle s'enracine dans son époque et en épouse plus ou moins implicitement un certain nombre de présupposés, rompt néanmoins radicalement avec elle ; que les assomptions fondamentales qui opèrent en elles doivent dès lors être divisées en deux groupes, celles qui s'avéreront partagées par la très grande majorité des penseurs du XVIIIème siècle, et celles qui se révèlent absolument originales, ces dernières devant seules être prises en compte dans la confrontation des conceptions de Kant et de Bohr. Et pourtant, les premières structurent et contraignent le système kantien tout autant que les secondes.

Rien n'interdit certes d'extraire de ce système son noyau original, puis, en l'associant à d'autres hypothèses, de construire à partir des anciens fondements une pensée nouvelle. Bon nombre de néo-kantiens ont d'ailleurs visé un tel objectif. Ils ont repensé l'*a priori* kantien en un sens plus faible, l'identifiant aux opérations fondamentales qui sous-tendent la connaissance actuelle, et ont généralement affranchi les opérations intellectuelles mobilisées de leur association trop rigide avec la physique de Newton et avec l'intuition[1]. Cassirer par exemple, reconnaît que Kant, dans la réalisation de son projet, est resté trop tributaire de la science de son époque[2]. Dans son ouvrage *Determinism and indeterminism in modern physics*, il écrit :

> Kant a cru qu'il pouvait cartographier complètement le système des principes caractéristiques qui structurent l'expérience. Pour ce projet, il s'est appuyé sur la logique classique et la mécanique classique. De même qu'il a pris pour modèle la table des jugements pour répertorier les catégories, de même il a pris pour modèle les lois newtoniennes du

grande majorité des contemporains de Kant adhère à la *conséquence* d'un tel principe de construction, à savoir la représentation physique comme décalque abstrait des rapports temporels continus d'éléments spatiaux, et comme c'est *cette* conséquence qui a pesé dans notre argumentation, on peut, du point de vue qui nous intéresse, accorder à notre contradicteur imaginaire qu'aucun des présupposés considérés n'est spécifiquement kantien.

1. On peut mentionner par exemple Emile Meyerson, qui, en 1925, confronte philosophie kantienne et relativité einsteinienne. Il affaiblit l'*a priori* en limitant sa validité à la connaissance actuelle, lui refusant toute prétention à s'affirmer condition de possibilité de la connaissance future (p. 308-309). Comme il l'expose dans sa préface, son analyse s'identifie à une recherche sur la psychologie des savants, cherchant à dégager les procédés de pensée mis en œuvre, et à en déduire des informations sur les principes du raisonnement scientifique en général (E. Meyerson, *La déduction relativiste*, Payot, 1925). Voir également L. Brunschvicg, *Les étapes de la philosophie mathématique*, Librairie A. Blanchard, 1993 ; E. Cassirer, *Determinismus und indeterminismus in der modernen Physik*, Göteborgs Högskolas Arsskrift, XLII, 1937 ; Peter Mittelstaedt, *Philosophische Probleme der modernen Physik*, Bibliographisches Institut, 1963 ; C. F. von Weizsäcker, *Zum Weltbild der Physik*, S. Hirzel, 1943.

2. C'est un point de vue assez unanimement partagé. Voir par exemple E. Meyerson, *La déduction relativiste*, Payot, 1925, p. 336-337 ; J. Vuillemin, *Physique et métaphysique kantiennes*, PUF, 1987, p. 194.

> mouvement pour répertorier les principes synthétiques (...). Nous savons aujourd'hui pourquoi cette partie pure ne pouvait pas satisfaire à la tâche que Kant lui assignait. Elle était trop étroitement liée à une forme spécifique de science (...). Kant était certain que toute rationalité était contenue à l'intérieur d'un espace défini délimité d'un côté par les axiomes de la géométrie euclidienne, de l'autre par ceux de la physique newtonienne[1].

A partir de ce constat, Cassirer, qui reprend du kantisme son idée centrale originale, à savoir l'existence de formes *a priori* de la connaissance, redéfinit le principe de causalité en l'assouplissant :

> (...) Le principe causal (...) ne prétend pas que le procédé qui traduit les données d'observation en énoncés exacts de résultats de mesures, ou que le procédé qui rassemble ensemble les résultats de mesures dans des équations fonctionnelles au moyen de principes généraux, est jamais complet. Ce qu'il exige et ce qu'il présuppose axiomatiquement, c'est seulement ceci : que la complétude puisse et doive être recherchée, que les phénomènes de la nature ne soient pas tels qu'ils s'opposent ou résistent en principe à la possibilité d'être ordonnés par le procédé décrit[2].

A partir de cette nouvelle acception du principe *a priori* de causalité, Cassirer édifie une nouvelle philosophie. Mais le système philosophique résultant, s'il peut être dit d'inspiration kantienne, reste néanmoins incommensurable à celui de Kant. Et surtout, affirmer la validité d'un tel système ne revient pas à 'sauver' le kantisme des apparents démentis de l'histoire.

II-5. Pourquoi les raisonnements de Kant et de Bohr font intervenir le même schéma formel

En dépit de leur incommensurabilité, les pensées de Kant et de Bohr sont construites en termes de conditions de possibilité. Comment rendre compte de cette incontestable similitude formelle ?

Grete Hermann fait quelques commentaires dispersés sur une question plus générale mais néanmoins apparentée. Etant donnée sa thèse générale, qui affirme la conformité des conclusions de la philosophie critique et de la mécanique quantique, ces commentaires visent non pas spécifiquement l'analogie formelle entre les deux systèmes considérés, mais une convergence de contenu beaucoup plus large. Ils peuvent néanmoins être exploités pour traiter de la question qui nous occupe.

Pour Grete Hermann, philosophie critique et physique quantique se sont construites à partir de prémisses appartenant à des ordres radicalement

1. E. Cassirer, *Determinism and indeterminism in modern physics*, Yale University Press, 1956, p. 73-74.
2. E. Cassirer, *op. cit.*, 1956, p. 60.

séparés de connaissance, et sont parvenues à des conclusions analogues par des voies bien distinctes :

> L'existence d'un lien entre les raisonnements de l'idéalisme transcendantal et les fondements philosophiques de la mécanique quantique ne contredit absolument pas le fait que le progrès de la physique, de la théorie classique à la mécanique quantique, repose manifestement sur les enseignements de l'expérience et est indépendant de toute spéculation philosophique. *L'expérience* a décidé contre le schéma, généralement admis et jamais remis en cause auparavant, selon lequel on pourrait s'approcher d'une description objective de la nature avec une quelconque précision et indépendamment du rapport à l'observation. Et les découvertes de la mécanique quantique – ne serait-ce que parce qu'elles sont le résultat du progrès de recherches *empiriques* – se distinguent essentiellement des antinomies qui fondent l'idéalisme transcendantal et qui reposent intégralement sur des réflexions mathématiques et philosophiques (p. 122).

Grete Hermann, en dissociant ainsi totalement philosophie et recherches empiriques, raisonne comme si l'interprétation de Copenhague constituait un simple compte rendu des faits d'observation (étant données les formes *a priori*) et non pas une interprétation philosophique, parmi d'autres possibles, du formalisme de la théorie : comme si l'impossibilité de dissocier l'objet et l'appareil de mesure devait nécessairement résulter de l'étude des phénomènes atomiques. Or, d'une manière générale, il paraît difficile d'assimiler une théorie physique quelconque à un condensé de faits expérimentaux *dépouillé de tout présupposé philosophique récusable*. C'est d'ailleurs ce que confirme définitivement la multiplicité des interprétations susceptibles d'être associées au formalisme quantique[1], tandis que la physique classique incitait plus facilement à postuler une totale adhésion du formalisme à sa signification.

Pour Grete Hermann, le fait que la convergence globale entre mécanique quantique et philosophie kantienne ait été atteinte au terme de démarches parfaitement indépendantes reposant sur des principes distincts conforte la crédibilité des principes essentiels de la philosophie critique :

> Les concepts fondamentaux qui médiatisent le passage de la perception à la connaissance de la nature ne sont pas remis en cause par la mécanique quantique, malgré les bouleversements révolutionnaires qu'elle a provoqués. Pour le schéma philosophique qui considère ces concepts comme l'expression de connaissances rationnelles *a priori*, cela signifie, sinon une justification, en tout cas une corroboration empirique très importante (p. 118).

1. Voir par exemple la théorie de Bohm de l'onde pilote (1952), exposée dans : *Wholeness and the implicate order*, Routledge, 1990 ; la théorie d'A. Landé, exposée dans : *New fondations of quantum mechanics*, Cambridge University Press, 1965.

Bref, le prestige associé aux sciences dites exactes rejaillit en quelque sorte sur la philosophie critique.

Mais si l'on rejette la conclusion de Grete Hermann selon laquelle la mécanique quantique préserve l'essentiel du contenu des thèses kantiennes, si on lui substitue l'existence d'une simple analogie formelle, et si l'on cesse d'identifier la mécanique quantique à l'interprétation de Copenhague associée aux reconstitutions causales *a posteriori*, alors on peut proposer une explication plus convaincante de l'analogie en question. Il paraît en effet plus plausible de la rapporter à l'immense influence du génie kantien sur l'ensemble des générations postérieures. Car, comme le remarque Catherine Chevalley :

> L'histoire de la philosophie (...) désigne (...) comme contexte évident de la formation [des premières interprétations de la mécanique quantique] celui de la problématique transcendantale. (...) Le vocabulaire du kantisme envahit les textes originaux des fondateurs de la mécanique quantique.

Il ne s'agit évidemment pas d'un kantisme orthodoxe, mais bien plutôt, comme le qualifie Catherine Chevalley, d'un

> effet Kant[1], (...) [qui] est loin de conduire toujours à un maintien de la problématique kantienne, sauf à travers l'importance donnée à la réflexion sur les limites et les conditions de possibilité de la connaissance. (...) Si l'impulsion essentielle de la rupture entre la physique quantique et les théories classiques est venue des contradictions qui s'accumulaient dans le domaine de l'atome, la manière dont cette rupture s'est faite et dont elle a été interprétée par ceux qui l'opéraient a été déterminée en grande partie, comme pour la théorie de la relativité, par un héritage philosophique précis, celui du kantisme dans la philosophie des sciences du XIXème siècle. Ce n'est qu'en prenant [cet aspect] en considération qu'on peut comprendre les interprétations proposées par Bohr (...)[2].

1. L'une des voies par lesquelles Bohr aurait pu subir cet 'effet Kant' réside dans l'enseignement d'un de ses professeurs d'université – proche ami de son père et qui restera ensuite lié d'amitié à son ancien étudiant –, le philosophe et psychologue danois Harald Høffding. La théorie de la connaissance de Høffding s'inscrit dans la lignée kantienne, même si elle tient à s'en démarquer sur un certain nombre de points, et elle a, semble-t-il, profondément marqué la pensée de Bohr. C'est en tout cas la thèse que défend de manière assez convaincante J. Faye dans : *Niels Bohr: his heritage and legacy*, (Kluger Academic Publishers, 1991, voir en particulier les pages 77 et suivantes). Faye considère Høffding comme le père intellectuel de Bohr.

2. C. Chevalley, 'Physique quantique et philosophie', *Le débat*, p. 65-76, 1992. Sur le lien entre kantisme, sciences et épistémologie, C. Chevalley fait un certain nombre de remarques qui rejoignent notre propos. Dans l'article précité, elle mentionne par exemple les « (...) efforts internes aux sciences pour adapter le criticisme, le réaménager ou l'abandonner », et traite en particulier de la manière dont l'intuition kantienne a été séparée du symbole, puis éliminée par les concepteurs et interprètes de la nouvelle physique du début du siècle. Ailleurs, elle remarque également qu'après Kant, « L'idée que la

La conception kantienne, empreinte de 'l'esprit classique', reste dans sa lettre, malgré son caractère initialement révolutionnaire, très étrangère à celles qui accompagnent les développements de la physique du début du XXème siècle. Par contre, le retournement 'copernicien' qu'elle opère marque à bien des égards les réflexions de tous les penseurs postérieurs, qu'ils soient ou non de 'purs' philosophes, et qu'ils en soient conscients ou pas. Ce qui explique que Bohr, après Kant, raisonne en termes de conditions de possibilité.

continuité des phénomènes (...) [devient] une condition *sine qua non* de la représentation est une idée universellement admise par les physiciens du XXème siècle, tant il est vrai que, kantiens ou non, ils se meuvent à l'intérieur du kantisme» (Glossaire du recueil d'articles de Bohr: *Physique atomique et connaissance humaine*, Gallimard, 1991, p. 411).

BIBLIOGRAPHIE

BIBLIOGRAPHIE GÉNÉRALE

BACHELARD, Gaston, *Le nouvel esprit scientifique*, Quadrige/PUF, 1987 (édition originale : PUF, 1934).

BELL, John. S., 'On the problem of hidden variables in quantum mechanics', *Review of Modern Physics*, 38, 1966, p. 447-452.

— *Speakable and unspeakable in quantum mechanics*, Cambridge University Press, 1987.

BITBOL, Michel, 'Autonomie et ontologie (l'interprétation du formalisme de la mécanique quantique dans les années 1930)', dans : Actes du colloque : *Les années 1930, réaffirmation du formalisme*, F. Nef, D. Vernant, S. Laugier et R. Pouivet, Saint-Malo, mai 1994, à paraître.

— 'En profondeur', *Alliage*, 19, automne 1994.

— 'L'aveuglante proximité du réel' (compte rendu du livre de Bernard d'Espagnat : *Le réel voilé, Analyse des concepts quantiques*, Fayard, 1994), *Critique*, mai 1995.

— *Mécanique quantique : une introduction philosophique*, Flammarion, 1996.

BOHM, David, *Wholeness and the implicate order*, ARK Paperbacks, Routledge, Londres et New-York, 1990 (édition originale : Routledge et Kegan Paul, Londres, 1980).

BOHR, Niels, 'Uber die Anwendung der Quantentheorie auf den Atombau. I. Die Grundpostulate der Quantentheorie', *Zeitschrift für Physik*, 13, 1923 ; traduction anglaise de L. F. Curtiss : 'On the application of quantum theory to atomic structure. I. The fundamental postulates', *Proceedings of the Cambridge Philosophical Society*, 22, 1924, p. 1-42.

— *La théorie atomique et la description des phénomènes*, éditions Jacques Gabay, Gauthier-Villars, 1993, traduction française de Andrée Legros et Léon Rosenfeld ; les trois premiers articles ont été publiés pour la première fois en 1929 sous le titre *Atom teori og Naturbeskrivelse* dans le Yearbook de l'Université de Copenhague ; la première traduction allemande date de 1931 : *Atomtheorie und Naturbeschreibung*, Springer, Berlin.

— *Physique atomique et connaissance humaine*, Folio Essais, Gallimard, 1991, traduction française de E. Bauer et R. Omnès, Introduction et glossaire de Catherine Chevalley.

BORN, Max, 'Über quantenmechanik', *Zeitschrift für Physik*, 26, 1924 ; traduction anglaise dans : B. L. Van der Waerden, *Sources of quantum mechanics*, Dover, 1967.

BROGLIE, Louis de, Institut International de Physique Solvay, *Electrons et Photons. Rapports et discussions du cinquième Conseil de physique, 1927*, Gauthier-Villars, Paris, 1928 (premier exposé de la théorie de l'onde pilote).

— *Certitudes et incertitudes de la science* (recueil de textes écrits au début des années soixante), Albin Michel, 1966.

BRUNSCHVICG, Léon, *Les étapes de la philosophie mathématique*, Librairie scientifique et technique A. Blanchard, 1993 (édition originale : Librairie F. Alcan, 1912).

BÜCHEL, Wolfgang S. J., 'Zur philosophischen Deutung des Quantenmechanischen Indeterminismus', *Scholastik*, 27, 1952, p. 225-240.

BUTTS, Robert, *Kant's philosophy of physical science* (recueil d'articles d'auteurs divers), D. Reidel Publishing Company, 1986.

CASSIDY, David, *Uncertainty (the life and science of Werner Heisenberg)*, Freeman, New-York, 1992.

CASSIRER, Ernst, *Substance et fonction*, Editions de Minuit, 1977, traduction française de Pierre Caussat (édition originale : *Substanzbegriff und Funktionsbegriff : untersuchungen über die Grundfragen der Erkenntniskritik*, édité par B. Cassirer, 1910).

— *Determinism and indeterminism in modern physics*, Yale University Press, New Haven, 1956 ; traduction anglaise de O. Theodor Benfey (édition originale : *Determinismus und indeterminismus in der modernen Physik*, Göteborgs Högskolas Arsskrift, XLII, 1937).

CHALMERS, Alan F., *Qu'est-ce que la science ?*, Le livre de Poche biblio essais, Editions la Découverte, 1987, traduction française de Michel Biezunski (édition originale : *What is this thing called science ? An Assessment of the Nature and Status of Science and its Methods*, University of Queensland Press, St Lucia, 1976 ; seconde édition, 1982).

CHEVALLEY, Catherine, 'De Bohr et von Neumann à Kant (l'école allemande de logique quantique)', *L'âge de la science*, 2, mars 1989, p. 151-176.

— 'Physique quantique et philosophie', *Le débat*, 1992, p. 65-76.

— 'On objectivity as intersubjective agreement', dans : *Physik, Philosophie und die Einheit der Wissenschaften. Für Erhard Scheibe*, édité par L. Krüger und B. Falkenburg, Mannheim, 1994.

DARRIGOL, Olivier, *From c-numbers to q-numbers*, The University of California Press, 1993.

DELIGEORGES, Stéphane, *Le monde quantique* (recueil d'articles d'auteurs divers), Point Sciences, Seuil, 1984.

DESTOUCHES, Jean-Louis, *Corpuscules et systèmes de corpuscules*, Tome 1, Gauthier-Villars, Paris, 1941.

DIRAC, Paul, *Les principes de la mécanique quantique*, Editions Jacques Gabay, PUF, 1931, traduction française de A. Broca et J. Ullmo (édition originale : *The principles of quantum mechanics*, Oxford Clarendon Press, 1930).

EINSTEIN, Albert, *Œuvres choisies*, 1 : Quanta, Sources du savoir Seuil/CNRS, 1989, Textes choisis et présentés par O. Darrigol et B. Jech, traduction française de F. Balibar, E. Costadura, B. Jech, J.-P. Mathieu, M. Netzer, D. Pradelle, et le groupe de traduction de l'ENS Fontenay/Saint-Cloud.

EISLER, Rudolph, *Kant-Lexikon*, édition établie et augmentée par A. D. Balmès et P. Osmo, Gallimard, 1994.

ESPAGNAT, Bernard (d'), 'Nonseparability and the Tentative Description of Reality', *Physics Reports*, 1984.

— *A la recherche du réel*, Gauthier-Villars, 1988 (première édition : 1979 ; réédition par Agora Press Pocket, 1991).

— *Le réel voilé, Analyse des concepts quantiques*, Fayard, 1994.

FAYE, Jan, *Niels Bohr : his heritage and legacy (an anti-realist view of quantum mechanics)*, Science and philosophie, Kluger Academic Publishers, Dordrecht / Boston / Londres, 1991.

FEYERABEND, Paul, *Contre la méthode*, Points-Sciences, Seuil, 1979, traduction française de Baudoin Jurdant et Agnès Schlumberger (édition originale : *Against method, outline of an anarchistic theory of knowledge,* New Left Books, Londres, 1975).

FRIEDMAN, Michael, *Kant and the exact sciences*, Harvard University Press, 1992.

FRIES, Jacob Friedrich, *Neue oder anthropologische Kritik der Vernunft*, Heidelberg, 1828.

— *Saemtliche Schriften*, Scientia, Aalen, 1967 ; réimpression en fac-similé, 1982.

HEILBRON, John L., et KUHN, Thomas S., *Sources for History of Quantum Physics : an inventory and Report*, Philadelphia, 1967.

HEISENBERG, Werner, *Les principes physiques de la théorie des quanta*, Gauthier-Villars, 1932, traduction française de B. Champion et F. Hochard (édition originale : *Die physikalischen Principien der Quantentheorie*, S. Hirzel, Leipzig, 1930).

— 'Wandlungen der Grundlagen der exakten Naturwissenschaft in jüngster Zeit', conférence présentée au Congrès des Physiciens et mathématiciens allemands le 17 septembre 1934, publiée dans *Die Naturwissenschaften*, 22, 1934, p. 669-675 et 700. Rééditions successives dans les recueils *Wandlungen in den Grundlagen der Naturwissenschaft*, S. Hirzel, Leipzig ; traduction française inédite de Catherine Chevalley : 'Modifications du fondement de la science exacte de la nature dans l'époque récente'.

— 'Ist eine deterministische Ergänzung der Quantenmechanik möglich ?', manuscrit contenu dans une lettre à Pauli du 2 juillet 1935, reproduit dans : Wolfgang Pauli, *Wissenschaftlischer Briefwechsel mit Bohr, Einstein, Heisenberg u. a. ; Scientific Correspondance with Bohr, Einstein, Heisenberg a. o.*, Volume II :1930-1939, Springer, 1985.

— *Physique et philosophie*, Sciences d'aujourd'hui, Albin Michel, 1961 (édition originale : *Physics and philosophy, the revolution in modern science*, Harper and Row, New-York, 1958).

— *La partie et le tout*, Champs Flammarion, 1990, traduction française de Paul Kessler (édition originale : *Der Teil und das Ganze, Gespräche im Umkreis der Atomphysik*, R. Pipper, Munich, 1969).

— *Gesammelte Werke/collected works*, édité par W. Blum et al., Springer (Berlin), Piper (Munich), 1985.

HILBERT, David, 'Über das Unendliche, *Mathematische Annalen*, 95, 1926, p. 161-190 ; traduction française dans J. Largeault, *Logique mathématique. Textes*, A. Colin, Paris, 1972, p. 215-245.

HOLTON, Gérald, *L'imagination scientifique*, Gallimard, 1981, traduction française de J. F. Roberts, E Allisy et M. Abeillera (recueil d'articles issus des deux ouvrages suivants : *Thematic origins of scientific thought : Kepler to Einstein*, Cambridge (Mass.), Harward University Press, 1973 ; *The scientific imagination : case studies*, Cambridge University Press, 1978).

JACOB, Pierre (recueil de textes présentés par), *De Vienne à Cambridge (l'héritage du positivisme logique de 1950 à nos jours)*, Gallimard, 1980.

JAMMER, Max, *The conceptual development of quantum mechanics*, Tomash publishers, 1989 (édition originale : Mc Graw-Hill, New-York, 1966).

— *The philosophy of quantum mechanics*, Wiley-Interscience Publication, 1974.

KANT, Emmanuel, *Critique de la raison pure*, Quadrige/PUF, 1990, traduction française de A. Tremsaygues et B. Pacaud (édition originale : *Kritik der reinen Vernunft*, Hartknoch, Riga, 1781 pour la première édition ; 1787 pour la seconde).

— *Prolégomènes à toute métaphysique future*, Vrin, 1986, traduction française de Louis Guillermit (édition originale : *Prolegomena zu einer jeden künftigen Metaphysik, die als Wissenschaft wird auftreten können*, Hartknoch, Riga, 1783).

— *Premiers principes métaphysiques de la sciences de la nature*, Vrin, 1982, traduction française de J. Gibelin (édition originale : *Metaphysik Aufangsgründe der Naturwissenschaft*, Hartknoch, Riga, 1786).

— *Critique de la faculté de juger*, Vrin, 1965, traduction française de Alexis Philonenko (édition originale : *Kritik der Urteilskraft*, Lagarde und Friedrich, 1790).

— *Opus postumum*, Epiméthée/PUF, 1986, traduction française de François Marty.

— *Kant's gesammelte Schriften*, W. de Gruyter, Berlin, 1902.

KOJÈVE, Alexandre, *L'idée du déterminisme dans la physique classique et dans la physique moderne*, Livre de Poche biblio essais, 1990, Présentation de Dominique Auffret (publication pothume d'après un manuscrit de 1932).

KUHN, Thomas S., *La structure des révolutions scientifiques*, Champs Flammarion, 1983, traduction française de Laure Meyer d'après la seconde édition américaine (édition originale : *The structure of scientific revolutions*, The University of Chicago Press, Chicago, Illinois, 1962 ; seconde édition augmentée d'une postface en 1970).

— *La tension essentielle*, Gallimard, 1990, traduction française de M. Biezunski, P. Jacob, A. Lyotard-May, et G. Voyat (édition originale : *The essential tension : selected studies in scientific tradition and change*, The University of Chicago, 1977).

LAKATOS, Imre, *Philosophical Papers*, Edité par J. Worrall et G. Currie, Cambridge University Press, volume 1 : 1992, volume 2 : 1993 (édition originale de 1978).

LANDÉ, Alfred, *New fondations of quantum mechanics*, Cambridge University Press, Londres, 1965.

LANGEVIN, Paul, *La relativité, Conclusion générale (Actualités scientifiques)*, 45, 1932.

MARTIN, Gottfried, *Science moderne et ontologie traditionnelle chez Kant*, PUF, 1963.

MEYERSON, Emile, *La déduction relativiste*, Payot, Paris, 1925.

MITTELSTAEDT, Peter, *Philosophical problems of modern physics*, D. Reidel publishing company, 1976, traduction anglaise du Dr W. Riemer (édition originale : *Philosophische Probleme der modernen Physik*, Bibliographisches Institut, 1963).

NELSON, Léonard, *Certitudes de la raison* (recueil d'articles ou de conférences), Beauchesne, 1976, avant-propos de G. Henry-Hermann, traduction française de M. et P. Garniron.

— *Gesammelte Schriften*, édité par P. Bernays, W. Eichler et al., Hambourg, 9 volumes, 1970-1977.

NEUMANN, John von, *Les fondements mathématiques de la mécanique quantique*, Paris, PUF, 1947, traduction française de A. Proca (édition originale : *Matematische Grundlagen der Quantenmechanik*, Springer, Berlin, 1932).

PAULI, Wolfgang, Wissenschaftlicher Briefwechsel mit Bohr, Einstein, Heisenberg u. a. ; Scientific Correspondance with Bohr, Einstein, Heisenberg a. o., Volume II : 1930-1939, Springer, 1985.

POPPER, Karl, *Logik der Forschung*, Vienne, Springer, 1935 ; réédité avec des additions en 1966 ; une édition anglaise, traduite à partir de la première édition de 1935 amendée, paraît en 1959 sous le titre quelque peu remanié, *The logic of scientific discovery*, édition à laquelle divers appendices furent ajoutés au cours des réimpressions de 1960, 1962, 1965 et 1968. L'édition française (*La logique de la découverte scientifique*, Bibliothèque Scientifique Payot, 1973, traduction française de N. Thyssen-Rutten et Philippe Devaux), se base principalement sur la dernière édition anglaise revue et corrigée, parue en Angleterre chez Hutchinson de Londres en 1968, et tient compte également de la réédition allemande revue et augmentée parue en 1971 chez Mohr (Paul Siebeck), à Tubingen.

PUECH, Michel, *Kant et la causalité (Etude sur la formation du système critique)*, Vrin, 1990.

RIVELAYGUE, Jacques, *Leçons de métaphysique allemande*, Tome II : Kant, Heidegger, Habermas, Le Collège de Philosophie, Grasset, 1992.

SAUSSURE, Ferdinand de, *Cours de linguistique générale*, Payot, 1972 (édition originale publiée par C. Bailly et A. Sechehaye en 1916 après la mort de l'auteur, d'après des cours faits à Genève de 1907 à 1911).

SCHLICK, Moritz, 'Die Kausalität in der Gegenwartigen Physik', *Naturwissenschaften*, 19, 1931, p. 159.

— *General theory of knowledge*, Springer, Wien/New-York, 1974, traduit à partir de la seconde édition allemande de : *Allgemeine Erkenntnislehre* (Naturwissenschaften Monographien und Lehrbücher, tome 1), Springer, Berlin, 1925 ; première édition : Springer, Berlin, 1918.

SCHRÖDINGER, Erwin, *Physique quantique et représentation du monde*, Points Sciences, Seuil, 1992, introduction et notes de Michel Bitbol, traduction française de F. de Jouvenel, A. Bitbol-Hespériès et M. Bitbol.

— *La nature et les Grecs*, Sources du savoir Seuil, 1992, Traduction, notes et essai liminaire de Michel Bitbol.

— 'What is an elementary particule ?', *Endeavour*, XI, 1950, p. 110-116.

SINACEUR, Hourya, 'Le rôle de H. Poincaré dans la genèse de la métamathématique de Hilbert', *Akten des Internazionalen Kongresses in Nancy*, 14-18 mai 1994, coédité par Akademie Verlag et Librairie scientifique et technique Blanchard, 1995, p. 661-686.

SOLER, Léna, *Représentations et réalité (Réflexions à partir de la physique quantique)*, mémoire de Maîtrise soutenu à l'Université de Paris I Panthéon-Sorbonne en 1992.

— *Philosophie kantienne et physique moderne (catégorie de causalité et prédictions statistiques)*, Mémoire de DEA soutenu à l'Université de Paris I Panthéon-Sorbonne en 1993 ; une version remaniée est en préparation et doit paraître aux éditions Frontières.

SOLVAY, Institut international de physique Solvay, *Electrons et Photons. Rapports et discussions du cinquième Conseil de physique, 1927*, Gauthier-Villars, Paris, 1928.

STRAUSS, M., Compte rendu de l'essai de Grete Hermann *Die naturphilosophischen Grundlagen der Quantenmechanik, Journal of United Science (Erkenntnis)*, 8, 1940, p. 379-383.

VUILLEMIN, Jules, *Physique et métaphysique kantiennes*, collection Dito, PUF, 1987 (édition originale : PUF, 1955).

WEIZSÄCKER, Carl Friedrich von, Compte rendu de l'essai de Grete Hermann : *Die naturphilosophischen Grundlagen der Quantenmechanik, Physikalische Zeitschrift*, 37, Cahier 14, 1936, p. 527-528.

— *Le Monde vu par la physique*, Flammarion, 1956, traduction française de François Mosser (édition originale : *Zum Weltbild der Physik*, S. Hirzel, Leipzig, 1943).

— Interview réalisée par T. S. Kuhn le 9 juillet 1963, Archives for History of Quantum Physics, J. L. Heilbron et T. S. Kuhn, *Sources for History of Quantum Physics : an inventory and Report*, The american philosophical society, Philadelphie, 1967.

ECRITS DE GRETE HERMANN

'Die Frage der endlich vielen Schritte in der Theorie der Polynomideale. Unter Benutzung nachgelassener Sätze von K. Hentzelt', *Mathematische Annalen* , Berlin, 95, Cahier 5, 1926, p. 736-788.

'Kapitalische und sozialistische Solidarität', ISK, *Mitteilungsblatt des Internationalen Sozialistischen Kampfbundes*, 4, fascicule 5, 1929, p. 75-78.

'Zu Ludwig Ruben : Fries und die Psychologie des Sehens', *Abhandlungen der Fries'schen Schule, Neue Folge*, Tome 5, fascicule 2, 1930, p. 211-226.

Compte rendu de : Franz Brentano, *Vom Dasein Gottes*, *Ibid*, 1930, p. 229-234.

Edition de : Léonard Nelson, *System der philosophischen Ethik und Pädagogik*, Edition partielle de l'œuvre posthume de Nelson, établie par Grete Hermann et Minna Specht, Öffentliches Leben, Göttingen, 1932.

'Völkerverständigung. Der Völkerbund', ISK, *Mitteilungsblatt des Internationalen Sozialistischen Kampfbundes*, 7, fascicule 4, 1932, p. 59-64.

'Die Lehre vom Recht als wissenschaftliche Grundlage des Sozialismus', *Ibid*, fascicule 7, 1932, p. 116-125

'« Gleichberechtigung » und « Sicherheit ». Gegen den Rüstungswahnsinn !', *Ibid*, fascicule 11, 1932, p. 185-193.

'Die naturphilosophischen Grundlagen der Quantenmechanik', *Abhandlungen der Fries'schen Schule, Neue Folge*, 6, cahier 2, 1935, p. 69-152. Egalement édité par Öffentliches Leben, Berlin, 1935.

Résumé de : *Die naturphilosophischen Grundlagen der Quantenmechanik*, *Die Naturwissenschaften*, 23, cahier 42, 1935, p. 718-721.

Compte rendu de : Karl Popper, *Logik der Forschung*, *Physikalische Zeitschrift*, 36, 1935, p. 481-482.

'Zu H. Bernardelli, Aktuelle Probleme der Wertlehre', *Abhandlungen der Fries'schen Schule*, *Neue Folge*,Tome 6, fascicule 2, 1935, p. 216-222.

'Zum Vortrag Schlicks', dans : *Das Kausalproblem*, Deuxième Congrès International pour l'unité de la science, Copenhague ; également dans *Erkenntnis*, Tome 6, fascicule 5/6, 1936, p. 342.

Die Bedeutung der modernen Physik für die Theorie der Erkenntnis. Drei mit dem Richard-Avenarius-Preis ausgezeichnete Arbeiten von Dr. Grete Hermann, Brême, Dr. E. May, Göttingen, Dr. Th. Vogel, Bad Nauheim, S. Hirzel, Leipzig, 1937.

Über die Grundlagen physikalischer Aussagen in den älteren und der modernen theorien, Öffentliches Leben, Leipzig, 1937 ; également dans les *Abhandlungen der Fries'schen Schule, Neue Folge*, 6, fascicule 3/4, 1937, p. 309-398.

Die Naturphilosophische Bedeutung des Übergangs von der klassischen zur modernen Physik, Travaux du IXème Congrès International de Philosophie 'Congrès Descartes', publié par Raymond Bayer, Paris, VII, 1937, p. 99-101.

'Politik und Ethik', Commande d'édition de l'ISK à la Compagnie « Renaissance », Londres, 1946 ; édition anglaise : 'Politics and ethics', The National Information and Publication Ltd., Bombay, 1947.

'Ethik und Sozialismus', *Geist und Tat. Monatschrift für Recht, Freiheit und Kultur*, tome 2, 2, 1947, p. 8-13.

'Die Lehre von Recht. Ein Beitrag zum Thema «Sein und Sollen»', *Ibid*, tome 3, 3, 1948, p. 114-117.

'Die Kausalität in der Physik', dans : *Studium Generale*, 1, fascicule 6, 1948, p. 375-383.

'Ethik und Naturwissenschaft. Ein Betrag zu der von Carlo Schmid angeregten Diskussion über die Voraussetzungen eines sozialistischen Programms', *Geist und Tat*, tome 5, 9, 1948, p. 383-389.

'Der 10. Dezember-der Tag der Menschenrechte', Discours imprimé comme supplément du journal *Lehrerzeitung*, 1951.

'Die Uberwindung des Zufalls (Kritische Betrachtung zu Leonard Nelsons Begründung der Ethik als Wissenschaft)', dans : *Leonard Nelson zum Gedächtnis*, édité par Minna Specht et Willi Eichler, Öffentliches Leben, Frankfort /Göttingen, 1953, p. 228-234.

'Neuordnung des Schulwesens. Zum Rahmenplan des Deutschen Ausschusses für das Erziehungs-und Bildungswesen', *Geist und Tat*, tome 14, 8, 1959, p. 228-234.

'Gibt es einen freien Willen ? Alte Fragen im Licht moderner Wissenschaft', *Geist und Tat, Zeitschrift für Politik und Kultur*, 23, fascicule 1, 1968, p. 31-37.

'« Grundwerte » und « Letzte Wahrheiten ». Zwei Grundentscheidungen und ihre Problematic', *Ibid*, 24, fascicule 4, 1969, p. 238-247.

Avant propos de : Léonard Nelson, *Gesammelte Schriften*, édité par V. P. Bernays, W. Eichler, A. Gysin, G. Heckmann, G. Henry-Hermann, etc., Felix Meiner, Hambourg, 1970, Tome 1.

Compte rendu de : Christoph Westermann, 'Recht und Pflicht bei Leonard Nelson', *Ratio*, 14, fascicule 1, 1972, p. 91-93.

'Die Bedeutung der Verhaltensforschung für die Kritik der Vernunft', Ratio, 15, fascicule 2, 1973, p. 197-209.

Préface à l'ouvrage de Léonard Nelson, *Vom Selbstvertrauen der Vernunft. Schriften zur kritischen Philosophie und ihrer Ethik*, éditée par Grete Henry-Hermann, Felix Meiner, Hambourg, Philosophische Bibliothek, tome 288, 1975.

'Léonard Nelson', *Archives de philosophie*, 39, 1976, p. 353-365.

'Bemerkungen zu Aufgabe und Tätigkeit eines philosophischen Verlegers', *Ceterum censeo*, pour le 65ème anniversaire de Felix Meiner, édité par Manfred Meiner, Felix Meiner, Hambourg, 1983, p. 77-81.

Die Uberwindung des Zufalls (Kritische Betrachtung zu Leonard Nelsons Begründung der Ethik als Wissenschaft), Felix Meiner, Hambourg, 1985.

Contributions pour le journal *Sozialistische Warte*, Paris, écrites de 1935 à 1940 sous divers pseudonymes : Leonore Bremer (LB) ; Gerda Bremer (GB) ; Peter Ramme (PR).

LB, 'Nationalsozialistische Rechtsleere', 6, 1935, p. 137-141.

GB, 'Die Macht der Empörung', 8, 1935, p. 170-174.

GB, 'August Forels Lebenserinnerungen', 2, 1936, p. 45-47.

GB, 'Christien oder Sozialisten', 4, 1936, p. 84-90.

GB, 'Der subjektive Faktor', 7, 1936, p. 155-161.

GB, 'Rechtsgefühl und Rechtswissenschaft', 12, 1936, p. 276-279 ; 13, 1936, p. 306-311.

PR, 'Politik und Charakter', 11, 1937, p. 242-247.

PR, 'Politik der Einsicht', 15, 1937, p. 337-341.

PR, 'Sittlichkeit und Religion', 30, 1937, p. 707-709 ; 31, 1937, p. 725-728.

PR, 'Psychologie und Erziehung', 10, 1938, p. 225-228 ; 11, 1938, p. 249-254.

PR, 'Fortgeschrittener Marxismus', 13, 1938, p. 292-293 ; 14, 1938, p. 318-321 ; 15, 1938, p. 344-346.

PR, 'Wissenschafltlicher Sozialismus', 14, 1938, p. 332-336.

PR, 'Sein und sollen', 21, 1938, p. 484-486.

PR, 'Tiefenpsychologie', 24, 1938, p. 557-560 ; 26, 1938, p. 612-616 ; 29, 1938, p. 677-680 ; 30, 1938, p. 703-706 ; 37, 1938, p. 868-875.

PR, 'Die dialektische Geschichtsbetrachtung', 50, 1938, p. 1180-1183.

PR, 'Die Selbstentfremdung des Menschen', 2, 1939, p. 32-35.

PR, 'Der Sinn der Geschichte', 17, 1939, p. 401-405.

PR, 'Grenzen der Rechtsidee ?', 30, 1939, p. 712-716.

PR, 'Die Verwirklichung der Freiheit', 1940, 41, p. 960-965.

PR, 'Revision des Marxismus', 42, 1940, p. 994-997.

PR, 'Die Verwirklichung des Freiheit', 2, 1940, p. 60-62 ; 3, 1940, p. 66-68 ; 6, 1940, p. 158-162.

PR, 'Angewandte Ethik', 9, 1940, p. 247-252.

ECRITS SUR GRETE HERMANN OU LUI ACCORDANT UNE PLACE IMPORTANTE

HECKMANN, Gustav, 'Grete Henry-Hermanns Weiterbildung der Ethik Leonard Nelsons. Aus Anlass ihres Todes am 15. April 1984', *Ratio,* Tome 26, fascicule 2, 1984, p. 82-87.

NIELSEN, Birgit S., *Erziehung zum Selbstvertrauen. Ein sozialistischer Schulversuch im dänischen Exil 1933-1938*, éditions Peter Hammer, Wuppetal, 1985.

WENZEL, Karin, 'Grete Hermann - Die naturphilosophischen Probleme der Quantenmechanik', *Dokumentation*, 19 Bundesweiter Kongress, Frauen in Naturwissenschaft und Technik, Berlin, 20-23 mai 1993.

INDEX

APELT Ernst Friedrich, 16, 19, 120.

BACHELARD Gaston, 22.
BELL John. S., 10, 15, 47, 48, 49, 50, 51.
BITBOL Michel, 8, 23, 24, 26, 27, 29, 55, 56, 144, 146, 150.
BLAY Michel, 8.
BLOCH Felix, 13.
BOHM David, 10, 132, 133, 151, 152, 171.
BOHR Niels, 10, 11, 14, 15, 21, 22, 23, 25, 26, 27, 28, 31, 32, 36, 38, 42, 43, 45, 46, 48, 51, 52, 53, 55, 56, 57, 72, 87, 104, 105, 118, 125, 126, 136, 140, 141, 144, 147, 152, 153, 155, 157, 158, 159, 160, 161, 162, 163, 164, 165, 168, 169, 170, 172, 173.
BORN Max, 21, 27, 33.
BOSE, Satyendranâth, 33, 77.
BROGLIE Louis de, 10, 120, 121, 132.
BROWN Harvey, 132.
BRUNSCHVICG Léon, 169.
BÜCHEL Wolfgang S. J., 51, 135.
BUTTS, Robert, 155.

CARNAP Rudolf, 134.
CASSIDY David, 38.
CASSIRER Ernst, 15, 22, 144, 147, 148, 167, 169, 170.
CHALMERS Alan F., 135.
CHEVALLEY Catherine, 8, 21, 23, 46, 53, 57, 163, 172.
COHEN Herman, 148, 162, 163.
COMTE Auguste, 150.

DARRIGOL Olivier, 23.
DESTOUCHES Jean-Louis, 33.
DIRAC Paul, 21, 33, 80, 81, 82.

EICHLER Willi, 18, 20.
EINSTEIN Albert, 10, 27, 28, 29, 33, 63, 70, 77, 138, 153, 154.
ENGELS Friedrich, 15.
ESPAGNAT Bernard (d'), 8, 37, 41, 55.

FAYE Jan, 53, 172.
FEYERABEND Paul, 135, 138.
FRIEDMAN Michael, 155.
FRIES, Jacob Friedrich, 16, 17, 18, 19, 44, 114, 120, 155.

GALILÉE 56.
GRIFFITHS R., 41.

HANSON Norwood Russel, 39.
HEILBRON John L., 14.
HEISENBERG Werner, 10, 13, 14, 21, 22, 23, 24, 26, 27, 36, 38, 40, 41, 42, 45, 46, 47, 48, 51, 52, 55, 57, 59, 62, 68, 69, 71, 75, 81, 90, 94, 99, 101, 104, 110, 121, 135, 137, 140, 152, 161, 162.
HENRY, 20.
HILBERT David, 16, 54, 84.
HOFFDING Harald, 53, 172.
HOLTON Gérald, 137.
HUND Karl Friedrich, 13.

JACOB Pierre, 135.
JACOBI Friedrich Heinrich, 55.
JAMMER Max, 14, 15, 28, 31, 32, 38, 39, 47, 49, 50, 134.

KANT Emmanuel, 17, 18, 43, 44, 45, 46, 53, 55, 56, 57, 59, 67, 113, 114, 126, 128, 138, 139, 143, 144, 146, 147, 148, 149, 150, 152, 154, 155, 156, 157, 158, 159, 160, 162, 163, 164, 165, 166, 167, 168, 169, 170, 172, 173.
KLEIN Félix, 15.
KOJÈVE Alexandre, 22, 36, 37, 39, 42.
KUHN Thomas S., 14, 135, 138, 149, 150.

LAKATOS Imre, 135.
LANDAU, 13.
LANDÉ Alfred, 151, 171.
LANGEVIN Paul, 28, 33.
LAPLACE Pierre Simon, 67, 94.
LARGEAULT Jean, 54.
LAUE Max von, 27, 94, 95, 152.
LAUGIER Sandra, 8.
LORENTZ Hendrik Antoon, 22.

MARTIN Gottfried, 162, 163.
MAXWELL James Clerk, 22.
MILLER Jacques-Alain, 8.
MILLER Suzan, 15.
MITTELSTAEDT Peter, 169.
MEYERSON Emile, 162, 169.
MOUCHARD Jean, 8.

NATORP Paul, 148.
NELSON Léonard, 15, 16, 17, 18, 19, 21, 44, 54, 114, 149.
NEUMANN John von, 15, 28, 29, 33, 47, 48, 49, 50, 82, 83, 84, 163.
NEWTON Isaac, 43, 56, 138, 149, 162, 166, 167, 169.
NOETHER Emmy, 15.

OMNÈS Roland, 41.

PAULI Wolfgang, 38, 55, 76.
PEIERLS, 13.
PLANCK Max, 21, 71, 76.
PODOLSKI, 29.
POINCARÉ Henri, 54.
POPPER Karl, 19, 28, 101, 131, 135, 141.
PUECH Michel, 155.

REICHENBACH, Hans, 134.
RIVELAYGUE Jacques, 55.
ROSEN 29.

SAUSSURE Ferdinand de, 137.
SCHLEIDEN 19.
SCHLICK Moritz, 19, 42.
SCHNELL Alexandre, 3, 8.
SCHRÖDINGER Erwin, 26, 27, 28, 29, 57, 73, 94, 95, 127, 137, 152.
SINACEUR Hourya, 8, 54.

SLATER John Clarke, 28.
SOLER Léna, 3, 10, 11, 155, 165.
SOMMERFELD Arnold, 23.
SPECHT Minna, 18, 20.
STRAUSS M., 134.

TELLER Edward, 13.

VUILLEMIN Jules, 157, 163, 167, 169.

WEIZSÄCKER Carl Friedrich von, 13, 14, 35, 37, 57, 59, 90, 101, 129, 145, 146, 151, 165, 169.

YOUNG Thomas, 30.

TABLE DES MATIÈRES

Composition de l'ouvrage 7
Remerciements 8
Préface 9

Présentation 13
Introduction 13
I. Grete Hermann 15
II. Situation de la nouvelle physique en 1934 21
II-1. Le principe de correspondance 22
II-2. La théorie de la mesure 25
II-3. La complémentarité 26
II-4. Quelques réactions aux thèses de Bohr 27
III. Grete Hermann et l'interprétation de Copenhague 30
IV. Structure générale de l'argument visant à démontrer l'impossibilité de découvrir des variables cachées 33
IV-1. Position générale de Grete Hermann face à la recherche de variables cachées 34
IV-2. Application à la physique quantique 34
V. Les étapes du raisonnement de Grete Hermann 35
V-1. Reconstitution *a posteriori* de la chaîne causale au moyen d'une déduction à rebours 35
V-2. Les raisons de l'impossibilité de prévoir les causes mises en évidence *a posteriori* 36
V-3. La réaction de Heisenberg à l'argument de Grete Hermann contre les variables cachées 38
VI. Dissociation de la causalité et de la prévisibilité 39
VII. Critère de validité d'une hypothèse causale 39
VIII. Deux types bien distincts de reconstitutions causales *a posteriori* 40
IX. Mécanique quantique et causalité chez Bohr et chez Grete Hermann 42

X. Confrontation entre philosophie critique et physique quantique 43
X-1. Le point de vue de Grete Hermann 43
X-2. L'influence de Grete Hermann sur Heisenberg 45
XI. Grete Hermann et la réfutation de la preuve de von Neumann concernant l'impossibilité des variables cachées 47
XII. Quelques remarques sur le vocabulaire au moyen duquel Grete Hermann décrit la situation 51
XII-1. Que comprend Grete Hermann sous l'expression de 'mécanique quantique' ? 51
XII-2. Caractère objectif ou subjectif de la description 52
XII-3. Les deux choses en soi 54
Conclusion 59

Les fondements philosophiques de la mécanique quantique

Remarque préliminaire 62
Introduction 63
CHAPITRE I. Les bornes de la prévisibilité par le calcul 67
§ 1. Causalité et prévisibilité par le calcul 67
§ 2. Les expériences de dualité et les relations d'indétermination 69
§ 3. Relations d'indétermination et prévisibilité par le calcul 73
§ 4. L'échec des arguments statistiques 76
§ 5. L'interprétation probabiliste des fonctions d'onde 78
§ 6. Que sont les 'observations maximales' ? 80
§ 7. Le cercle de la démonstration de Neumann 82
§ 8. La difficulté fondamentale d'une telle démonstration 85
§ 9. La solution : le caractère relatif de la mécanique quantique 87
§ 10. Discussion d'un exemple 90
§ 11. La fin du démon de Laplace 94
CHAPITRE II. La situation du point de vue de la philosophie de la nature 97
§ 12. Causalité et mécanique quantique 97
§ 13. Correspondance et complémentarité 103

§ 14. La nécessité de la représentation complémentaire ... 107
§ 15. Descriptions classique et quantique de la nature ... 109
CHAPITRE III. L'idéalisme transcendantal ... 113
§ 16. Les antinomies et leurs conséquences ... 113
§ 17. Philosophie critique et mécanique quantique ... 117
§ 18. L'éclatement de la vérité ... 120

Postface ... 125
Introduction ... 125
I. Critique des thèses hermanniennes : Grete Hermann réussit-elle à 'sauver' la causalité ? ... 126
I-1. Les reconstitutions proposées par Grete Hermann sont-elles nécessaires ? Critique de leur procédure de vérification ... 128
I-1-1. Nature des vérifications médiates ... 128
I-1-2. Nécessité des explications fournies *a posteriori* ... 131
I-2. Reconstitutions de Grete Hermann et explications causales classiques ... 136
I-2-1. Causalité et continuité ... 138
I-2-2. Causalité et objet physique ... 142
I-2-3. Brève comparaison des thèses de Grete Hermann et de Carl Friedrich von Weizsäcker ... 145
I-2-4. Comparaison des démarches de Grete Hermann et d'Ernst Cassirer ... 147
I-3. Les explications causales de Grete Hermann sont-elles complètes ? ... 148
I-3-1. La complétude de la description physique avant l'avènement de la théorie quantique ... 148
I-3-2. La complétude de la description physique après l'avènement de la théorie quantique ... 150
I-3-3. Complétude chez Grete Hermann et chez Albert Einstein ... 153
II. Conclusion : Les enseignements de la physique quantique pour la philosophie critique ... 154
II-1. La relativité de la connaissance chez Kant ... 155
II-2. Le point de vue de l'observateur chez Kant et chez Bohr ... 157

II-3. Sujet transcendantal et instruments de mesure conçus comme conditions de possibilité de la connaissance 158
II-3-1. Conditions instrumentales de la possibilité de la connaissance et processus physiques caractéristiques d'un type d'appareil de mesure 159
II-3-2. Conditions instrumentales de la possibilité de la connaissance et fonction des dispositifs de mesure 160
II-3-3. La relation entre des déterminations mutuellement exclusives : une nouvelle condition de possibilité de la connaissance ? 161
II-4. Mettre un système de pensée à l'épreuve de .... l'histoire 164
II-5. Pourquoi les raisonnements de Kant et de .... Bohr font intervenir le même schéma formel 170

Bibliographie Générale 175
Ecrits de Grete Hermann 180
Ecrits sur Grete Hermann ou lui accordant une place importante 182
Index 183
Table des matières 187

ACHEVÉ D'IMPRIMER
EN JANVIER 1996
PAR L'IMPRIMERIE
DE LA MANUTENTION
À MAYENNE
N° 18-96